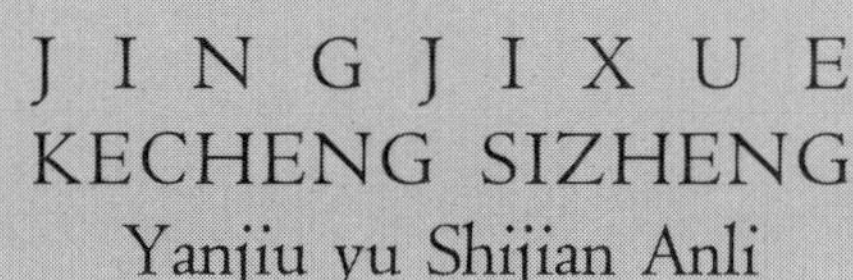

经济学课程思政研究与实践案例

杨仁发 陈 芳 等◎编著

中国财经出版传媒集团

·北京·

图书在版编目（CIP）数据

经济学课程思政研究与实践案例 / 杨仁发等编著 .
北京 ：经济科学出版社，2024. 10. -- ISBN 978 -7
-5218 -6272 -0

Ⅰ. G641

中国国家版本馆 CIP 数据核字第 2024K2H440 号

责任编辑：刘　丽
责任校对：隗立娜　靳玉环
责任印制：范　艳

经济学课程思政研究与实践案例
杨仁发　陈　芳　等编著
经济科学出版社出版、发行　新华书店经销
社址：北京市海淀区阜成路甲 28 号　邮编：100142
总编部电话：010 -88191217　发行部电话：010 -88191522
网址：www. esp. com. cn
电子邮箱：esp@ esp. com. cn
天猫网店：经济科学出版社旗舰店
网址：http：//jjkxcbs. tmall. com
北京季蜂印刷有限公司印装
787 ×1092　16 开　18. 5 印张　410000 字
2024 年 10 月第 1 版　2024 年 10 月第 1 次印刷
ISBN 978 -7 -5218 -6272 -0　定价：88. 00 元
（图书出现印装问题，本社负责调换。电话：010 -88191545）

目　　录

第一篇　课程思政研究

第二篇　课程思政案例

第一篇　课程思政研究

一、思政引领的新时代经济学人才培养模式创新与实践

——以安徽大学为例

杨仁发*

为全面落实安徽大学提出的构建“文理交融、理工互通、寓教于研”的人才培养机制，扎根马克思主义，扎根中国大地，坚持以社会主义核心价值观引领立德树人，立足中国情境和中国实践，全程育人、全员育人、全方位育人，形成“厚植家国情怀、服务区域发展、强化交叉融合、拓展国际视野”的经济学专业建设理念，传承马克思主义政治经济学科优势与持续创新人才培养模式并举，构建新时代“大思政”教育体系，深化思政元素与专业培养融合、学科交叉融合、中国经济建设伟大实践与课堂融合、政校企融合以及安徽区域发展与国际化融合，整合打造特色鲜明的课程体系，建立政校企协同育人机制并补齐国际化短板，横向融合，纵向贯通，形成思政、学科、实践、协同的“四位一体”经济专业人才培养模式并付之于实践，培养心怀“国之大者”的经济学高素质人才。

（一）思政引领的经济学人才培养模式

近年来，始终扎根马克思主义，坚持以社会主义核心价值观引领立德树人，以新文科建设为指引，创新思政育人举措，深度挖掘经济学科的思想价值和精神内涵，形成经济学专业建设理念的基础逻辑。扎根中国大地，立足中国情境和中国实践，坚持将中国经济建设伟大实践融入教材与课堂，把育人元素融入经济学专业建设全域。紧紧围绕“两个扎根”，不断延伸融合广度、深度和密度，经过多年实践，形成“五维融合”：一是思政元素与专业培养融合。融入红色与劳动教育，深化课程思政建设，在经济学专业课程“门门有思政”，形成“红色基因与学科优势”双核无缝融合夯实建设路径的学理逻辑。二是学科交叉融合。推进新文科建设，持续将大数据、人工智能等学科融入人才培养方案，设置交叉新兴课程，突破原有辅修等专业协同模式。三是中国经济建设伟大实践与课堂融合。充分利用经济学科的优势，采用专题讲座、讲习班、编著教材等形式全方位持续推进中国特色社会主义经济学理论和实践进课堂，打造蕴含中国经济发展内在逻辑的特色课堂体系。四是政校企融合。聚焦服务长

---

* 作者简介：杨仁发，安徽大学经济学院教授。

三角一体化国家战略与安徽区域发展需求，与省政府发展研究中心、合肥市政府等各级政府及部门共建研究院协同人才培养，为人才培养实践与研究搭建“立交桥”。同时，与合肥产投集团等重点企业建立实践教育基地，实现研学实践全覆盖。五是区域特色与国际化融合。紧密结合安徽产业发展优势，强化专项培训、项目交流、互派交换生等国际化交流，推进经济学专业国际化融合发展。

总体来看，基于“两个扎根”深度融入中国经济建设伟大实践，有效地解决了当前人才培养中“重智轻德”的倾向和课程体系中融入中国经济发展取得的伟大成就方面内容的不足。同时，服务国家区域发展重大战略需求，深化学科交叉和政校企深度融合，较好地解决了新时代经济学专业人才培养教学模式滞后和协同育人深度紧密度不够的问题以及地方高校经济学专业人才培养中服务需求聚焦不准的问题。

（二）思政引领的经济学人才培养模式主要举措

1. 围绕全面落实“两个扎根”，构建新时代“大思政”教育体系

将“两个扎根”理念贯彻到经济学人才培养的各方面、各环节，实施班主任制度，做到专业教师和辅导员队伍，涵盖思想政治教育、红色文化教育、劳动实践教育、心理健康教育内容，开设“理论＋实践”的思政教育内容、设置“课内＋课外”的思政教育教学模块、建设“校内＋校外”的思政教育实践、采取“自主＋引导”的德育教育教学方式，形成思想政治育人、专业认知育人、社会实践育人体系，实施全过程的思政教育课程体系。近年来，经济学专业与合肥幽尔派生态农业科技有限公司建立安徽大学首个大学生劳动教育实践基地（2021 年获批为省级实践基地），与岳西县店前镇司空村党支部、肥西县等建立多个红色教育实践教育基地和劳动教育实践基地。例如，农业经济学课程采取课堂教学与劳动实践相结合的方式，形成“课程内容与劳动锻炼实践”双核无缝融合，有效提升了思政教育的举措和成效。

2. 融入中国经济建设伟大实践，整合打造特色鲜明的课程体系

紧紧抓住课程思政这一最基础最关键的要素，充分发挥政治经济传统优势，全方位持续推进中国特色社会主义经济学理论和实践进入课堂、写入教材，打造特色鲜明的课程体系，主要包括以下方面：一是打造具有高阶性、创新性的金课课程群。以微观经济学等 3 门国家级一流课程建设为契机，经济学专业所有专业课程全部融入思政元素。二是强化政治经济学系列课程。开设初级政治经济学、中级政治经济学、中国特色社会主义政治经济学理论等系列课程，强化政治经济学课程体系。邀请著名经济学家为经济学专业做“政治经济学十五讲”专题讲座，每年定期开办“劳动价值论”工作坊。同时，组织编写中国特色社会主义政治经济学系列新教材。初级教材《政治经济学教程新编》两次入选省规划教材、获华东地区优秀哲学社会科学图书二等奖；中级教材《中国特色社会主义政治经济学教材新编》（“十四五”普通高等教育规划教材）入选安徽省一流教材；高级教材《中国特色社会主义政治经济学研究》入选中央宣传部出版重点图书。三是持续开设交叉新兴和系列前沿讲座课程。将大数

据、人工智能等学科融入人才培养方案，设置 Python 机器学习应用等跨学科课程；目前开设理论经济前沿讲座、产业经济前沿讲座等课程，充分融入中国经济发展理论与实践。

3. 持续推进融合纵深发展，建立协同育人和国际化培养机制

服务长三角一体化国家战略和安徽区域发展需求，不断完善政校企立体化交融的协同育人和国际化融合机制。政校融合上，各级政府及部门共建长三角一体化发展研究院等智库平台为人才培养提供调研和科研训练，进行大学生调研和各类科研活动，为人才培养实践与研究搭建“立交桥”。校企融通上，已建立合肥产投等 9 家校外实践教育基地进行实践锻炼，其中省级实践教育基地 3 家，实现研学实践全覆盖。聚焦“一带一路”倡议，强化与实务部门、国内与国外“双协同”。充分利用国际商务谈判与礼仪国家一流社会实践类课程建设、主办的省级大学生商务谈判竞赛采取“企业命题 + 学生解题 + 开放评价”的“安大竞赛模式”，加强项目交流、互派交换生、出国深造等国际化交流建设，培养新文科建设提出的具有国际视野和国际竞争力的时代新人。2019 年以来已有 50 余名同学到国外高校继续深造。

（三）思政引领的经济学人才培养模式主要成效

1. 人才培养质量显著提高，实现了多项突破

经过多年实践，经济学专业人才培养质量显著提高。

（1）大学生创新创业项目持续增加。2019—2023 年，经济学专业学生主持立项大学生创新创业训练计划项目近两百项，其中国家级五十余项，省级近百项，参与比例达到 95% 以上。2019 级经济学专业黄婉婷负责的“‘碳达峰’背景下能源型城市转型发展路径创新研究”获批为国家级大学生创新创业训练重点项目。

（2）学科竞赛等各类获奖数量明显增加。2019—2023 年获省级以上学科竞赛奖 68 项，其中国家级 42 项，尤其是 2021 年第七届全国大学生统计建模大赛获全国一等奖，实现了学校在该项赛事上的突破。2019 级经济学专业郭子川的论文《人尽其才：市场一体化缓解人力资本错配研究》入选第四届国家发展青年论坛现场展示作品、洪海入选中国社科院大学主办的第五期“香樟青苗计划”学员；2020 年经济学专业王雅雯获宝钢优秀学生奖。

（3）升学率和毕业生质量持续提高。2019 年以来毕业生国内外深造人数达到 128 人，升学率逐年提升，从 2019 年的 24.4% 增加到 2023 年的 39.8%，获中国科学院大学、浙江大学、上海财经大学等高校推免直博生，实现推免直博生的突破；就业率均超过 98%，2021 年、2022 年连续两年就业率位居全校前列。

2. 专业建设成效稳步提升，引领了改革方向

围绕经济学专业改革，建设成效稳步提升。2019 年获批为首批国家级一流专业建设点。2021 年获批教育部首批新文科研究与改革实践项目“面向国家区域发展战略的经济学复合型人才培养创新与实践”；获批国家级一流本科课程 3 门，获批省级经济学专业教学团队、省级“101”计划项目、省级经济学基础学科拔尖学生培养基

地、省级教学示范课程、省级一流教材、省级一流课程、省级线上线下混合课程、省级校企合作实践教育基地、教育部产学研协同育人项目等省部级质量工程项目二十余项，经济学教研室获批为安徽省示范基层教学组织。专业改革深入推进，发挥了重要的示范引领作用。

3. 师资水平显著提升，深化了寓教于研

近年来，在不断运用、实践和效应集聚的过程中，教学与科研水平均显著提升，形成了结构合理、教学水平高、学术力量强的教师队伍。专业教师先后获全国模范教师、全国先进工作者、教育部教指委委员、省教学名师、省政府参事、省学术和技术带头人及后备人选、巩固脱贫成果第三方评估先进个人（国家乡村振兴局）等称号。2019 年以来，获安徽省教坛新秀、安徽省教学名师、安徽省线上教学名师、第三届全国高校教师教学创新大赛二等奖、“智享杯”全国高校经管类实验教学案例大赛特等奖、西浦全国大学教学创新大赛二等奖、高校教师教学创新大赛安徽赛区一等奖。在科研转化教学方面，经济学专业教师充分国家社会基金、国家自然科学基金项目等国家级项目和在国内外 SSCI、CSSCI 期刊发表的文章转化成教学案例，实现教学科研互动、科研反哺教学。

4. 示范辐射作用明显，引起了广泛关注

近年来，经济学专业人才培养建设形成的成果与经验被广泛关注。专业建设团队在 2020 年、2023 年安徽省高校经管学科联盟主办的“一流学科建设与高质量人才培养研讨会”“经管类专业高质量发展与服务地方经济学术研讨会”、2021 年安徽财经大学主办的“新文科背景下经济学类人才培养改革与创新研讨会”上分别围绕“安徽大学经济学一流本科专业建设的探索与实践”“服务国家区域重大战略的经济学复合型人才培养创新与实践——以安徽大学为例”做大会主旨报告，获得广泛关注。2022 年以来，与项目相关的前期成果获安徽省教学成果奖一等奖 3 项、二等奖 1 项。相关理论成果发表在新文科研究权威期刊《新文科理论与实践》（2023 年第 1 期），为国内高校进一步完善复合型人才培养模式，提升人才培养质量提供了有益借鉴。2023 年 11 月，政治经济学团队撰写的资政报告《谁是主流，西方经济学还是政治经济学？——高校经济学教学本末倒置现象亟待改变》获国家领导人批示。

（四）结语

经过多年的实践，构建的思政引领的新时代经济学人才培养模式推进了思政育人创新、培养模式创新、教学体系创新。一是构建了经济学专业“大思政”教育体系。以习近平新时代中国特色社会主义思想为指导，牢牢把握文科教育的价值导向性，重塑经济学专业价值引领、能力养成、文化传承的定位，采取“理论 + 实践”“课内 + 课外”“校内 + 校外”“自主 + 引导”等方式落地实施，形成经济学专业“大思政”教育体系。率先与基层党支部共建红色教育实践教育基地、建立安徽大学首个大学生劳动教育实践基地，并建设为省级实践基地。二是形成了经济学专业“四位一体”人才培养模式。围绕服务长三角一体化发展国家战略与安徽区域发展需求，价值引领与专业知识传授相结合，把中国经济社会发展实践融入课堂；推进新文科建设，开设交叉新兴课程，实现学科交叉融合；充分利用与各级政府共建研究院强化科研育人，深化校企融通，协同教学、科研与实践培养，形成思政、学科、实践、协同的“四位一体”人才培养模式，为地方综合性高校经济学人才培养提供新的范式。三是重塑了五维融合助力重塑经济学专业教学体系。采取专题讲座、讲习班、编著最新教材等形式全方位促进中国经济发展实践与课堂融合，形成蕴含中国经济发展内在逻辑的特色课堂体系。开设和编写富有特色的政治经济学教程初级、中级和高级系列课程和教材；实施四年持续的思政教育课程体系；紧密与各级地方政府及部门共建研究院、典型企业共建实践教育基地，共同构建集“调研 + 研究 + 实践”的实践教学体系；省级大学生商务谈判竞赛创新采用“企业命题 + 学生解题 + 开放评价”模式，有效紧密校企融通。

二、新文科背景下经济学专业课程思政建设路径分析*

黄　琼**

党的十八大以来，党中央高度重视课程思政建设，为新时代新课程思政建设指明了方向。2016 年，习近平总书记在全国高校思想政治工作会议上指出："要坚持把立德树人作为中心环节，把思想政治工作贯穿教育教学全过程，实现全程育人、全方位育人，努力开创我国高等教育事业发展新局面。"2017 年，教育部正式提出课程思政建设，2018 年明确"思政教育贯穿高水平本科教育全过程"；2019 年将课程思政建设作为落实立德树人根本任务的关键环节，因此，课程思政建设已成为高等教育重要的环节。目前，国内高校正大力推进课程思政建设，课程思政建设已成为理论分析与实践的热点，国内学者对于课程思政建设的意义、内涵、实施以及效果评价等方面进行深入探讨，例如，刘鹤等（2019）探讨课程思政建设理性内涵与实施路径；张大良（2021）分析课程思政建设的重要作用和深远意义；柯政（2021）从目标、内容、教学和评价层面分析课程思政建设的实施框架。但目前对于经济学专业课程思政建设的探讨较少，因此，以下结合目前经济学专业人才培养实践，在分析经济学专业课程思政重大意义的基础上，探讨经济学专业课程思政面临的主要问题，并提出相应的建设路径，做到课程思政与经济学专业的教育教学改革创新与实践有机融合。

（一）新文科建设中经济学专业课程思政的重大意义

2020 年 11 月发布的《新文科建设宣言》提出，牢牢把握文科教育的价值导向性，坚持立德树人，全面推进高校课程思政建设。课程思政是以立德树人为根本任务，对大学生思想价值具有重要的引领作用，有利于坚持社会主义办学方向和育人功能。经济学专业融入课程思政是新时代建设新文科本科教育的基本要求，是经济学专业教学改革创新的现实需要，是建设中国特色社会主义政治经济学的时代使命，因此，经济学专业课程思政教学改革创新具有重要的现实意义和紧迫性。

课程思政是新文科建设中经济学专业落实立德树人根本任务的内在要求。2017 年，教育部《高校思想政治工作质量提升工程实施纲要》明确提出，"大力推动以

* 原载于《浙江水利水电学院学报》2021 年第 5 期。

** 作者简介：黄琼，安徽建筑大学经济与管理学院副教授。

‘课程思政’为目标的课堂教学改革”，应注重课程设置、教材修订、教学设计等诸多环节，明确专业课程所蕴含的思政元素，发挥各门专业课的思政功能，将思政教育融于教学的方方面面，实现思想政治教育与知识体系教育的有机统一。经济学专业课程应坚持立德树人、育人为先的理念，立德树人是经济学专业教育改革的根本任务。新文科建设带来新理念、新体系，课程思政体现大学课程对个体精神成长意义的追问，更是对大学生的思想和行为进行价值引导（伍醒和顾建民，2019）。在我国新发展时期，新文科建设对经济学人才培养提出了更高的新要求，强化课程思政是经济学专业最鲜明的时代特征，为经济学专业创新提供保障。从理念目标来看，经济学专业课程思政应以培养“德智体美劳全面发展的人”为价值旨归，立足思想道德养成的系统性特征，赋予课程以整体育人的功能，使专业知识、价值理念以及精神追求有机结合起来，促进学生的全面发展。

（二）经济学专业课程思政建设面临的主要问题

1. 课程思政建设理念更新不足

目前，高校人才培养中普遍存在将“立德”简单地理解为向学生传授论知识、价值理念以及精神追求，或是片面传授专业知识（黄泽文，2021）。经济学课程思政建设理念更新不足主要体现：一方面，对于课程思政在经济学专业人才培养目标的理念定位不清晰以及认知的不足，导致目前经济学专业课程思政的教学理念不足。例如，认为思政是思政课的内容，而高校以思想政治理论课为主要形式开展的课程思政，对经济学专业特征和培养目的把握存在不足，没有形成有效的经济学与思政建设“协同效应”。又如，教师在授课过程中存在没有树立将课程思政贯穿在课程教学全过程的理念，或是采用单一的教学讲授的方法和方式，过多强调经济学专业理论知识和既有的理论观点等内容，缺乏教学方式创新以及对学生价值理念的引导。另一方面，课程思政建设的方式较为单一，由于高校教师对思政建设理念的局限，挖掘和融入“思政元素”成为大部分课程教学中的薄弱点，使得经济学人才培养课程中仅仅是以安排一门或少数几门课程融入思政元素，有的甚至在一门课程教学中开展一节思政主题教育课的形式进行，内容单薄不成体系，经济学专业课程与思政建设没有互动，不能做到在学习经济学专业知识的同时对学生进行精神价值的引导，造成经济学专业人才培养过程中“知识培育”与“思政培育”有机联系的不足。

2. 课程思政建设实践不足

随着对课程思政理解的深入，对课程思政建设内涵的认识也不断深化。课程思政要以课程为载体，以学科内隐藏的思政元素为抓手，以课堂实施为主要途径，课程思政建设的实践是重点（邱伟光，2018）。目前经济学专业课程思政建设存在一定程度的实践不足，主要体现在以下方面：首先，经济学专业课程与思政课程之间不平衡以及经济学专业课程中融入思政元素的不足。现阶段各高校对于专业课程和思政课程的重视程度存在一定的差异，从课程数量来看，思政课程更多是按照国家教学基本要求进行设置，自主特色化的思政课程设置相对较少。同时，中国经济经过七十多年发展取得的巨大成功与经验，这为经济学专业课程提供丰富的思政元素，但是由于认知等多种因素，导致经济学各专业课程中融入思政元素存在不足。其次，课程思政开展的形式较为单一。目前，经济学专业课程以传统教学方式为主，理论教学占主导地位，实践教学基本为经济学专业实践，对于德育实践和劳动锻炼实践不够，这就容易导致思政教育脱离学生生活实际，不能很好地将思政内容与学生产生共鸣。最后，由于思政建设实践没有形成成熟的体系，课程思政建设激励机制还未完善，这就使得教师参与专业课程思政建设的积极性与主动性不够，在专业课程教学中没能充分融入思政元素，这就造成课程思政教育没有真正扎根在经济学专业教学中，导致思政课程在专业课程教育中融入不足。

3. 课程思政建设机制不完善

课程思政要求在专业人才培养的逻辑中布局育人目标，这对专业课教师的课程思政能力提出更多要求（蒲清平和何丽玲，2021），这需要有效的机制体制。目前，经济学专业课程思政建设机制不完善，主要表现为：一是将思政元素融入专业课程的激励机制不足。目前，在经济学专业课程教学中，思政元素的挖掘和融入主要依靠任课教师进行，而在经济学专业课程教学中如何挖掘思政资源的能力也存在不足，使得在专业课的知识传授中“挖什么”和“怎么挖”思政元素是专业课老师需要去解决的难题，这需要教师全身心的付出，而目前相应的激励机制不足。二是课程思政建设协同与交流机制不完善。由于缺乏对专业课程思政建设系统性的安排，专业教师对于思想政治理论水平的提高存在不足，而课程思政建设要求经济学专业教师具有较高的思想政治理论水平，这容易导致经济学课程专业教师对于思政元素融入能力不够，这就要求与思想政治理论专业教师具有完善畅通的协同与交流机制，而目前对于大部分经济学专业来说还处于相对分割发展的局面，相应的协同与交流机制没能有效建立。三是课程思政建设标准与评价机制不完善。目前，经济学专业课程思政建设体系尚未形成，没有统一的课程思政建设标准，这就容易形成在经济学专业各课程中思政元素融入重复或思政元素挖掘不系统不充分。此外，由于经济学专业基础课、专业核心课、选修课以及专业实践课与思政元素融入的侧重点不同，容易造成课程思政建设的协同性不够。同时，目前各高校还没有建立经济学专业课程思政建设的评价机制，这将直接影响教师对课程思政建设的热情与意愿，也将影响课程思政建设能否有效。

（三）经济学专业课程思政建设路径分析

经济学专业课程思政对构建中国特色社会主义经济学理论体系具有重大意义，经济学专业知识与思政教育融合有利于培养全面发展的经济学复合型人才，为建成现代化强国提供坚实的经济学人才基础。将思政教育与经济学专业课程教育有机结合，融入日常教学活动的各个环节中去，以隐性思政和显性思政两种方式，建立健全课程思政的新格局（陆道坤，2018）。为此，结合经济学专业特点，从以下方面提出经济学专业课程思政的建设路径。

1. 深化思政课程理念

强化顶层设计，增强育德意识培养，明确育人的方向和目标，育人包括传授专业知识和培育正确的价值观两个方面，培育具有良好专业素养和具备优秀品德的人才是育人的目标，育人的方向之一是要推动课程思政的全面展开。结合经济学的学科特点，深化经济学专业知识教育与家国情怀培养融合，围绕立德树人，在“三全育人”的思想理念下，推动课程思政建设向多学科交叉、理论与实践结合发展，将中国社会主义建设和改革经验融入经济学专业课程教学中，采用课程专题、教学案例、社会实践等多形式融入思政元素，培养具有正确价值观的人才，实现思想、价值、专业素养等培养目标的协同发展。

2. 健全课程思政建设体系

专业课程和思政课程协同发展是关键，而课程思政是为打破思政课程的“孤岛困境”而作出的重大改革（董勇，2018）。经济学专业课程思政建设强化问题导向，注重解决教学过程中所面对的实际问题，塑造和引导学生价值观。把握顶层设计的正确性，系统细致设置经济学专业课程体系，推动课程思政教学设计与经济学课程在教学阶段目标定位的互动，将正确的思想、价值培养纳入经济学专业授课计划，将家国情怀、社会责任、创新能力、人文精神等思政元素贯穿整个经济学专业基础课、专业核心课以及专业实践课，明确思政元素在课程中的作用，建立经济学课程与思政要求的关系矩阵，将思政要求落实到具体每一门课程中，实现知识传授与价值引领相结合。同时，注重经济学专业教材选用与编写，注重教材的思想性，深度挖掘素材，注重新文科跨学科知识融合，拓展经济学课程思政内容，激发学生兴趣。

3. 强化课程思政教师队伍建设

课程思政的主体之一是教师，教师的专业知识和思想政治理论水平对学生有着重要的影响，课程思政建设与教师的思想政治理论水平密切相关，只有不断提升教师的思想政治理论水平，才能充分挖掘专业课程的思政元素，因此，需要强化课程思政教师队伍建设，提升课程思政育人水平。在经济学专业教师中定期开展课程思政能力与内容培训，贯穿师资培训全过程；支持教师充分挖掘思政元素，融入中国特色社会主义政治经济学内容，定期交流与完善；同时，充分结合高校经济学专业的办学特色与优势，根据专业课程教师教学特点与实际，分类推进课程思政教师队伍建设。例如，思政专任教师做好思政类课程的教学研究，用习近平新时代中国特色社会主义思想铸魂育人；军事与体育课程专任教师做好国防意识、锻炼体魄，增强意志的培育；经济学专业课程专任教师始终把课程思政融入经济学理论教学，实践课程注重理论知识与中国经济发展实践相结合。此外，注重教师队伍通过“学习强国”“高校课程思政讲座”等形式学习，不断提高思想政治理论水平。

4. 创新课程思政建设机制体制

经济学专业人才培养过程中融入课程思政需要完善的体制机制，这就要求建立相应的机制体制并持续改进。一是建立有效的领导决策机制。发挥党委在课程思政建设中的主体作用，明确立德树人动力机制，制定科学的激励机制，推动课程体系"同向同行，协同育人"。二是建立课程思政建设的协同互补机制。课程思政建设的基础在课程（李国娟，2017），在尊重课堂教学的基本原则上，加强思政元素的融入，推动专业课老师和思政课专业老师的交流和学习，共同探讨人才培养方案中课程思政建设的开展，打通思政课程教师、课程思政专业课教师和辅导员之间的信息、资源的互通渠道，完善思政课程和课程思政的协同互补机制。三是构建科学合理的评价机制。评价机制应考虑评价主体的多元性、评价过程的及时性、评价内容的综合性，推动课程思政教学过程中的反馈和总结、教学结束后的成果的检验等方面建设，注重过程考核，探索全面、合理评价课程思政建设育才育德质量和成效的量化机制。

（四）结论

在新文科建设背景下，构建适应时代发展的复合型经济学人才培养体系具有重要现实意义，课程思政是新文科建设中经济学专业落实立德树人根本任务的内在要求。目前，经济学专业课程思政建设存在的主要问题为建设理念更新不足、建设实践不足以及建设机制不完善，经济学专业课程思政建设路径主要为：一是深化思政课程理念，增强育德意识培养，明确育人的方向和目标，深化经济学专业知识教育与家国情怀培养融合；二是健全课程思政建设体系，将正确的思想、价值培养纳入经济学专业授课计划，将家国情怀、社会责任、创新能力、人文精神等思政元素贯穿整个经济学专业基础课、专业核心课以及专业实践课，建立经济学课程与思政要求的关系矩阵；三是强化课程思政教师队伍建设，充分结合高校经济学专业的办学特色与优势，分类推进，提升课程思政育人水平；四是创新课程思政建设机制体制，建立有效的领导决策机制、协同互补机制以及科学合理的评价机制。

参考文献

［1］刘鹤，石瑛，金祥雷．课程思政建设的理性内涵与实施路径［J］．中国大学教学，2019（3）：59－62.

［2］张大良．课程思政：新时期立德树人的根本遵循［J］．中国高教研究，2021（1）：5－9.

［3］柯政．课程理论视角下课程思政及其实施框架［J］．中国高等教育，2021（8）：37－40.

［4］伍醒，顾建民．"课程思政"理念的历史逻辑、制度诉求与行动路向［J］．大学教育科学，2019（3）：54－60.

［5］黄泽文．"新工科"课程思政的时代蕴涵与发展路径［J］．西南大学学报（社会科学版），2021，47（3）：162－168.

［6］邱伟光．论课程思政的内在规定与实施重点［J］．思想理论教育，2018（8）：62－65.

[7] 蒲清平，何丽玲. 高校课程思政改革的趋势、堵点、痛点、难点与应对策略 [J]. 新疆师范大学学报（哲学社会科学版），2021（5）：1-10.

[8] 陆道坤. 课程思政推行中若干核心问题及解决思路——基于专业课程思政的探讨 [J]. 思想理论教育，2018（3）：64-69.

[9] 董勇. 论从思政课程到课程思政的价值内涵 [J]. 思想政治教育研究，2018，34（5）：90-92.

[10] 李国娟. 课程思政建设必须牢牢把握五个关键环节 [J]. 中国高等教育，2017（Z3）：28-29.

三、面向课程思政建设的安徽特色小镇建模教学案例设计*

晏实江　王　杰　梁　明　倪建华**

（一）背景

2016年12月7日至8日，全国高校思想政治工作会议召开。中共中央总书记、国家主席习近平在大会上发表了重要讲话，会议强调了思想政治工作的重要性，坚持把思想政治工作贯穿教育教学全过程；扎实办好中国特色社会主义高校，坚持不懈传播马克思主义科学理论，坚持不懈培育和弘扬社会主义核心价值观；注重课堂教学体系与思想政治教育同向协同，加快构建中国特色哲学社会科学学科体系和教材体系（吴寒斌和高虹，2020；路俊哲等，2020）。

为此，教育部制定了《高等学校课程思政建设指导纲要》，明确要求把思想政治教育贯穿于人才培养体系，全面推进高校课程思政建设，提高高校人才培养质量。地方大学管理层频频政策引导，近年来安徽大学也强化了对专业课课程思政内容建设，已经开展了两轮专业人才培养方案课程思政的修订工作。安徽大学教务处也要求专业教师在课程教学中积极引导，逐步开展专业课课程思政教学工作。然而，由于学校各个专业的差异性，很难形成统一、适合于各个专业（如地理信息科学GIS、测绘工程）的课程思政教学案例。因此，如何结合地理信息科学专业学科特色，结合安徽特色小镇的地域特色资源优势，设计满足地理信息科学专业人才培养的教学案例成为当务之急。

（二）安徽特色小镇GIS建模课程思政

1. 安徽特色小镇概况

特色小镇概念于2014年被首次提出，它是指依托当地特色产业和特色资源，形成具有明确产业定位、文化内涵、特色机制，兼具社区功能的新兴城镇化模式。特色小镇建设已在全国成为热潮，近年来安徽省各地利用本地资源优势，纷纷融入特色小镇建设潮流（王长松和贾世奇，2019；方叶林等，2019；李国宏等，2020；陆佩等，

* 原载于《南京师大学报（自然科学版）》2021年第S1期。

** 作者简介：晏实江、王杰、梁明、倪建华，安徽大学资源与环境工程学院讲师。

2020)。从国家层面看，国务院、发改委、财政部及住建部等部门，针对特色小镇及其建设颁布了相关政策性文件。从《国务院关于深入推进新型城镇化建设的若干意见》，到《国家发展改革委办公室关于建立特色小镇和特色小城镇高质量发展机制的通知》等文件的出台，各级部门为特色小镇的建设从政策引导、资金支撑等多个方面给予大力支持。安徽省也颁布了《关于加快推进特色小镇建设的意见》《安徽省国土资源厅关于支持和促进特色小镇建设的意见》《安徽省特色小镇建设专项资金管理办法》(李国宏等，2020；赵士德等，2019)。综合分析安徽省 15 个入选全国特色小镇，以传统文化和山水资源为特色的旅游产业特色小镇占一半以上（赵士德等，2019；王雅安，2019)。安徽特色小镇具有鲜明的地域文化特色，集中了安徽地域小镇品质特色，彰显了安徽旅游的品牌定位，是安徽地域文化特色的形象传播媒介，也是安徽因地制宜、凸显地域特色的途径。

2. 安徽特色小镇 GIS 建模在课程思政中的作用

安徽特色小镇是对当地旅游资源、文化特色、产业分工的集中体现，是对当地资源优势、“四个自信”集中体现。总结起来，安徽特色小镇 GIS 在课程思政中的作用具体体现在以下几个方面。

（1）安徽特色小镇是国家乡村振兴战略思政元素的践行者。安徽特色小镇以安徽特色旅游产业为依托，充分运用本地优势资源，具有其独特性，是国家乡村振兴科学发展观思政元素的践行者（杨习铭等，2019；胡郑丽，2019)。在实施乡村振兴战略背景下，促进城乡融合、乡村振兴战略发挥重要作用，是安徽乡村振兴战略的成果体现。

（2）安徽特色小镇是社会主义文化自信核心思政元素的代表。特色小镇建立在发挥特色文化资源、文化创意产业优势基础之上，是社会主义文化自信核心思政元素的代表（江童，2019)。它是安徽灵魂和“特性”的代表。此外，它对徽派文化的传承具有重要作用。纵观我国著名的文化创意小镇，无不体现出文化的基因（胡郑丽，2019)。诚然，安徽特色小镇的建设离不开安徽特色文化的深度熏陶。此外，反映安徽省域文化自信的特色小镇节庆活动，节庆品牌打造也是提升乡村文化自信的重要途径，是培育小镇良好的社会风气，打造健康的社区精神，加深集体记忆，增强社区认同感有形且真实的文化标识（杨吉华和杨晁采，2018；周晓琴和刘宏芳，2018)，展示出内在的文化自信（张苗荧，2017)。

（3）安徽特色小镇是科学发展观思政元素的重要组成部分。特色小镇具备产业聚集的天然优势，对带动当地经济发展起着重要作用。2013 年 9 月 7 日，习近平总书记在哈萨克斯坦纳扎尔巴耶夫大学的讲座中指出“我们既要绿水青山，也要金山银山”（王雅琴，2019)。多个指导性规划文件明确强调特色小镇环境宜居、人文内涵，体现自然环境与特色小镇的协调共生发展（吴超等，2020)，能够集中整合各类社会资本，改善社区居住条件，提升社区公共文化服务水平，提高幸福感（苏群等，2013；郑晓倩和张厚喜，2020)。

综上所述，安徽特色小镇以其独特的文化自信符号，成为践行社会主义科学发展观，践行我国国家乡村振兴战略，保障国家人才战略的重要抓手，体现中国特色社会主义道路自信、理论自信、制度自信、文化自信，在坚持不懈培育和弘扬社会主义核心价值观等方面起着至关重要的作用（孙伟伟等，2020；李伟，2019；张飞，2019）。

（三）安徽特色小镇 GIS 建模课程思政教学案例设计

通过前述课程思政建设内容，安徽特色小镇 GIS 课程思政建设的分析，本文将以安徽特色小镇 GIS 建设为例，结合课程思政建设的内容，设计用于课程思政的教学案例，该案例设计主要分为 4 个部分，分别由四个教学案例构成，分别是“案例 1　安徽特色小镇数据采集与专题制图”“案例 2　安徽特色小镇平面布局数据制作”“案例 3　安徽特色小镇三维局部细节资源制作”“案例 4　安徽特色小镇三维建模规则设计与应用”，如图 1 所示。

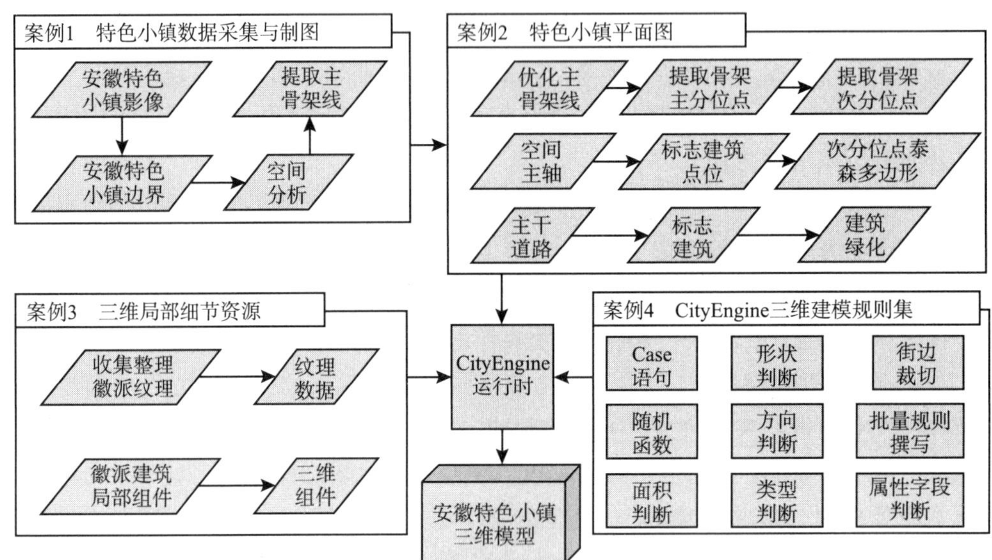

图 1　安徽特色小镇建模案例设计技术路线

1. 安徽特色小镇数据采集与专题制图案例

通过对呈坎镇特色小镇数字化采集与制图，进一步了解、认识安徽特色小镇的结构、空间分布状况，增强安徽省域文化自信，增强民族自豪感。在方法上，掌握 GIS 空间点、线、面数据的采集方法；掌握专题地图制图基本方法。

2. 安徽特色小镇平面布局数据制作案例

将通过给定的呈坎镇的边界数据，依据呈坎镇的空间结构，采用地理信息软件空间分析方法，生成安徽特色小镇 GIS 平面图，包括主干道路、建筑、绿化等要素的空间布局。平面图的生成将依据距离制图，自动化生成呈坎镇的空间主轴，并依据主轴的空间分位，自动化地布局安徽特色小镇的平面布局，为后续安徽特色小镇的三维建模提供基础底图。

本案例所涉及的空间分析知识点包括距离工具中的 Euclidean Distance［距离制

图]，Slope［坡度］，Reclassify［重分类］，Raster to polyline［栅格转多线］，Smooth line［矢量线平滑］，Split［矢量线裁切］，Create Thiessen Polygons［泰森多边形］，Intersect［叠置分析］，Contour［等高线生成］，Feature to line［矢量要素转线］，Feature to polygon［矢量要素转面］等工具。

本案例通过给定的安徽特色小镇的边界数据（见图2（a）），在［距离制图］的帮助下自动生成小镇的骨架线（见图2（b）），通过［矢量线平滑］工具实现对骨架线的简化，用［矢量线裁切工具］将骨架线裁切为100m左右的小段（建筑与建筑之间的距离），使用［泰森多边形］工具将空间沿着主轴线分割成一个一个的带状地块（见图2（c）），最后使用骨架线的距离制图生成等值线，将图2（c）中的地块沿着径向裁切带状地块，生成更为细致的小镇建筑地块（见图2（d））。

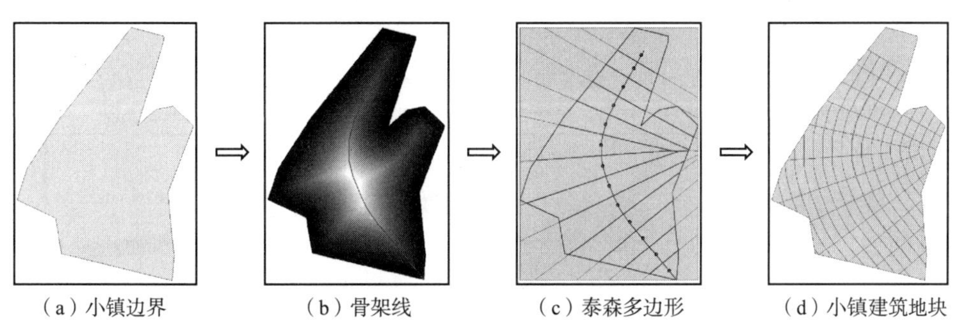

（a）小镇边界　（b）骨架线　（c）泰森多边形　（d）小镇建筑地块

图2　安徽特色小镇ArcGIS空间分析平面图制作

3. 安徽特色小镇三维局部细节资源制作案例

呈坎镇是安徽特色小镇中典型的村镇代表，是江南第一村、中国古建筑之乡，呈坎是中国保存最完整的明代古村落，在徽州文化历史发展中独树一帜。其建筑外部使用简单的色彩和装饰，形成“粉墙黛瓦马头墙”的主要特色，再加以砖雕、木雕和石雕的装饰来形成徽派建筑的外观特色。本案例在安徽特色小镇局部三维特征的基础上，收集并整理安徽特色小镇的三维局部细节数据（见图3），包括纹理、小品、细节三维组件模型，为安徽特色小镇的三维GIS建模提供基础。

4. 安徽特色小镇三维建模规则设计与应用案例

本案例在安徽特色小镇局部三维特征组件的基础上，借助参数化自动建模软件CityEngine参数化建模工具，撰写三维参数化自动建模规则程序，学会自动化建模规则的基本语法，实现对三维建模元素的组织与管理，实现对安徽特色小镇GIS三维建模的表达（见图4）。

本文所建立的安徽特色小镇充分体现了安徽地域文化特点，建筑以青瓦、白墙为主色调，配合准备好的马头墙、木雕等细节组件，体现了安徽特色小镇的地域特色，兼顾了安徽特色小镇简单美和复杂的美。通过GIS软件，实现对安徽特色小镇数据采集、数据处理、三维建模与空间分析的流程，学生在学习GIS软件数据采集功能，三维场景建模及空间分析功能的同时，领略了安徽特色小镇的风格美，激发学生的文化自信。

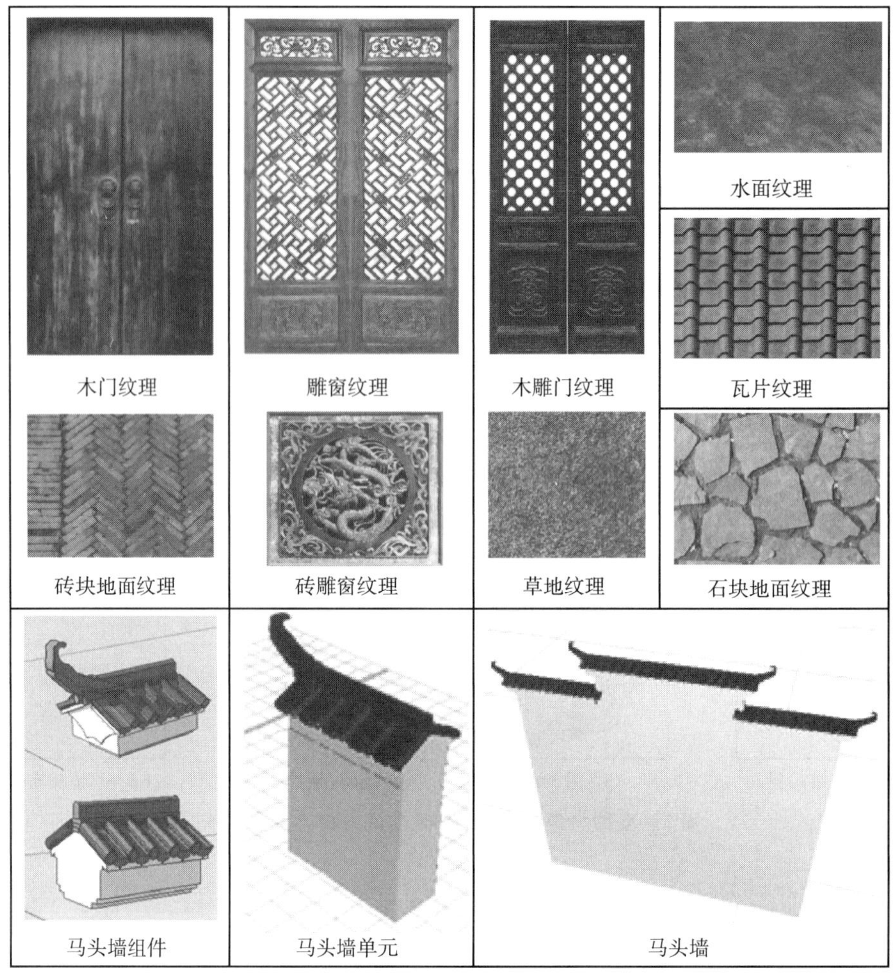

图3　安徽特色小镇三维局部细节资源

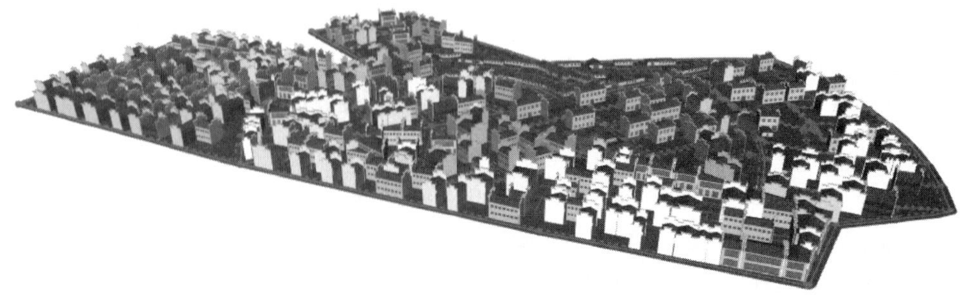

图4　安徽特色小镇三维模型

（四）结论与展望

1. 主要结论

本文以安徽特色小镇 GIS 为研究对象，以安徽黄山呈坎镇三维建模为例，设计并实现了对安徽特色小镇的三维建模课程案例。共设计了四个案例，从安徽特色小镇本底数据采集、基于空间分析的小镇底图生成、小镇三维基础数据制作，小镇三维建模规则集设计与开发四个方面，培养学生认识安徽特色小镇特点，使用三维 GIS 学建模技能，设计并实现安徽特色小镇三维模型的能力。本文所选取的呈坎特色小镇以其独特的“青瓦白墙木雕”特点，彰显了徽派小镇的文化符号，激发了学生热爱安徽特色文化的文化自信的重要承载，在课程思政建设中起着重要作用。

2. 未来研究展望

（1）对安徽特色小镇 GIS 教学案例课程思政元素的进一步挖掘。本文通过提炼全国高校思想政治工作会议文件精神，总结并分析了专业课程思政建设的四个主要的建设内容方向，受限于作者的认知和专业学科背景，对四个内容方向的具体化尚不完全，对于安徽特色小镇 GIS 课程思政教学案例的理解还需进一步深入，还需进一步细化、凝练、总结系统化的课程思政元素挖掘。

（2）进一步提升对安徽特色小镇 GIS 教学案例空间分析能力。提供智能化三维在线系统的空间分析功能。本文未能实现对安徽特色小镇 GIS 系统的详细设计，仅仅采用案例化的方式，实现了对安徽特色小镇 GIS 建模，未来还需要进一步设计安徽特色小镇 GIS 的数据库、界面、空间分析等内容，进一步完善安徽特色小镇 GIS 系统及其功能。

参 考 文 献

［1］习近平在全国高校思想政治工作会议上强调：把思想政治工作贯穿教育教学全过程　开创我国高等教育事业发展新局面［J］. 教育文化论坛，2016，8（6）：144.

［2］肖扬. 我国高校 GIS 教学改革初步分析［J］. 科技创新导报，2020，17（8）：168－169.

［3］吴寒斌，高虹. 课程思政教学设计的文化理念与基本原则［J］. 黑龙江高教研究，2020，38（10）：152－155.

［4］路俊哲，吕君，劳娜. “课程思政”在力学教学中的实践研究［J］. 新疆师范大学学报（自然科学版），2020，39（2）：58－61.

［5］王长松，贾世奇. 中国特色小镇的特色指标体系与评价［J］. 南京社会科学，2019（2）：79－86，92.

［6］方叶林，黄震方，李经龙，等. 中国特色小镇的空间分布及其产业特征［J］. 自然资源学报，2019，34（6）：1273－1284.

［7］李国宏，蒋晓铭，姚宏志，等. 安徽省特色小镇建设路径选择研究［J］. 哈尔滨学院学报，2020，41（2）：38－41.

［8］陆佩，章锦河，王昶，等. 中国特色小镇的类型划分与空间分布特征［J］. 经济地理，2020，40（3）：52－62.

［9］赵士德，方兴林，钱成，等. 黄山市特色小镇发展策略研究［J］. 黄山学院学报，2019，21（2）：11－15.

[10] 王雅琴. 安徽特色小镇品牌定位与形象传播研究 [J]. 洛阳理工学院学报(社会科学版), 2019, 34 (5): 31-36.

[11] 杨习铭, 克彪, 蔡青青. 丝绸之路经济带核心区边境特色小镇研究——以霍尔果斯市周边为例 [J]. 新疆社科论坛, 2019 (6): 71-76.

[12] 胡郑丽. 特色小镇概念阐释及其当代意义 [J]. 现代商业, 2019 (11): 63-64.

[13] 江童. 戏曲文化特色小镇建设中的政府作用研究 [D]. 桂林: 广西师范大学, 2019.

[14] 杨吉华, 杨晁采. 乡村文化自信与特色小镇节庆品牌打造 [J]. 人文天下, 2018 (14): 24-29.

[15] 周晓琴, 刘宏芳. 传承发展民族优秀文化提升特色小镇软实力 [N]. 中国民族报, 2018-06-22 (007).

[16] 张苗荧. 发展旅游小镇要坚持文化自信 [N]. 中国旅游报, 2017-11-06 (003).

[17] 吴超, 李文梅, 陈一祥. 基于 OBE 与 PBL 模式的 GIS 软件应用教学分析 [J]. 电子技术, 2020, 49 (4): 98-99.

[18] 苏群, 杨朝辉, 张志敏, 等. 三维 GIS 在居住区规划设计教学中的应用 [J]. 苏州科技学院学报 (自然科学版), 2013, 30 (2): 77-80.

[19] 郑晓倩, 张厚喜.《3S 技术》课程思政教学改革探索 [J]. 南方农机, 2020, 51 (3): 157-158.

[20] 孙伟伟, 杨刚, 陈碧远. 地理信息系统课程思政教学探讨 [J]. 宁波大学学报 (教育科学版), 2020, 42 (5): 89-93.

[21] 李伟. 高职院校 GIS 教学改革方法的实施与探讨 [J]. 管理观察, 2019 (26): 130-132.

[22] 张飞. 新疆大学地理信息科学专业 "课程思政" 教学对策思考 [J]. 教育现代化, 2019, 6 (57): 228-230.

四、“一核三环六化”全流程课程思政教学模式探索与实践

——以国际商务谈判与礼仪课程为例

陈　芳*

2020年教育部印发《高等学校课程思政建设指导纲要》强调，培养什么人、怎样培养人、为谁培养人是教育的根本问题，立德树人成效是检验高校一切工作的根本标准，全面推进课程思政建设是落实立德树人根本任务的战略举措。如何抓住课程建设“主战场”、课堂教学“主渠道”，夯实课程思政“责任田”微观基础，成为每一位教师面前的一个重大而长远的课题。国际商务谈判与礼仪是国际经济与贸易专业选修课，采用混合式教学模式。本门课程不仅解决传统课程如何从生硬思政到生动思政、走形式思政到走心思政、浅思政到透思政、单向思政到交互思政的转变问题，还要面临混合课程线上线下“两张皮”下如何育人无痕、润心无声。

（一）“一核三环六化”课程思政教学模式的内涵

顺应新文科建设时代要求，结合“双一流”建设及地方综合性高水平大学的办学定位，围绕经济类“文理交融、寓教于研”复合型人才的培养要求，从育德（立德树人、价值引领）、厚基（高阶思维、知识探究）、拓能（创新驱动、能力建设）、塑人（挑战自我、人格养成）设计课程思政目标，构建“一核三环六化”思政教学模式。

“一核”是指以立德树人为核心，从教学内容构建、教学活动组织、教学评价等都围绕、聚焦、扎根、回应、展示立德树人这一核心。“三环”包括知识环红色基因强化、能力环人文情怀塑造、价值环精神引领，分别对应课程教学目标的三个层次，知识层面强化红色基因植入，知识点与思政要素融合保证课程思政微观基础；能力层面强化信息整理与综合决策力、批判性思维与应变创新力、高素质礼仪与商务软实力、英语表达与有效沟通力、跨文化交流与全球胜任力五大核心能力，能够运用宏观经济形势、国别政策、国际惯例等塑造微观谈判力，并彰显人文情怀；价值层面，深刻理解百年未有之大变局下中国开放的使命感，增强国际商务职业责任担当，德育贯穿下从中美博弈对话沟通、国际气候变化谈判、疫情防控国际业务磋商等视角，引导

* 作者简介：陈芳，安徽大学经济学院副教授。

学生能够掌握当代大学生的话语权，讲好中国故事。

“一核三环”具体落实到“六化”（见图5）：一是目标复合化。将知识传授、能力培育、价值引领、人格塑造，具化为教学目标的德育与智育的复合，精准为各个章节的思政点。二是模式项目化。将思政目标具化为嵌套式教学活动，以任务点思政，以活动实思政，以情景染思政。三是载体实体化。以大创项目、学科竞赛、专业课程实训、移动课堂等落实思政教学活动。四是方法集成化。采用问题导向、团队合作、情景创设、思辨批判式辩论等教学方法。五是手段智慧化。优质慕课、雨课堂、云讨论等形式“拓空间、展时间”构筑思政教学环境。六是过程规范化。经典案例剖析、讨论互动、时事传递等固定和随机教学环节，做实本课程思政“一核三环”。

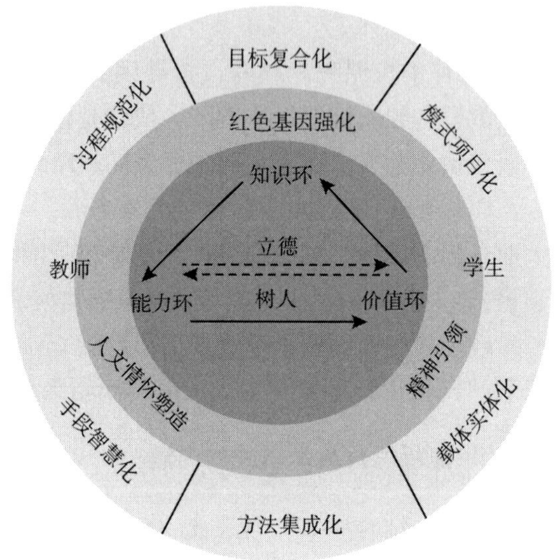

图5　本课程思政“一核三环六化”框架

（二）“一核三环六化”课程思政教学模式全流程

1. 学情分析，细化思政教学目标

聚焦“文理交融、寓教于研”复合型外经贸人才培养，结合“双一流”建设及地方综合性高水平大学的办学定位，针对国际贸易大二学生，洞察学情需求，确定本课程的思政点为家国情怀、红色基因、兴贸振国、大国担当、全球命运共同体、国际商务职业责任感，敢闯会创、艰苦求索等，并将每个思政点的内涵意义具体化为“为谁培养人”来落实宏观教育理念，“培养什么样的人”来落实中观价值塑造、“怎样培养人”来落实微观教学方法；例如，国际商务职业责任感，敢闯会创、艰苦求索，课程教学方法就选取业务精英现场交流，学生近距离接触国际商务谈判的“利益必争”的现实意义，让学生坚定爱岗、爱业、爱国的梯度情怀。

2. 重构内容，融入思政教学要素

以国际商务合同为主线，围绕“谈什么？怎么谈？谈成什么？”从中外、古今、上下三个维度重构思政教学内容。中外比较视野下坚定“四个自信”、古今语境下深刻理解“百年未有之大变局”、上下顶天立地扎根于国家发展大计和民生问题。以人文情怀原创案例外嵌 + 国际商务谈判知识内化 + 外贸实务综合能力外化 + 国际贸易前沿热点实化，保证思政教学内容有深度，教学案例有温度，教学要素有广度。例如，从“疫”“情”开篇，以经典案例医保局药品价格谈判来梳理谈判的整体构架以及学理基础；引入安徽省技术进出口股份有限公司抗击疫情向美国出口防护服案例，彰显人文情怀；选取视频、对话、新闻、微信推文、轻讨论等教学资源要素支撑。

3. 过程交互，体现课程思政主题

线上学堂在线完成 MOOC 学习，慕课教学过程以大问题、小切口精准课程思政点。例如，外交天团的非语言展示、“美美与共、天下大同”中跨文化尊重与包容；线下教学小契合、大格局来打通思政元素嵌入课程的“绿色通道”。贴合国情法、时事跟踪法、发展对比法、专业隐喻法、学科典故法、政策关联法等融入，重点做好思政“资源流”和专业“知识流”交互、老师说与学生说交互、教学环节与思政目标交互、外贸形势与学科前沿交互、多种教学方法交互。

4. 教学评价，展示德育为先目标

本课程教学评价坚持以过程性评价、表现性评价和总结性评价并举。过程性评价占比 30%，主要是线上学习、资源学习等；表现性评价占比 30%，主要呈现形式为模拟谈判、案例研讨等；总结性评价占比 40%，可以采用学科竞赛、实践报告等。德育为先的课程评价不仅考核学生知识掌握、技能提升，更关注学生是否从当代大学生的时代责任和历史使命来思考问题、解决问题，将教师评价、学生评价和社会评价等纳入评价体系，形成多方参与的联合评价机制。

5. 实践检验，塑造思政教学路径

本课程作为社会实践课程，暑期实践课时都是在基地完成，知识任务实践，能力任务实践，基地座谈会，展示真实、立体、全面的中国当下国际商务谈判、安徽企业国际商务谈判，引导学生研究和理解高标准国际经贸规则的倒逼，树立商业机密责任感、兴贸振国责任感以及对理论学习的反思。疫情期间国际运费变化对国际贸易的冲击，中国应对政策以及中国人道主义援助对世界经济恢复和人民生命安全的贡献。通过讨论，引导学生产生共鸣，激发学生的责任感。

6. 课程教改，凝练课程思政成果

积极总结凝练课程思政成果，具化为课程改革、教研项目改革、案例集编写等，通过学生的学习性评价及反馈、教师的教学评价及反馈，实现课程思政建设的持续性改进，形成闭合良性循环的成果转化机制。

（三）“一核三环六化”全流程课程思政教学模式的实施案例及特点

1. 案例——从“疫”和“情”认识国际商务谈判

本案例知识点是课程导论的部分，主要从整体引导学生了解国际商务谈判与礼仪课程内容构架。以“疫”“情”与“疫情”两个词巧妙架构开篇，将经典案例医保局药品价格谈判案例串联整门课程的知识构架以及学理基础。采用人文情怀原创案例外嵌 + 国际商务谈判知识内化 + 外贸实务综合能力外化 + 国际贸易前沿热点实化的模式，设定抗疫精神、家国情怀、兴贸振国、大国担当、全球命运共同体、国际商务职业责任感等价值引领、人格养成两个层次思政教学目标，学情分析后细化成价值引领和人格养成 6 个思政教学目标，以大问题、小切口精准融入 9 个思政教学点。

以 2020 年疫情暴发切入，引导学生关注“疫”背后的民生问题（思政点 1：国际贸易专业培养的经世济民专业精神）；通过视频资料：“灵魂砍价”展示，带领学生重温那场“锱铢必较”的唇枪舌剑，医保专家一言一语含深意，民生药品一分一毛总关情背后是中国社会保障体系的完善（思政点 2：中国特色社会主义制度自信）。高素质医保谈判专家第一时间掌握开局主动权，引出第四章内容；谈判不唯价格但围价格对应第五章内容：报价，艺术的报价技巧源于厚实的业务知识（思政点 3：艰苦求索夯实专业基础）。药企主谈人的微表情展示第九章知识：谈判中非语言技巧，适时引入外交天团的非语言精彩瞬间（思政点 4：时事跟踪融入课程）。“针锋相对”讨价还价是第六章内容：磋商，全课的重点章节做好老师说与学生说交互、外贸形势与学科前沿交互；药企代表一次次报价都没有达到医保谈判专家预期，谈判进入了胶着点，第八章内容展示僵局不可怕，找准利益重合点，僵局也会活起来（思政点 5：勇敢面对学习、生活中的挫折）。医保谈判专家直击对方要害的质疑说明整个团队充足的准备（思政点 6：准备好了是成功的一半这一先哲知识），同时这位医保局干部严谨的逻辑、沉稳的表情、暖心的家国情怀和十足的底气都彰显了这位国家干部的高素养，这就是第三章内容：准备阶段和谈判人员的基本素质；视频中提出“4”在中国展示出“十里不同风，百里不同俗”跨文化交流的现实性，文化风俗差异是国际商务谈判的难点（思政点 7：“美美与共、天下大同”中跨文化尊重与包容），如何尊重异彩缤纷的谈判风格，在国际商务谈判中展现中国方案、中国智慧、中国力量、中国精神，引出第十一章跨文化交流。内容框架梳理结束，讲“情”。引入两张图片，展示出疫情发生后情满华夏（思政点 8：直观展示抗疫泪目瞬间），国际商务谈判讲“情”，主张疫情属于“不可抗力”事件，采用延迟交货日期、推荐替代品等，降低疫情对国际贸易的冲击，晓之以理，动之以情，展现谈判真正技术源于专业知识学习（思政点 9：兴贸振国源于脚踏实地的学习）。

2.“一核三环六化”全流程课程思政教学模式的特点

第一，道理中传情理。以人文情怀教学案例、典型人物传记、经典哲理再探讨、徽商故事等方法，晓之以理动之以情，在经济学理中传授习近平新时代中国特色社会主义思想。例如，安徽企业出口大型机械设备谈判中展示大国担当下新徽商精神。

第二，现实中讲事实。摆事实讲道理，沿着横向国别比较、纵向历史演进的脉络用党史、对外开放史、外贸史等鲜活素材，为课程思政注入智慧和力量，引导外贸学生深刻理解“为什么学、怎么学、学什么”。例如，国际商务谈判特征、内涵演变来诠释“百年未有之大变局”。

第三，言传与身教统一。教师首先要立师德，才有可能立生德。教师是课程思政的活素材，学术研究无禁区，课堂讲授有纪律，言论行为有底线等。例如，教师自身要全身心融入课程教学的“心气神”就是爱岗敬业课程思政样板。讲授国际商务着装礼仪，就身着中式旗袍上课，学生从眼看、耳听和神会都能感受到教师的“课大于天”的敬业精神。

（四）完善全流程课程思政教学模式的建议

第一，进一步挖掘课程思政元素、建设经典教学案例库、巧设教学环节、德育实践任务设置等方式，实现思政元素内化于实践教学，外显于学生成长。例如，“碳达峰碳中和”目标下，将碳税、碳规制等问题的谈判磋商引入教学内容，引导学生深入理解“共同的但有区别责任”的含义及中国的担当。同时引入学术前沿、业务精英观点等，强化实践环节与理论讲解深度协同的课程思政，润物细无声地立德树人。

第二，进一步拓展运用互联网技术、App 等，提升课程思政评价的精准化、智能化；围绕“入眼、入耳、入脑、入心”的德育产出科学设计评价纲量及权重，在过程性评价中更多体现出德育产出。依托云班课、雨课堂等智慧化教学工具瞬时反馈、精准记录、动态追踪等特征，智能化刻画课程评价，既可以减轻教师人工记录的负担，更可以培养学生严谨严肃理性对待教学评价的观念。

第三，时刻追踪课程前沿实践，任课教师加大研究导向型教学，企业导师以高瞻性实践经验增强课程思政前瞻力，适应 UACC 环境课程思政培养需求的转变。后疫情时代到来，不确定性（uncertainty），模糊性（ambiguity），复杂性（complexity）和多变性（changeability）环境特征越来越明显，给课程思政带来挑战的同时也带来巨大机遇。除了提供丰富、鲜活的课程思政内容要素和案例，更为“百年未有之大变局”下课程思政的开展奠定了宏观环境。微观企业实践是社会形势最敏感的触角，企业导师协同授课，让课程思政更接地气。

参考文献

[1] 刘淑慧．“互联网 + 课程思政”模式建构的理论研究［J］. 中国高等教育，2017（Z3）：15 – 17.

[2] 吴岩．建设中国“金课”［J］. 中国大学教学，2018（12）：4 – 9.

[3] 吴岩．应对危机　化危为机　主动求变　做好在线教学国际平台及课程资源建设［J］. 中国大学教学，2020（4）：4 – 16，60.

[4] 于歆杰．合五为一连通课程思政建设的最后一公里［J］. 中国大学教学，2021（8）：28 – 34，41.

[5] 张大良．课程思政：新时期立德树人的根本遵循［J］. 中国高教研究，2021（1）：5 – 9.

[6] 许志，谢成博．全英文专业课课程思政建设初探——以“公司金融”为例［J］．中国大学教学，2021（10）：55－59.

[7] 陈芳．国际商务谈判与礼仪课程多层次立体实践教学改革研究——以安徽大学为例［J］．安徽电子信息职业技术学院学报，2019，18（6）：34－36.

[8] 温潘亚．思政课程与课程思政同向同行的前提、反思和路径［J］．中国高等教育，2020（8）：12－14.

[9] 吴岩．全面推进高校课程思政高质量建设［R］．北京：教育部高等教育司，2021.

第二篇　课程思政案例

第一章　政治经济学

案例一　资本主义扩大再生产与坚定不移推动高质量发展

王亚玄*

一、课程思政元素

元素1：通过对资本主义扩大再生产的过程和趋势的分析，使学生了解推动高质量发展的必要性。坚定实现中华民族伟大复兴的信念，引导学生把个人理想和生活追求融入当代中国高质量发展的社会现实。

元素2：认识高质量发展的内涵，引导学生正确处理好个人和社会、竞争和协作、效率与公平、先富和共富、经济效益与社会效益等关系，形成健康有序的经济和社会生活规范。

元素3：理解实现高质量发展路径和内在要求，引导学生树立改革创新的自觉意识，自觉形成推动高质量发展的责任感，在实践中有直面困难的勇气，有突破难关的精神。

二、课程目标

（一）知识目标

K1：资本主义扩大再生产的概念。

K2：高质量发展的内涵与必然性。

K3：高质量发展的实现路径。

（二）能力目标

A1：分析把握坚持高质量发展的原因。

A2：掌握新发展理念与我国推动高质量发展的战略目标。

A3：结合我国推动高质量发展的具体实践，理解“供给侧结构性改革”“做实做

* 作者简介：王亚玄，安徽大学经济学院讲师。

强做优实体经济”“发展新质生产力”的内在理论逻辑。

（三）价值目标

V1：坚定实现中华民族伟大复兴的信念，引导学生把个人理想和生活追求融入当代中国高质量发展的社会现实。

V2：对推动高质量发展的中国实践进行总结，通过具体政策举措的讨论，引导学生树立改革创新的自觉意识，自觉形成推动高质量发展的责任感，在实践中有直面困难的勇气，有突破难关的精神。

V3：明确高质量发展的目标，引导学生在推动高质量发展的过程中正确处理好个人和社会、竞争和协作、效率与公平、先富和共富、经济效益与社会效益等关系，形成健康有序的经济和社会生活规范。

三、教学内容

重点 A：资本主义扩大再生产。

在再生产的过程中，如果资本家不把全部剩余价值用于个人消费，而是将其中的一部分合并到原有的资本中去，用以购买生产资料和劳动力，使生产在扩大的规模上进行，这就是资本主义的扩大再生产。把剩余价值转化为资本，即剩余价值的资本化，就是资本积累。资本积累的本质是资本家通过无偿占有工人生产的剩余价值来扩大自己的资本，并以此为基础进一步占有更多的剩余价值。资本积累不仅是资本家剥削工人的结果，而且是资本家扩大剥削的重要手段；由资本积累而实现的资本主义扩大再生产，同时也是资本主义生产关系的扩大再生产。

由资本主义扩大再生产驱使，资本主义的资本积累以及伴随着的资本有机构成提高和相对人口过剩等导致在资本主义制度中，随着生产力的发展和劳动生产率的提高，资本对劳动力的需求相对减少，劳动者的相对地位进一步恶化。因此，资本积累的结果，一极是财富的积累，另一极是贫困的积累。

重点 B：高质量发展的内涵。

高质量发展是能够满足人民日益增长的美好生活需要的发展，是体现新发展理念的发展，是创新成为第一动力、协调成为内生特点、绿色成为普遍形态、开放成为必由之路、共享成为根本目的的发展。更明确地说，高质量发展，就是经济发展从“有没有”转向“好不好”。从高速度到高质量发展是由量变到质变的转型过程。这一转变使得经济运行更有效率、产业结构更加合理、企业提供的产品和服务具有更高品质，最终实现经济发展更加可持续、生态环境更加绿色、社会分配更加公平。高质量发展归根到底是民生导向，就是要满足人民日益增长的美好生活需要的发展。总之，高质量发展应能够满足人的多层次需求，既为人民提供高质量的产品和服务以满足人的基本需要，也要保障公平正义，为人的自我实现创造社会环境和基本条件。

难点 A：高质量发展的必然性。

准确把握我国不同发展阶段的新变化新特点，从实际出发制定正确的战略和政策，是做好经济工作必须遵循的客观依据。对于推动高质量发展的必然性，可从以下几个方面认识：一是实现经济持续健康发展的必然要求。二是适应我国社会主要矛盾变化和全面建设社会主义现代化国家的必然要求。三是遵循经济规律发展的必然要求。四是积极应对外部环境变化的必然要求。

难点 B：推动高质量发展的内在要求。

推动高质量发展，是当前和今后一段时期确定发展思路、制定经济政策、实施宏观调控的根本要求。必须牢牢把握高质量发展的要求，坚持质量第一、效益有限；牢牢把握住工作主线，坚定推进供给侧结构性改革；牢牢把握基本路径，推动质量变革、效率变革、动力变革；牢牢把握着力点，加快建设实体经济、科技创新、现代金融、人力资源协同发展的产业体系；牢牢把握制度保障，构建市场机制有效、微观主体有活力、宏观调度有度的经济体制，加快形成推动高质量发展的指标体系、政策体系、标准体系、统计体系以及绩效评价和政绩考核体系，创建和完善制度环境。

四、教学设计

本案例课程思政教学环节说明见表 1－1。

表 1－1　　本案例课程思政教学环节说明

教学环节	教学内容	教学方法	思政元素
概念导入	引入资本主义扩大再生产的概念，并分析资本主义资本积累的必然结果	实践对比：用数据对比的方法解释增长和发展的区别	通过制度比较，增强学生对中国特色社会主义的坚定信念
主题探究	诠释高质量发展的内涵，并分析其必然性	分组讨论：扩大再生产的重要性和局限性，推动高质量发展的内在必然性	坚定实现中华民族伟大复兴的信念，引导学生把个人理想和生活追求融入当代中国高质量发展的社会现实
巩固强化	掌握新发展理念与我国推动高质量发展的战略目标	翻转课堂：在总结上述分组讨论的基础上，引导学生解读新发展理念和我国推动高质量发展的战略目标	正确处理好个人和社会、竞争和协作、效率与公平、先富和共富、经济效益与社会效益等关系，形成健康有序的经济和社会生活规范
总结拓展	结合我国推动高质量发展的具体实践，理解“供给侧结构性改革”“做实做强做优实体经济”“形成新质生产力”等思想	政策解读：对供给侧结构性改革、建设现代化经济体系、发展新质生产力进行解读，使学生对高质量发展有更具体、更深层次的理解	引导学生树立改革创新的自觉意识，自觉形成推动高质量发展的责任感，在实践中有直面困难的勇气，有突破难关的精神

五、教学效果分析

（一）学习成果分析

通过课堂提问和课后作业确定学生是否掌握了政治经济学课程两个重点与难点。根据分组讨论和翻转课堂的反馈确定学生是否能够利用所学知识分析我国推动高质量发展的必然性和目标。

（二）学生参与度分析

根据分组讨论和翻转课堂情况确定学生是否对于本知识点有较高的参与热情。

（三）综合能力提升

在案例分析和实践操作中，学生可能需要与同学合作，共同完成任务。以此培养学生的团队合作能力和有效沟通技巧，提升团队协作的效率和质量。上述综合能力的提升也会对学生未来的学术研究、职业发展等方面产生积极影响。

参考文献

[1] 赵剑波，史丹，邓洲．高质量发展的内涵研究［J］．经济与管理研究，2019，40（11）：15－31.

[2] 任理轩．必须把坚持高质量发展作为新时代的硬道理［N］．人民日报，2024－01－08（009）.

[3] 王一鸣．百年大变局、高质量发展与构建新发展格局［J］．管理世界，2020，36（12）：1－13.

[4] 刘晓伟，韩立，聂毓敏．以高阶能力培养为导向的《马克思主义政治经济学概论》课程教学改革与模式创新研究［J］．宁夏师范学院学报，2024，45（5）：72－76.

案例二　借贷资本与中国特色金融发展道路

冯志轩*

一、课程思政元素

元素1：理解借贷资本运行过程中加快资本周转、促进竞争、节约纯粹流通费用、提高有效需求等方面的正面作用和加剧经济波动，提高经济风险、造成经济脱实

* 作者简介：冯志轩，武汉大学经济管理学院教授。

向虚方面的负面作用。理解中国特色社会主义金融发展道路利用其正面作用，遏制其负面作用的独特发展道路，让学生坚定道路自信和制度自信。

元素 2：理解资本拜物教发展的高级形式——虚拟资本所形成的理论幻觉。说明从简单的经济现象出发无法理解资本的本质，只有从马克思主义政治经济学的理论出发，才能够真正理解包括债券、股票、土地所有权在内的各种虚拟资本的本质和运行规律。让学生坚定对于马克思主义经济学的理论自信。

元素 3：通过借贷资本循环和虚拟资本的运动进一步说明资本运动的目的，阐明以人民为中心的发展理念与资本主义经济以价值增殖为中心的增长的根本差别。通过价值引领帮助学生坚定中国特色社会主义的理想。

二、课程目标

（一）知识目标

K1：理解信用关系是如何内生于资本循环过程之中的，并在此基础上理解借贷资本的基本定义和各种具体形式，理解信用在资本主义运行过程中的作用。

K2：理解利息率的定义、利息率的决定因素和利息率波动的上下限。

K3：理解虚拟资本产生的原因和虚拟资本带来的理论幻觉。理解虚拟资本在理论上价格的波动中心。

（二）能力目标

A1：在理解资本主义信用活动基本逻辑的基础上，明确资本主义信用关系和金融活动的利弊，能够利用借贷资本的一般性理论建立分析现实中信用活动的基本框架。

A2：建立有关中国特色社会主义经济制度下金融运行基本逻辑的理解，并运用这种理解客观认识当前中国的金融发展和金融政策。

（三）价值目标

V1：理解中国特色金融发展道路的基本立场、观点和方法，以及这种金融发展道路为什么是对资本主义金融逻辑的扬弃。

V2：掌握中国特色金融发展道路的“八个坚持”，尤其是为什么要“坚持党中央对金融工作的集中统一领导”“坚持以人民为中心的价值取向”“坚持把金融服务实体经济作为根本宗旨”以及“坚持把防控风险作为金融工作的永恒主题”。

三、教学内容

重点 A：借贷资本与利息。

资本周转速度对于利润率有重要影响，在其他条件不变的情况下，资本周转速度越快，利润率越高。因此，资本停留在货币形态上的时间越久，资本的周转速度就越慢，资本的年利润率就越低。由于现实中存在货币积累、准备金、为固定资本更新过程而准备的货币以及流动资本购置时间上的不一致，货币资本会在周转过程中存在一定的停滞。而信用能够将这些货币资本利用起来，促进资本周转，因此能够促进资本的增殖。当一部分货币从职能资本中独立出来从事信用关系，也就形成了借贷资本。

信用形式包括商业信用、银行信用以及涵盖债券、股票等形式的有价证券。

信用的作用或影响可以分为三个层次，第一个层次是信用可以服务于资本的增殖和积累。首先，信用可以通过加快资本的周转速度以及利润率和利息率的差距来提高资本的利润率。其次，信用可以将社会上分散的货币资本通过各种方式集合起来，让资本积累极大地超出资本集聚的限制，促进资本的集中。再次，信用可以将货币形态的资本迅速从一个部门转移到另外一个部门，促进资本的流动和利润率平均化。第二个层次是信用可以在一般意义上提高社会经济的运行效率，因为一方面信用可以节约经济活动中的纯粹流通费用；另一方面信用的出现能够提高经济的有效需求。第三个层次是信用加剧了资本主义各部门发展的不平衡。利润高的部门和企业往往快速积累更多的货币资本，并形成过度积累，而利润率低的企业和部门则刚好相反，从而加剧供求关系和价格在不同部门之间的波动。

重点B：利息率和虚拟资本。

一定时期内的利息与本金之比称为“利息率”。一般而言，利息率的下限是0，在这一水平及以下，借贷活动将会停止。利息率的上限是一般利润率，如果利息率超过一般利润率，那么职能资本从事实际生产经营活动将变得无利可图。在这个范围之内利息率是由货币在信用市场上的供求关系决定的。

利息率的波动具有潜在的顺周期性，因为在经济上升时期，货币供给较为充足，信用处在扩张过程中，利息率维持在低位而利润率却相对较高。在经济危机和衰退时期，利润率下降却伴随着信用关系的紧张和利息率的提高。较低的利息率改善了职能资本家资本积累的环境，而较高的利息率则恶化了资本积累的环境。因此，利息率的这种变化可能会加剧经济波动，让生产过程中的危机更容易表现为信用关系的危机。

由于利息和利息率的存在，产生了一种货币资本能够自行增殖的错觉。由于资本现在表现为可以带来一定收入（利息）的东西，人们就很容易把能够定期带来收入的各种有价证券或所有权凭证也称为资本，这些票据本身并不是真正意义上的“资本”。一般将这些由于可以带来一定的收入而被视为资本的各种所有权凭证称为“虚拟资本”（fictitious capital）。而用一定的收入流来倒推虚拟资本价格的过程被叫作“资本化”。

虚拟资本的存在制造了大量并非资本但可以用于交易乃至抵押的票据，由此产生了大量的信用关系，而虚拟资本自身其资本化过程是极不稳定的。首先，虚拟资本的收益率并不稳定，未来收益是未知的，对收入的估计依赖于人们所掌握的信息和由此产生的预期，而这些预期可能是多样化且快速变化的。其次，金融系统的利息率是快速变动的。再次，虚拟资本的理论值也是依赖供求的平衡实现的，而现实当中有大量的因素会影响某种虚拟资本的供给和需求。因此，虚拟资本的出现将极不稳定的信用关系进一步建立在更加脆弱的虚拟资本之上。虚拟资本一方面带来了信用关系的脆弱，加剧了资本主义的波动，另一方面也带来了资本脱实向虚的风险。

难点 A： 中国特色金融发展道路。

（1）中国特色金融发展道路的基本要义。中国特色社会主义金融发展道路的基本要义主要体现为八个坚持：坚持党中央对金融工作的集中统一领导，坚持以人民为中心的价值取向，坚持把金融服务实体经济作为根本宗旨，坚持把防控风险作为金融工作的永恒主题，坚持在市场化法治化轨道上推进金融创新发展，坚持深化金融供给侧结构性改革，坚持统筹金融开放和安全，坚持稳中求进工作总基调。

（2）为什么要“坚持党中央对金融工作的集中统一领导”和“坚持以人民为中心的价值取向。”现代信用和金融活动出现既是服务于资本增殖的需要，提高利润和资本积累水平，也能够在一般意义上提高社会需求，降低纯粹流通费用，提高竞争水平，促进生产要素在不同部门之间的快速流动。如何让金融活动更多地在社会主义市场经济条件下体现其正面作用，抑制其负面作用，从根本上来说，就是要让金融活动不是服务于资本无序扩张，而是服从于社会主义的本质和目的。坚持以人民为中心的价值取向是这种选择的基础。而要实现这一点，坚持党的集中统一领导是根本的政治保证，党的领导是中国特色社会主义最本质的特征，也是中国特色社会主义制度的最大优势。同时，国内发展不平衡不充分依然突出，对金融工作的适应性、竞争力和普惠性提出了更高要求。发挥党中央总揽全局、协调各方的核心作用，才能突破部门与地方的职能局限，避免金融政策的碎片化和零散化，从而确保各个监管部门、各类金融政策协同发力。

（3）为什么要“坚持把金融服务实体经济作为根本宗旨”。借贷资本的出现带来了一种拜物教性质的想象，即资本可以不通过生产活动而实现增殖。而虚拟资本的出现则将这种拜物教想象具象化为了金融领域的脱实向虚。例如，每当实体经济利润率出现下降，往往伴随着信用关系的紧张和利息率的上升，吸引更多职能资本进入虚拟资本领域。而这又导致虚拟资本价格上升，提高了虚拟资本的收益率。这种正循环带来了虚拟资本的价格泡沫并导致大量资本持续进入金融领域，加剧实体经济领域信用关系的紧张，阻滞实体经济的发展。与此同时，信用活动天然是倾向于大资本并有利于资本集中的。信用关系的不平衡加剧了大资本与中小企业之间竞争的不平衡性。因此，在发展中国特色社会主义金融的过程中需要更加注意抑制资本主义金融所具有的这种“脱实向虚”的倾向。

（4）为什么要“坚持把防控风险作为金融工作的永恒主题”。市场经济配置资源的一个核心机制是货币在各个领域的流动，而实现这种流动的关键部门就是金融系统。因此，金融系统是现代市场经济运行过程中的核心节点，其能否稳定与国民经济是否能够正常运行息息相关，金融领域的风险可以导致整个经济系统的风险，不同部门的风险也可以通过金融部门的活动传导到经济的其他部门当中。而与此同时，资本主义金融本身是具有顺周期性的，在不加调控的情况会在经济高涨时期提高总需求和利润率，而在经济低迷时期抑制总需求和利润率，加剧经济波动。虚拟资本的发展又会提高经济中信用关系的复杂性，制造各种各样的资产泡沫。因此，要维持国民经济的稳定运行，就需要抑制金融内生的风险，并防范各种风险通过金融领域进行传导。

四、教学设计

（一）设计逻辑

本案例课程思政教学设计逻辑如图 1－1 所示。

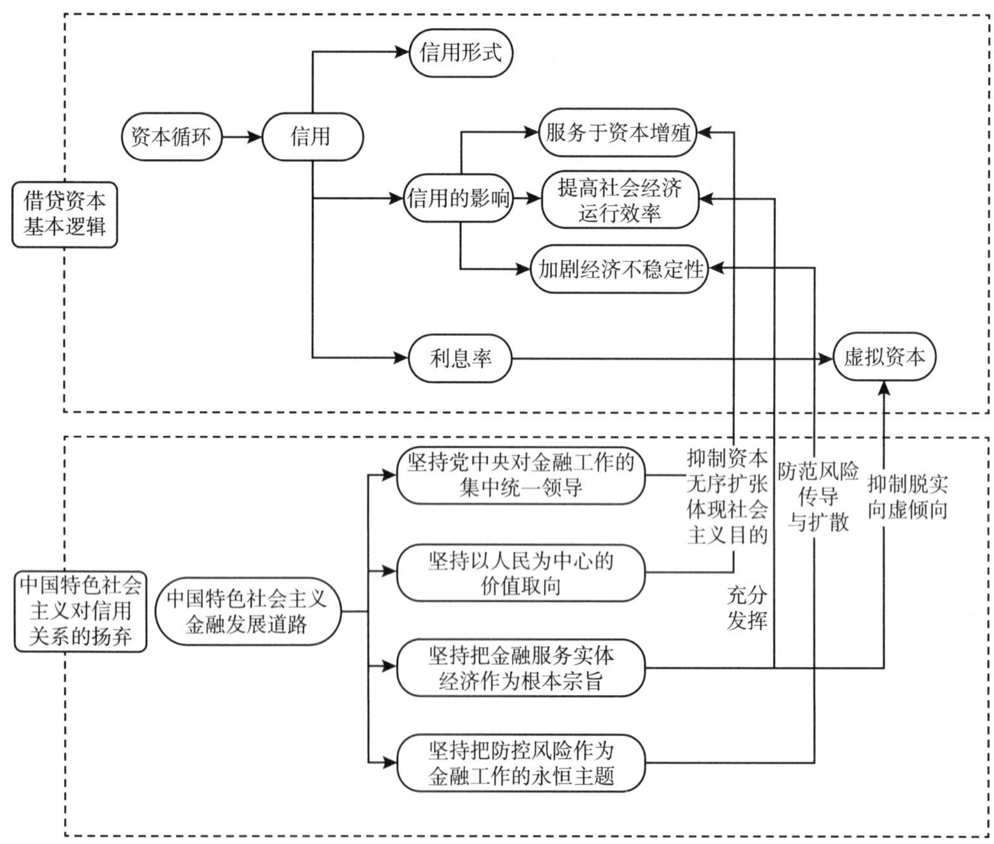

图 1－1　本案例课程思政教学设计逻辑

（二）案例阐释

本案例课程思政教学环节说明见表 1－2。

表 1－2　　本案例课程思政教学环节说明

<table>
<tr><th>教学环节</th><th>教学内容</th><th>教学方法</th><th>思政元素</th></tr>
<tr><td>问题提出</td><td>为什么资本主义需要信用和金融活动</td><td>讨论法</td><td rowspan="2">理解借贷资本运行过程中加快资本周转、促进竞争、节约纯粹流通费用、提高有效需求等方面的正面作用和加剧经济波动，提高经济风险、造成经济脱实向虚方面的负面作用</td></tr>
<tr><td>内容讲授</td><td>借贷资本与利息</td><td>讲授法</td></tr>
<tr><td rowspan="2">案例讨论</td><td>2008 年金融危机：中心资本主义国家的金融风险如何造成全球性的金融危机，其直接原因和深层原因有哪些</td><td rowspan="2">翻转课堂</td><td rowspan="3">理解虚拟资本所形成的理论幻觉。说明只有从马克思主义政治经济学的理论出发，才能够真正理解包括债券、股票、土地所有权在内的各种虚拟资本的本质和运行规律。让学生坚定对于马克思主义经济学的理论自信</td></tr>
<tr><td>东南亚金融危机：外围发展中国家的金融危机如何形成</td></tr>
<tr><td>问题提炼</td><td>社会主义条件下如何对资本主义金融活动的逻辑进行扬弃</td><td>讨论法</td></tr>
<tr><td>内容讲授</td><td>介绍习近平总书记在中央金融工作会议上的重要讲话</td><td>讲授法</td><td rowspan="3">通过借贷资本循环和虚拟资本的运动进一步说明资本运动的目的，说明以人民为中心的发展理念与资本主义经济以价值增殖为中心的增长存在根本的差别。通过价值引领帮助学生坚定中国特色社会主义的理想</td></tr>
<tr><td rowspan="2">案例讨论</td><td>中国特色金融调控：国有金融机构的作用</td><td rowspan="2">翻转课堂</td></tr>
<tr><td>中国特色金融调控：结构化政策</td></tr>
</table>

五、教学效果分析

（一）学习成果分析

通过课堂提问和课后作业确定学生是否掌握了两个大的知识点和七个小的知识点。根据翻转课堂情况确定学生是否能够利用借贷资本和利息率的相关知识对现实金融危机有大致的认识和理解。

（二）学生参与度分析

根据翻转课堂和讨论情况确定学生是否对于本知识点有较高的参与热情。

（三）批判性思维与问题解决能力

通过对借贷资本与资本主义金融化现象的批判，引导学生理解中国特色金融发展道路的基本要义，对如何建成“金融强国”进行思考。

参 考 文 献

[1] 张宇，谢地，任保平，等．中国特色社会主义政治经济学：制度、运行、发展、开放［M］.3 版．北京：高等教育出版社，2021.

[2] 伊藤诚，拉帕维查斯．货币金融政治经济学［M］．北京：经济科学出版社，2001.

[3] 中央金融委员会办公室　中央金融工作委员会．坚定不移走中国特色金融发展之路［J］．求是，2023（23）：21－25.

[4] 刘娜．混合式教学法在政治经济学课程教学中的应用与改进策略［J］．中国管理信息化，2024，27（4）：233－235.

案例三　扎实推动共同富裕的中国实践：精准扶贫战略

王亚玄*

一、课程思政元素

元素1：通过了解和学习我国推动共同富裕原则和手段，培养学生以“人民为中心”发展理念，努力成为担当民族复兴大任的时代新人。

元素2：了解资本主义资本积累的一般规律以及主要发达国家收入分配状况的演变趋势，增强对中国特色社会主义的信念，将个人理想和追求融入党和国家事业之中。

元素3：通过分析讨论精准扶贫政策，突出道路自信、理论自信、制度自信、文化自信，总结解决社会贫困问题的中国智慧、中国方案、中国力量。

二、课程目标

（一）知识目标

K1：资本主义资本积累的一般规律与共同富裕的科学内涵。

K2：促进共同富裕的原则。

K3：了解推动共同富裕的中国实践。

（二）能力目标

A1：解读共同富裕为什么是社会主义的本质特征。

A2：新时代社会主要矛盾的变化与破解制约全面建成小康社会过程中的重点、难点。

A3：结合精准扶贫的具体实践，总结推动共同富裕过程中的经验。

---

* 作者简介：王亚玄，安徽大学经济学院讲师。

（三）价值目标

V1：归纳总结精准扶贫过程中的具体方法以及脱贫攻坚的伟大成就，培养学生相关意识，努力成为担当民族复兴大任的时代新人。

V2：对减贫过程中政策体系、工作体系、制度体制构建进行总结，坚定中国特色社会主义道路自信、理论自信、制度自信、文化自信。

V3：深刻理解社会主义生产目的，树立推动共同富裕的人生志向和理想信念；增强对马克思主义、共产主义的信仰，增强对中国特色社会主义的信念，增强对实现中华民族伟大复兴的信心，将个人理想和追求融入党和国家事业之中。

三、教学内容

重点 A：共同富裕的科学内涵。

与资本主义体制不同，在科学社会主义理论中，共同富裕首先是一个与消灭剥削、消除两极分化相联系的制度问题。社会主义生产资料公有制的建立是实现共同富裕的制度前提和基础。只有在生产资料公有制基础上，与按劳分配制度一起，才能在不断发展生产力的基础上实现劳动者个人财富和社会共同财富的不断增长，进而为实现人的全面发展提供物质基础和社会条件。

共同富裕不是整齐划一的平均主义，效率与公平的有机结合是共同富裕的本质要求，必须坚持促进效率、体现公平的原则；共同富裕不能单纯强调分配的作用，生产与分配的有机结合是共同富裕的内在诉求，要在做大“蛋糕”的基础上分好“蛋糕”；单纯依靠发挥市场作用不能实现共同富裕，市场与政府的有机结合是共同富裕的根本途径，更好发挥政府作用才能避免两极分化；共同富裕不是全体人民同步富裕，阶段性目标与最终目标的有机结合是共同富裕的必由之路，要在动态过程中分阶段逐步推进共同富裕。

重点 B：新时代社会主要矛盾变化与突出的问题。

社会发展的今天，我国社会生产力和生产关系、经济基础和上层建筑都发生了深刻变化，主要矛盾的两个方面即人民需要和社会生产也都发生了深刻变化。一方面，我国稳定解决了十几亿人的温饱问题，全面建成小康社会，人民的美好生活需要日益广泛，不仅对物质文化生产提出了更高要求，而且在民主、法治、公平、正义、安全、环境等方面的要求日益增长；另一方面，我国社会生产力水平总体上显著提高，社会生产能力在很多方面进入世界前列，更加突出的问题是发展不平衡不充分，这已经成为满足人民日益增长的美好生活需要的主要制约因素。

难点 A：促进共同富裕的原则。

鼓励勤劳创新致富；坚持基本经济制度，立足社会主义初级阶段，坚持“两个毫不动摇”；尽力而为量力而行，建立科学的公共政策体系，形成人人享有的合理分配格局；共同富裕是一个长远目标，坚持循序渐进。

难点 B：推动共同富裕的手段。

提高发展平衡性、协调性、包容性；着力扩大中等收入群体规模；促进基本公共服务均等化；加强对高收入的规范和调节；促进人民精神生活共同富裕；促进农民农村共同富裕。

四、教学设计

贫困是人类社会的顽疾。摆脱贫困，是中国人民孜孜以求的梦想，也是实现中华民族伟大复兴中国梦的重要内容。党的十八大以来，党中央把脱贫攻坚摆在治国理政的突出位置，把脱贫攻坚作为全面建成小康社会的底线任务，组织开展了声势浩大的脱贫攻坚人民战争。

精准扶贫最基本的定义是扶贫政策和措施要针对真正的贫困家庭和人口，通过对贫困人口有针对性的帮扶，从根本上消除导致贫困的各种因素和障碍，达到可持续脱贫的目标。精准扶贫的主要内容包括：贫困户的精准识别和精准帮扶，扶贫对象的动态管理和扶贫效果的精准考核。精准识别就是通过一定的方式将低于贫困线的家庭和人口识别出来，同时找准导致这些家庭或人口贫困的关键性因素，它是精准扶贫的基础。精准帮扶是在精准识别的基础上，针对贫困家庭的致贫原因，因户和因人制宜地采取有针对性的扶贫措施，消除致贫的关键因素和脱贫的关键障碍。动态管理首先是对所有识别出来的贫困户建档立卡，为扶贫工作提供包括贫困家庭基本状况、致贫原因和帮扶措施等方面的详细信息，为精准扶贫提供信息基础。然后根据贫困状况的实际变化，及时识别出新的贫困家庭和人口，同时将已经脱贫的家庭和人口调整出去，保持精准扶贫的有效性。精准考核是对精准扶贫的效果进行考核，主要针对地方政府。新阶段的农村扶贫工作有明确的分工，中央政府负责区域发展和片区开发，地方政府负责精准扶贫工作。精准考核的目的是督促贫困地区的地方政府将精准扶贫作为工作的重点。

2021 年，我国脱贫攻坚战取得了全面胜利，现行标准下 9899 万农村贫困人口全部脱贫，832 个贫困县全部摘帽，12. 8 万个贫困村全部出列。① 脱贫攻坚中国实践的历史成就主要有：农村贫困人口全部脱贫，全部实现“两不愁三保障”，为实现全面建成小康社会目标任务作出了关键性贡献；脱贫地区经济社会发展提速，经济社会发生历史性巨变；脱贫群众精神风貌焕然一新，增添了自立自强的信心勇气；党群干群关系明显改善，党在农村的执政基础更加牢固；创造了减贫治理的中国样本，为全球减贫事业作出了重大贡献。

本案例课程思政教学环节说明见表 1 – 3。

① https：//www. gov. cn/xinwen/2021 – 02/25/content_5588869. htm.

表 1-3　本案例课程思政教学环节说明

教学环节	教学内容	教学方法	思政元素
热点导入	引入资本主义资本积累的一般规律知识点，分析欧美主要发达资本主义国家收入分配的两极分化趋势	数据分析：发达资本主义国家的收入分配状况	阐述资本主义制度的根本矛盾，引出中国特色社会主义的制度优势
问题提炼一问	共同富裕为什么是社会主义的本质特征？什么是共同富裕的科学内涵	归纳演绎：概念要点 总结社会主义生产目的的内在要求以及共同富裕的科学内涵	培养学生以“人民为中心”发展理念，努力成为担当民族复兴大任的时代新人
问题提炼二问	新时代社会主要矛盾变化与突出的问题是什么	文件引入：党的十九大报告关于社会主要矛盾变化的表述	新中国成立以来关于社会主要矛盾的表述及其历史变化
问题提炼三问	什么是制约全面建成小康社会过程中的重点、难点？ 结合精准扶贫的具体实践，总结推动共同富裕过程中的经验	政策解读：精准扶贫政策 精准扶贫的主要内容包括：贫困户的精准识别和精准帮扶，扶贫对象的动态管理和扶贫效果的精准考核	增强对中国特色社会主义的信念，将个人理想和追求融入党和国家事业之中

五、教学效果分析

（一）学习成果分析

通过课堂提问和课后作业确定学生是否掌握了课程的重点与难点。

（二）学生参与度分析

根据课堂提问反馈确定学生是否对于本知识点有较高的参与度和学习积极性。

（三）综合能力提升

在案例分析中，学生需要结合现实实践对所学理论进行思考，以全面提升学生理论联系实际的总能力。

参考文献

[1] 周文，何雨晴．共同富裕的政治经济学理论逻辑 [J]. 经济纵横，2022 (5)：1-10.

[2] 汪三贵，郭子豪．论中国的精准扶贫 [J]. 贵州社会科学，2015 (5)：147-150.

[3] 石鹏娟．学生为中心视阈下高校理论课教学审思与重构——以“政治经济学”课程教学为例 [J]. 教育教学论坛，2024 (14)：173-176.

[4] 柏培文．社会主义政治经济学教学中存在的问题及改进措施初探 [J]. 河南教育（高教），2024 (2)：74-75.

案例四　货币流通量及其规律

陈　旸*

一、课程思政元素

元素 1：通过学习国家货币稳定对经济发展的重要性，学生能够理解货币数量政策对国家经济繁荣的推动作用，认识到自身肩负的时代使命。通过分析中国货币政策和实际案例，增强学生的使命感和责任感，激励他们为国家富强而努力奋斗。

元素 2：通过展示中国古代货币的发展历程和成就，增强学生对中华民族悠久历史和文化的认同感，培养他们的民族自豪感和历史责任感。

元素 3：通过分析中国共产党在货币政策制定和实施中的关键作用，学生能够更好地理解党的路线、方针、政策，并将其融入课程学习中。通过具体的历史和现实案例，展示党的政策如何引领国家经济发展和社会稳定，培养学生树立正确的世界观、人生观、价值观，增强他们对中国特色社会主义道路的认同感和自信心。

二、课程目标

（一）知识目标

K1：复述货币流通量的基本原则及影响因素。

K2：理解货币流通速度、商品价格水平和流通中的商品数量对货币流通量的影响。

K3：探究信用货币与通货膨胀、通货紧缩的关系。

（二）能力目标

A1：通过实验教学，学生能够在模拟商品交换过程中观察和记录金属货币流通量的变化，应用所学理论知识解释这些变化，提升他们的实践操作能力和逻辑推理能力。

A2：通过数据展示和历史案例分析，学生能够更深入地理解纸币和信用货币制度下的货币流通规律，并能够评价政策效果，这一过程能够培养他们的数据分析能力和批判性思维，使他们能够将理论应用于实际问题。

A3：通过小组讨论，学生能够在团队合作中提升沟通协调能力，共同完成任务并分享研究成果，这不仅能够增强他们的团队合作精神，还能够培养他们的沟通能力，使他们能够更有效地在团队中工作。

---

* 作者简介：陈旸，安徽大学经济学院讲师。

（三）价值目标

V1：通过实际经济现象和案例研究，培养学生总结货币流通规律的能力，鼓励他们运用所学知识进行科学研究和独立思考，提升他们的创新意识和问题解决能力。

V2：通过学习中国古代货币制度的发展历史和成就，增强学生对中华民族悠久历史和文化的认同感，培养他们的民族自豪感和历史责任感，激励他们在未来的学习和工作中发扬中华文化的优秀传统。

V3：引导学生认识和探讨货币调控的方法和重要性，通过分析具体案例，激发他们在金融领域的创新意识和社会责任感，鼓励他们为国家经济发展和社会进步贡献智慧和力量。

三、教学内容

（一）货币流通量规律的内涵

重点 A：货币流通需要与商品流通相适应的原则。

通过回顾中国货币历史和组织实验教学，学生将学习并理解货币流通需要与商品流通相适应的原则。教学将展示如何在实际经济中观察和应用这一原则，学生将能够解释货币流通与商品流通之间的关系，并能在实际经济问题中应用这一知识。

难点 A：理解货币流通量规律在不同情况下的公式。

通过公式讲解、实际案例分析和现场训练答题，帮助学生理解并掌握货币流通量规律的相关公式，并能在不同经济情境中应用这些公式进行分析和推理，提升他们的抽象思维能力和逻辑推理能力。

（二）纸币与信用货币流通量

难点 B：信用货币发行量和货币购买力。

针对该难点，在实验教学的基础上组织分组讨论，要求学生推理货币发行量增加的可能性；并通过红色货币“北海币”击败国民党“金圆券”的历史案例帮助学生理解信用货币发行量与货币购买力之间的关系。学生将能够解释信用货币发行量对经济的影响，并能够分析不同情况下的货币贬值现象，从而提升他们的批判性思维和分析能力。

（三）通货膨胀与通货紧缩

重点 B：分析通货膨胀与通货紧缩的经济现象及应对措施。

通过数据展示、历史案例分析和政策讨论，帮助学生理解通货膨胀和通货紧缩的成因、影响及应对策略。学生将能够识别和解释这些经济现象，并能够评估不同应对措施的效果，提升他们的经济分析能力和实际问题解决能力。

四、教学设计

（一）设计逻辑

课程设计逻辑围绕货币流通量规律，将教学中的主要内容凝练为三个基本问题。通过分析我国古代货币现象、革命战争期间的货币制度和现代的货币政策，将理论知识与实际应用相结合，并达到课程思政的落脚点。具体设计逻辑见表1－4。

表1－4　　本案例课程思政教学设计逻辑

教学内容	凝练问题	教学方法	思政元素
货币流通量规律的内涵	货币流通与商品流通需要如何相适应	通过具体案例和实验教学讲解货币流通与商品流通相适应的原则	增强学生对中华民族悠久历史和文化的认同感、民族自豪感和文化传承意识
纸币与信用货币流通量	现代的信用货币发行量如何影响货币价购买力	组织分组讨论，要求对货币发行量的变化进行推理，使用“北海币”案例做总结	培养学生的爱国主义精神，增强对革命事业的认同感
通货膨胀与通货紧缩	什么是通货膨胀和通货紧缩，应当如何应对	使用数据解释通货膨胀和通货紧缩的概念，形成直观认识；进行通胀率的国际比较，从通胀利率来倒推我国的货币政策	强调经济决策者的社会责任感，培养学生的责任意识和使命感

（二）案例阐释

本案例课程思政教学环节说明见表1－5。

表1－5　　本案例课程思政教学环节说明

教学环节	教学内容	教学方法	思政元素
热点导入	货币发行量受到各种因素例如贵重金属存量的影响，因此存在关于货币量的规律	图片展示：唐朝各代的铜钱，利用雨课堂现场要求同学投票选出含铜量最高的一种	认识中华民族在经济、文化、科技等方面的辉煌成就，增强他们的爱国主义精神和民族自豪感
问题提炼一问	在金属货币条件下，实现商品流通需要多少货币	实验教学：将学生分成若干小组，每组内分配不同的角色，如卖家、买家和银行（发放和回收货币）。发放虚拟币和商品卡，模拟商品交换中不同情况下的货币量变化	提高学生的团队合作能力，培养他们的沟通和协调能力；鼓励学生在实验中提出改进方法和创新思路，培养他们的创造性思维
		归纳演绎：概念要点 归纳各种情况下的货币流通量公式，总结货币流通的基本规律	

续表

教学环节	教学内容	教学方法	思政元素
问题提炼二问	纸币和信用货币条件下的货币流通量规律	分组讨论：如果货币发行不再受贵重金属量的限制，流通的货币量是否可能超过商品交易总量的需求	强调国家在货币政策中的责任和作用，培养学生的爱国主义精神和社会责任感
	如果发行的货币量超过商品流通的需要会出现什么后果	案例教学：解放区的红色货币“北海币”是如何击败国民党发行的“金圆券”的	培养学生的爱国主义精神，增强对革命事业的认同感
		归纳演绎：概念要点 在纸币和信用货币条件下，仍然需要遵循货币流通量的基本规律	
问题提炼三问	什么是通货膨胀和通货紧缩，应当如何应对	数据展示：津巴布韦的恶性通货膨胀和日本通货紧缩导致的“失去的三十年”。解释通货膨胀和通货紧缩的概念，形成直观认识	增强学生对中国特色社会主义道路、理论、制度和文化的认同，理解党的路线、方针、政策
		展示中国历年的通货膨胀率数据并进行课堂提问：根据货币流通量规律，通胀率较为平稳说明了什么？总结通胀和通缩的成因	
课程总结	教师提问：我们经常听到的“稳健的货币政策”是什么意思？是指保持通货膨胀率为零吗	课后作业：什么是“稳健的货币政策”？ 要求学生根据货币流通量规律，结合参考文献撰写短文：《什么是“稳健的货币政策”》	强调经济决策者的社会责任感，培养学生的责任意识和使命感，激发他们未来参与国家建设和经济管理的热情和信心

五、教学效果分析

（一）理论理解与知识掌握

学生能够准确复述货币流通量的基本原则及其影响因素，理解货币流通速度、商品价格水平对货币流通量的影响，独立思考信用货币与通货膨胀、通货紧缩之间的关系。

通过课堂提问和讨论，学生展示了对货币流通基本概念和影响因素的良好理解。在考试中，大部分学生能够正确回答有关货币流通速度、商品价格水平及其对货币流通量影响的题目，表明他们对知识点的掌握较为扎实。学生能够结合理论知识，深入探讨信用货币的特性及其对通货膨胀和通货紧缩的影响，具备了一定的理论应用能力。

（二）能力培养

学生通过案例分析，能够解释货币流通量变化的原因及其经济影响，并结合我国货币政策，评估其在不同经济周期中的效果。

学生能够有效应用所学知识，解释实际经济现象中的货币流通量变化原因，表现出较强的分析能力。通过分组讨论和实验教学，学生展示了良好的团队合作和沟通能力，能够在小组活动中共同探讨并解决问题。学生能够结合我国实际货币政策，评估其在不同经济周期中的效果，表现出较高的综合应用能力和实践能力。

（三）价值引领

学生通过学习中国货币政策的历史和成就，增强对国家金融政策的认同感，培养从实际经济现象中总结规律的习惯，激发在金融领域的创新意识和责任感。

教学效果分析：通过对中国古代货币和现代货币政策的学习，学生表现出浓厚的兴趣和积极的态度，增强了对中华文化和国家金融政策的认同感。学生能够结合实际经济现象，总结出货币流通的规律，显示出良好的归纳总结能力和研究习惯。课后作业和讨论显示，许多学生提出了具有创新性的货币政策建议，表现出较高的创新意识和社会责任感。

参考文献

[1] 侯勇，钱锦．课程思政研究的现状、评价与创新［J］．江苏大学学报（社会科学版），2021，23（6）：66－76.

[2] 贾根良，何增平．货币金融思想史上的两大传统与三次论争［J］．学术研究，2018（11）：79－88.

[3] 马涛，马学东．中西方古代货币价值论的特点及对货币制度的影响［J］．世界经济文汇，2016（6）：107－120.

[4] 杨志刚，刘铎．"问题导向"与"专题教学"设计——论高校思想政治理论课"两分两专"改革思路在"概论"课专题教学中的实践［J］．思想理论教育导刊，2015（9）：104－106.

[5] 赵留彦，王一鸣．中国货币流通速度下降的影响因素：一个新的分析视角［J］．中国社会科学，2005（4）：17－28，205.

案例五　资本循环："时间就是生命"的政治经济学解读

陈　旸　李帮喜*

一、课程思政元素

元素1：通过学习资本循环理论和案例，学生能够理解高效资本运作对企业发展和国家经济繁荣的推动作用，认识到自身肩负的时代使命。通过对国家政策和企业案例的分析，增强学生的使命感和责任感，激励他们为国家富强而努力奋斗。

* 作者简介：陈旸，安徽大学经济学院讲师；李帮喜，清华大学经济学研究所副教授。

元素 2：通过案例展示企业如何通过技术创新、供应链管理、仓储管理等手段提高效率，缩短资本周转时间，体现了中国企业在全球竞争中的创新精神和实干精神。激励学生在学习和生活中发扬改革创新和艰苦奋斗的精神，成为时代精神的践行者。

元素 3：通过分析我国改革开放以来在促进商品流通和经济循环的政策，将党的理论和政策融入课程，培养学生树立正确的世界观、人生观、价值观，增强他们对中国特色社会主义道路的认同感和自信心。

二、课程目标

（一）知识目标

K1：复述资本循环包含的两种时间、三个阶段和三种形态。

K2：理解资本循环的条件和影响因素。

K3：整理和评价我国改革开放之后加强商品流通和经济循环的政策。

（二）能力目标

A1：训练学生借助典型性案例分析不同类型企业缩短循环时间的手段。

A2：培养学生设计并实施有效的企业循环优化方案的能力。

A3：锻炼学生理解并认识国家大政方针，特别是“双循环”和“国内大市场”等政策，并运用这些政策指导企业实践。

（三）价值目标

V1：培养学生一切从实际出发的学习习惯，从中国伟大实践中总结社会主义缩短循环时间的意义。

V2：提升学生对国家大政方针的理解和认同，增强学生的爱国情怀和责任感。

V3：激发学生的创新思维，增强对经济发展创新驱动的认知。

三、教学内容

（一）资本循环的内涵

难点 A：什么是资本循环的三个阶段（购买、生产、销售）和对应的三种资本形态（货币资本、生产资本、商品资本）？

资本是一个抽象概念，但是资本的运动形式则具备了一定的具体性。该部分的难点在于如何建立具体形式和抽象概念之间的联系。通过动画和流程图展示资本从货币形态到生产形态再到商品形态的转变过程，帮助学生直观理解资本循环的动态过程及其在企业运营中的实际应用。通过展示资本循环的内在逻辑，增强学生的抽象思维能力。

（二）资本循环时间的正常条件和影响因素

重点A：生产时间、流通时间对资本循环的影响。

难点B：理解什么是空间上并存，时间上相继。

针对该教学难点，通过案例分析和头脑风暴，使学生认识到生产时间和流通时间在资本循环中的关键作用。通过合肥联宝科技的案例，展示企业如何通过优化生产时间和物流空间缩短资本循环时间，提升企业效益。组织学生进行头脑风暴，讨论其他企业可能采取的措施，并总结出生产时间和流通时间对资本循环的具体影响。通过实际案例展示企业如何优化生产和物流管理，提升学生的创新意识和实践能力。

（三）我国加强商品流通和资本循环的政策沿革

重点B：改革开放以来我国的相关政策及其经济效应。

针对该教学难点，通过政策文件解读和小组讨论，帮助学生深入理解国家政策在促进商品流通和资本循环中的作用。解读《中共中央　国务院关于加快建设全国统一大市场的意见》等政策文件，分析这些政策如何促进商品流通和资本循环。组织小组讨论，学生分享对政策的理解和认识，讨论政策在实际经济活动中的应用和效果。通过解读国家政策，增强学生对国家改革开放政策的认同感和自豪感，培养其社会责任感。

四、教学设计

（一）设计逻辑

课程设计逻辑围绕马克思的资本循环理论，将教学中的三个主要内容凝练为三个基本问题，通过分析合肥联宝科技优化企业资本循环的案例和解读畅通国内大循环相关文件，将理论知识与实际应用相结合，并达到课程思政的落脚点。具体设计逻辑见表1－6。

表1－6　　本案例课程思政教学设计逻辑

教学内容	凝练问题	教学方法	思政元素
资本循环的内涵	资本循环是什么	讲解基本概念和基本理论；利用企业经营全流程图建立学生的直觉	提升学生的职业素养和就业竞争力
资本循环时间的影响因素	资本循环受哪些因素影响	讲解资本循环的三个阶段和三种形态；利用案例展开头脑风暴，并引导得出基本结论	激发学生的创新精神和创业意识，培养学生的创新能力，推动学生在专业领域的创新发展

续表

教学内容	凝练问题	教学方法	思政元素
我国优化社会资本循环的相关政策	为什么需要优化社会资本循环	讲解单个资本和社会总资本循环的关系；介绍“国内大循环”的基本含义；组织分组讨论解读《中共中央　国务院关于加快建设全国统一大市场的意见》	理解国家政策在促进企业发展的作用，增强对中国特色社会主义市场经济的信心；通过了解改革开放以来的政策，增强对中国经济发展道路和政策的认同感

（二）案例阐释

本案例课程思政教学环节说明见表 1 –7。

表 1 –7　　本案例课程思政教学环节说明

教学环节	教学内容	教学方法	思政元素
热点导入	为什么时间就是金钱？与资本循环有什么关系	播放“时间就是金钱”这一口号提出者袁庚的纪录短片	回顾国家发展的历史，增强对我国发展道路的认同感
问题提炼一问	什么是资本循环的三个阶段？企业经营的各具体环节与资本循环有什么关系	展示企业经营全流程图示，并引导学生辨析这些流程与资本循环三阶段之间的归属关系	结合企业实际经营的内容学习资本循环理论，提升学生的职业素养
		归纳要点：总结资本循环的内涵	
问题提炼二问	资本循环的条件有哪些？影响因素有哪些	讲解产业资本正常循环的条件；播放“世界灯塔工厂”视频，从视频中学习合肥联宝科技缩短循环时间的案例	激发学生的创新精神和创业意识；实现本土化思政
	现代企业是如何实现循环时间缩短的	头脑风暴：学生自由记录视频中与主题可能有关系的关键词，在小组讨论中每组总结出 5 个关键词。教师引导总结出科学技术和管理水平是现代企业缩短循环时间的重要手段	介绍前沿科技动态和最新科研成果，激发学生对科技的兴趣和探索精神
		归纳要点：资本循环想要顺畅，需要各阶段时间短、各形态衔接顺；后者要求社会资本循环顺畅	
问题提炼三问	如何优化社会资本循环	政策解读：《中共中央　国务院关于加快建设全国统一大市场的意见》，分组讨论统一大市场和畅通国内大循环的关系	增强学生对中国特色社会主义道路、理论、制度和文化的认同，理解党的路线、方针、政策
课程总结	教师提问：不同的企业有不同的循环特点，我们是否能分行业总结出这些特点	课后作业：企业认为哪些因素影响了它们的资本循环？ 布置问卷调查，要求分组完成相关调研，并撰写调研报告，总结不同类型企业资本循环的特点	结合课程内容，鼓励学生参与社会实践活动，通过实际体验和社会服务，增强社会责任感和实践能力

五、教学效果分析

（一）理论理解与知识掌握

学生能够准确复述资本循环的基本概念，包括两种时间、三个阶段和三种形态，理解资本循环时间的条件和影响因素，并能探究“国内统一大市场”政策与资本循环之间的联系。

通过课堂提问和讨论，学生展示了对资本循环基本概念和影响因素的良好理解。在期中和期末考试中，大部分学生能够正确回答有关资本循环的基本问题，表明他们对知识点的掌握较为扎实。学生能够结合理论知识，深入探讨“国内统一大市场”政策与资本循环之间的关系，具备了一定的理论应用能力。

（二）能力培养

学生通过案例分析，能够解释企业缩短生产时间和流通时间的原因，借助典型案例分析不同类型企业缩短循环时间的手段，并结合“双循环”和“国内大市场”等相关中央精神，评估国家缩短流通时间的系列政策的经济效应。

在案例分析中，学生能够有效应用所学知识，解释实际经济现象中的资本循环变化原因，表现出较强的分析能力。通过分组讨论和头脑风暴，学生展示了良好的团队合作和沟通能力，能够在小组活动中共同探讨并解决问题。学生能够结合我国实际政策，评估其在不同经济周期中的效果，表现出较强的综合应用能力和实践能力。

（三）价值引领

通过学习中国改革开放以来的政策和成就，学生增强了对国家发展道路的认同感，理解了中国特色社会主义市场经济的优势和意义。通过分析典型企业缩短资本循环时间的案例，引导学生的创新意识，培养学生的创业精神，并鼓励他们在专业领域不断探索和创新。

通过对中国改革开放政策的学习，学生表现出浓厚的兴趣和积极的态度，增强了对中华文化和国家政策的认同感。课程讨论和课后作业显示，学生能够结合实际经济现象，总结出资本循环的规律，显示出良好的归纳总结能力和研究习惯。学生在课后作业中提出了具有创新性的政策建议和企业优化方案，表现出较高的创新意识和社会责任感。

参考文献

［1］大卫·哈维．资本的限度［M］．张寅，译．北京：中信出版社，2017.

［2］顾海良，荣兆梓．中国特色社会主义政治经济学研究［M］．北京：高等教育出版社，2020.

［3］贾根良．国内大循环：经济发展新战略与政策选择［M］．北京：中国人民大学出版社，2020.

［4］刘志彪，孔令池．从分割走向整合：推进国内统一大市场建设的阻力与对策［J］．中国工业经济，2021（8）：20－36.

［5］宋俭，廖玉洁．将“四史”教育融入高校思想政治理论课教学体系的思考［J］．思想理论教育，2020（7）：24－29.

第二章　微观经济学

案例一　锂价波动的市场机制

刘　颖　王玉燕　耿　峰*

一、课程思政元素

元素1：认识我国以动力电池和新能源汽车为代表的新能源产业的发展成就。

元素2：理解改革开放以来中国市场化改革的努力。

元素3：理解我国为何既要使市场在资源配置中起决定性作用，也要更好地发挥政府的作用。

二、课程目标

（一）知识目标

K1：学习需求曲线和供给曲线。

K2：学习市场均衡机制。

K3：学习弹性的概念和影响因素。

（二）能力目标

A1：理解价格机制的作用。

A2：分析均衡价格的变化。

（三）价值目标

V1：认识到我国改革开放以来建设社会主义市场经济体制的努力。

V2：认识到有效市场需要和有为政府相结合。

三、教学内容

（一）需求

重点A：需求曲线的定义。

---

* 作者简介：刘颖，安徽大学经济学院讲师；王玉燕，安徽大学经济学院副教授；耿峰，南京财经大学财政与税务学院讲师。

重点 B：需求规律。

重点 C：需求量的变动和需求的变动。

（二）供给

重点 D：供给曲线的定义。

重点 E：供给规律。

重点 F：供给量的变动和供给的变动。

（三）市场均衡

重点 G：市场均衡的变动。

（四）弹性

重点 H：弹性的概念。

重点 I：弹性的影响因素。

（五）供求分析的应用事例

重点 J：税收效应分析。

四、教学设计

（一）设计逻辑

本案例课程思政教学设计逻辑如图 2－1 所示。

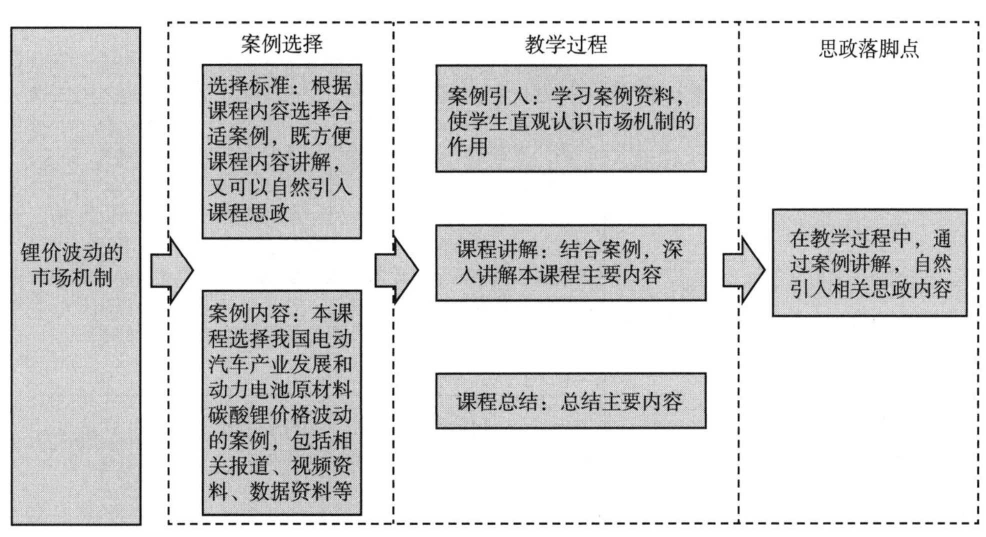

图 2－1　本案例课程思政教学设计逻辑

（二）案例阐释

本案例课程思政教学环节说明见表2－1。

表2－1　　本案例课程思政教学环节说明

教学环节	教学内容	教学方法	思政元素
热点导入	引入锂电池正极材料碳酸锂的价格波动的案例，用典型事实和统计数据，引导学生建立对市场价格机制作用的直观感受	案例分析、视频演示、小组讨论。从案例相关材料出发，学生分组讨论市场机制的作用	我国新能源产业发展迅速
课程内容总体框架	需求；供给；市场均衡；弹性；供求分析的应用事例	课堂讲解、案例分析、视频演示、小组讨论。从案例中碳酸锂价格的形成和变化引导学生思考市场价格的决定机制，引入本课程主要内容	市场在资源配置中的核心作用及改革开放以来中国市场化改革的努力
需求	需求的概念、表示、需求规律、沿着需求曲线的变动和需求曲线的移动	课堂讲解、案例分析。从碳酸锂的案例出发，延伸到新能源汽车产业链，从对案例中碳酸锂和新能源汽车需求的分析出发引入需求的概念、需求的影响因素、需求的变动等课程内容	需求和收入有关，消费升级表明居民收入迅速提高
供给	供给的概念、表示、供给规律、沿着供给曲线的变动和供给曲线的移动	课堂讲解、案例分析。从案例中碳酸锂供给及其变化出发，引入供给的概念、供给的影响因素、供给的变动等课程内容	新能源产业供给增加表明中国技术进步迅速
市场均衡	市场均衡的含义、市场均衡的变动	课堂讲解、案例分析。结合案例中碳酸锂需求和供给等相关数据，分析碳酸锂价格波动的原因	养成用供求机制解读日常生活中价格变化的素养
弹性	弹性的概念、需求价格弹性、其他需求弹性	课堂讲解、案例分析。从本案例中碳酸锂和新能源汽车的价格对需求和供给的影响等问题出发并结合其他案例，引出弹性的概念和影响因素。如时间是影响供给弹性的重要因素，这也是碳酸锂价格大幅波动的重要原因	用弹性的概念理解现实中价格变化和收入的关系，如“谷贱伤农”等现象
供求分析的应用事例	支持价格和限制价格、税收效应分析、弹性和收入	课堂讲解、视频演示、案例分析。通过中国成品油价格形成机制等一系列案例，引入支持价格和限制价格的概念；通过生产税和销售税的现实案例，引入税收效应分析	养成用专业知识解读支持和限制价格等相关政策的素养
课程总结	市场机制的优缺点	课后作业：用本章所学分析某一行业的价格波动，认识市场机制的优缺点和政府的作用	有效市场需要和有为政府相结合

五、教学效果分析

本课程结合我国迅速发展的新能源产业的案例引入课程主要内容，能够激发学生的学习热情，培养学生学以致用的能力。在具体讲解课程内容时，还会继续引入相关案例，用案例阐释知识点，将抽象的理论和直观认识相结合，加深学生对知识的理解。

本课程通过多种方式将课程思政和课程内容相结合。第一，本课程选择的是新能源行业的案例。我国新能源行业发展迅速，有利于建立学生对中国产业升级和技术进步的直观认识。第二，本课程所包括的教学内容也能与课程思政有机结合。例如，本课程的主题是市场机制的作用，而结合碳酸锂和新能源汽车的案例和理论分析可以发现市场自发调节可以有效地配置资源，但也具有一定的盲目性，还可能产生结果的不公平。通过本课程的学习能让学生理解为何我国要加强市场在资源配置中的核心作用并强调更好地发挥政府的作用，并认识到只有有效市场和有为政府相结合才能全面促进社会主义现代化建设。第三，本课程强调理论和现实的结合。本课程通过新能源产业的现实案例引入市场机制相关概念和理论知识，在理论学习中也经常引导学生思考理论的现实应用，有利于培养学生学以致用的能力。

本课程可以使学生更加全面地了解市场经济在配置资源方面的优势以及市场失灵时政府的作用。以本课程的理论知识为基础，学生可以更好地理解和解释自身经历和观察到的市场现象，建立对社会主义市场经济体制优越性的认识。

参考文献

［1］《西方经济学》编写组．西方经济学（上册）［M］.2版．北京：高等教育出版社，2019.

［2］我国建成最大规模动力电池产业体系．https：//www. gov. cn/yaowen/2023－05/08/content_5754514. htm.

［3］王天义，裴会涛．对市场作用认识的三次飞跃——政府的知行合一的高度自觉［R］．学习时报，2014－06－16.

［4］林毅夫．中国经验：经济发展和转型中有效市场与有为政府缺一不可［J］．行政管理改革，2017（10）：12－14.

［5］孔祥宇，张永生．锂资源：新能源革命的源动力［J］．人民论坛·学术前沿，2022（13）：76－81.

［6］刘中然．《微观经济学》课程中思政元素的挖掘及教学融入路径探析［J］．开封大学学报，2023，37（2）：76－79.

［7］黄学锦，司马林，李玥．微观经济学课程思政内容优化和实践［J］．大学教育，2023（15）：97－99，121.

案例二　消费升级的缩影："三大件"的时代变迁

刘　颖　王玉燕　耿　峰*

一、课程思政元素

元素 1：从消费升级认识中国经济发展的成就。

元素 2：从收入和消费的关系认识党的十九大报告提出的"我国社会主要矛盾已经转化为人民日益增长的美好生活需要和不平衡不充分的发展之间的矛盾"的重大政治论断。

元素 3：树立正确的消费观念，培养理性消费意识和良好消费习惯。

二、课程目标

（一）知识目标

K1：理解消费者的目标。

K2：认识消费者消费时的约束。

K3：理解边际效用递减规律等概念。

K4：理解替代效应和收入效应。

（二）能力目标

A1：推导消费者均衡条件。

A2：推导消费者需求曲线。

A3：运用消费者理论分析现实问题。

（三）价值目标

V1：从消费升级感受人民生活水平的提高和中国经济发展的成就。

V2：建立正确的消费观念。

V3：养成良好的消费习惯。

三、教学内容

（一）效用理论概述

重点 A： 基数效用论和序数效用论。

---

* 作者简介：刘颖，安徽大学经济学院讲师；王玉燕，安徽大学经济学院副教授；耿峰，南京财经大学财政与税务学院讲师。

重点 B：基数效用论下需求曲线的推导。

重点 C：消费者剩余。

（二）无差异曲线

重点 D：无差异曲线的特征。

重点 E：边际替代率。

（三）预算约束线

重点 F：预算约束线的变动。

（四）消费者均衡

重点 G：消费者均衡的决定。

重点 H：收入和价格变动对消费者均衡的影响。

（五）价格变动的替代效应和收入效应

重点 I：替代效应和收入效应的含义。

重点 J：正常品与低档品的替代效应和收入效应。

重点 K：序数效用论下需求曲线的推导。

四、教学设计

（一）设计逻辑

本案例课程思政教学设计逻辑如图 2－2 所示。

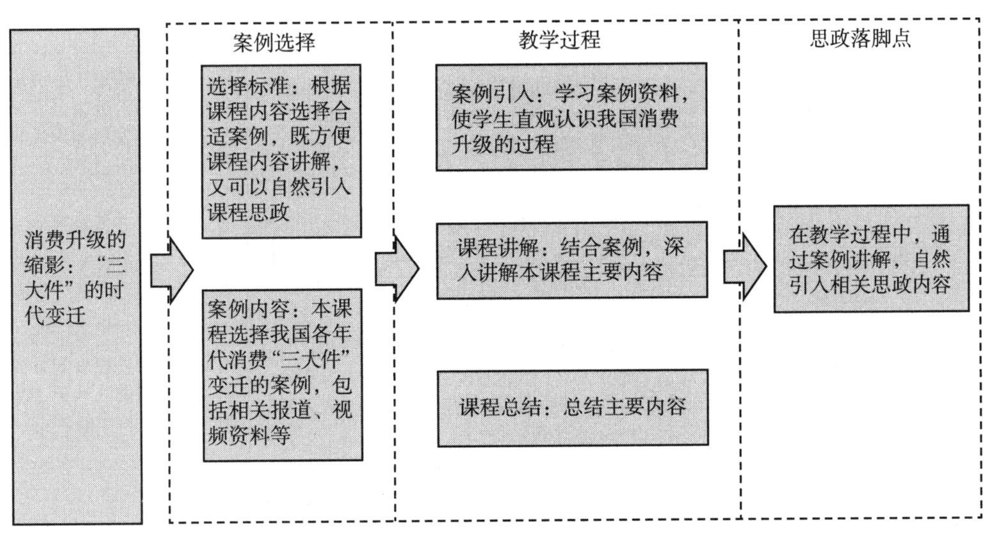

图 2－2　本案例课程思政教学设计逻辑

（二）案例阐释

本案例课程思政教学环节说明见表 2－2。

表 2－2　　本案例课程思政教学环节说明

教学环节	教学内容	教学方法	思政元素
热点导入	引入中国各年代消费“三大件”变迁的历史，引导学生建立对消费者行为的直观感受	案例分析、视频演示、小组讨论。让学生结合“三大件”变迁分享自己从影视作品、书籍等渠道和现实生活中观察到的消费升级现象，并分析原因	“三大件”的变迁是中国人民消费升级的缩影
课程内容总体框架	效用理论、无差异曲线理论、预算约束、消费者均衡、价格变动的替代效应和收入效应	课堂讲解、案例分析。结合案例中消费者对“三大件”的消费行为，引导学生思考消费者行为的影响因素和描述方式，引入主要内容	建立了需求曲线的理论基础，体现了科学的严谨性
效用理论	效用的概念、基数效用论和序数效用论、边际效用递减规律、消费者均衡、基数效用下消费者需求曲线的推导、消费者剩余	课堂讲解、案例分析。结合案例，以分析消费者行为，推导消费需求曲线为目标引入讲解本课程内容。通过引导学生思考消费者消费“三大件”和其他商品的目标引入效用的概念，然后通过“三大件”中相关商品（例如房子）并结合日常经验总结引出边际效用递减规律，最后引导学生思考案例中“三大件”和自身日常经验中商品的最优消费数量，最终引出消费者均衡的概念和条件，并最终推导出需求曲线	效用是人的主观感受，因人而异。一方面应尊重个人选择，另一方面个人选择也要符合道德和法律
无差异曲线理论	偏好的概念、无差异曲线及其特点、边际替代率、边际替代率递减规律	课堂讲解、案例分析。先引导学生反思基数效用论认为效用可计量、可加总的缺点，并通过生活中商品替代现象引入无差异曲线的概念，讲解本课程内容	与基数效用论对效用的描述对比，体现了理论之间的内在联系，引导学生欣赏科学之美
预算约束	预算约束线的含义、预算约束线的变动	课堂讲解、案例分析。引导学生思考案例中收入对消费行为的约束，引入讲解本节内容	消费受收入约束，中国消费升级背后的原因是中国经济的迅速发展和人民收入水平的提高
消费者均衡	消费者均衡的决定、收入变动对消费者均衡的影响、价格变动对消费者均衡的影响	课堂讲解、案例分析。将消费者均衡的方法和结论与基数效用论的分析比较讲授	用不同的方式得到类似的均衡条件，引导学生欣赏科学之美
价格变动的替代效应和收入效应	替代效应、收入效应、序数效用论下的需求曲线	课堂讲解、案例分析。引导学生从自身消费行为出发理解价格变动的替代效应和收入效应，建立替代效应和收入效应直观感受	用另一种假设更少的方式建立了需求曲线的理论基础，体现了科学的进步
课程总结	需求曲线的理论基础	课后作业：本课程学习的消费者行为理论能解释你观察到的现象吗	学以致用

五、教学效果分析

本课程结合我国20世纪70年代以来社会可选消费“三大件”的演变引入课程主要内容，能够激发学生的学习热情，培养学生学以致用的能力。在具体讲解课程内容时，还会继续引入相关案例，用案例阐释知识点，将抽象的理论和直观认识相结合，加深学生对知识的理解。

本课程通过多种方式将课程思政和课程内容相结合。第一，本课程选择“三大件”演变的案例。“三大件”演变是中国消费升级的缩影，有利于建立学生对中国消费升级和经济发展的直观认识。第二，本课程所包括的多方面的内容也能和课程思政有机结合。例如，消费受收入约束，可以借此引导学生建立正确的消费观念，合理消费。消费和收入的关系也可以解释我国社会主要矛盾的转化。从总体上看，中国人民消费水平不断提高，但不平衡不充分的发展使得并不是所有人的消费水平都同步提高，因此党的十九大报告指出：“中国特色社会主义进入新时代，我国社会主要矛盾已经转化为人民日益增长的美好生活需要和不平衡不充分的发展之间的矛盾。”第三，本课程强调理论和现实的结合。本课程通过中国各年代消费“三大件”的现实案例引入消费者行为相关概念和理论知识，在理论学习中也经常引导学生思考理论的现实应用，有利于培养学生学以致用的能力。

本课程的学习可以使学生更加全面地了解消费理论，以及中国在满足人民物质文化和美好生活需要过程中所做的努力。学生可以根据自己的观察和了解去感知和认识在促进消费升级的过程中所存在的问题，并尝试性地提出未来促进消费升级的建议。

参考文献

[1]《西方经济学》编写组．西方经济学（上册）[M]. 2版．北京：高等教育出版社，2019.

[2] 结婚“三大件”变迁见证浙江经济跨越式发展 [EB/OL]. (2018－09－28) [2024－06－18]. http://sy.m.zjol.com.cn/focusnews/201809/t20180927_8364949.shtml.

[3] 马兰．基于人才培养视角浅谈微观经济学课程思政教学改革 [J]. 经济研究导刊，2021 (26)：77－79.

[4] 刘天亮，朱磊，田琼，等．基于“两性一度”原则的“微观经济学”课程教学设计 [J]. 教育教学论坛，2023 (44)：1－5.

[5] 张磊．新消费与新消费城市：现状、特征和趋势——基于中国代表性城市新消费发展的调查研究 [J]. 消费经济，2024，40 (2)：12－25.

[6] 方福前，夏杰长，杨汝岱，等．扩大国内需求与形成消费和投资相互促进的良性循环 [J]. 消费经济，2024，40 (2)：3－11.

[7] 彭泗清．我国居民消费结构变迁：新维度与新趋势 [J]. 人民论坛，2023 (18)：21－24.

案例三 “3Q大战”背后的垄断经济学

刘 颖 王玉燕 耿 峰*

一、课程思政元素

元素1：认识我国反垄断政策和法律的进步。
元素2：理解我国国有企业改革和建设社会主义市场经济体制的努力。
元素3：理解我国国有企业分层分类改革原因和具体改革措施。

二、课程目标

（一）知识目标

K1：理解垄断及其原因。
K2：认识垄断企业的需求曲线和收益曲线。
K3：理解垄断企业的短期和长期均衡。
K4：理解垄断和价格歧视。

（二）能力目标

A1：推导垄断企业的短期和长期均衡。
A2：区分三种价格歧视。
A3：运用所学知识分析现实中的垄断现象。

（三）价值目标

V1：理解我国反垄断政策的合理性。
V2：理解我国国有企业改革。

三、教学内容

（一）垄断及其原因

重点A：垄断的分类。

---

* 作者简介：刘颖，安徽大学经济学院讲师；王玉燕，安徽大学经济学院副教授；耿峰，南京财经大学财政与税务学院讲师。

（二）垄断企业的需求曲线和收益曲线

重点 B：垄断企业的总收益、平均收益和边际收益曲线。

（三）垄断企业的短期均衡

重点 C：垄断企业的短期均衡条件。
重点 D：垄断企业的供给曲线。
重点 E：垄断与经济效率。

（四）垄断企业的长期均衡

重点 F：垄断企业和行业的长期规模调整。

（五）垄断和价格歧视

重点 G：价格歧视的分类。
重点 H：价格歧视与经济效率。

四、教学设计

（一）设计逻辑

本案例课程思政教学设计逻辑如图 2－3 所示。

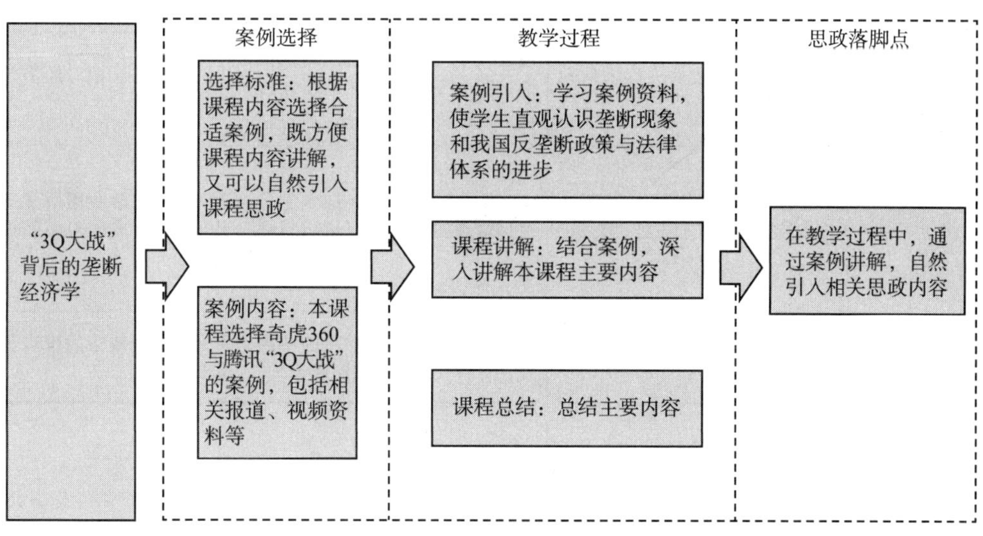

图 2－3　本案例课程思政教学设计逻辑

（二）案例阐释

本案例课程思政教学环节说明见表2-3。

表2-3　　　　本案例课程思政教学环节说明

教学环节	教学内容	教学方法	思政元素
热点导入	引入“3Q大战”案例，引导学生建立对垄断者行为和市场势力的直观感受	案例分析、视频演示、小组讨论。从“3Q大战”出发，让学生分组讨论生活中观察到的垄断现象和垄断者行为特点	认识我国互联网产业的迅速发展
课程内容总体框架	垄断及其原因、垄断企业的需求曲线和收益曲线、垄断企业的短期均衡、垄断企业的长期均衡、垄断和价格歧视	课堂讲解、案例分析。结合案例中互联网行业垄断现象，并引入其他行业垄断者的案例，引导学生思考垄断的形成、垄断者行为的特点等问题，引入课程主要内容	我国反垄断政策和国有企业改革
垄断及其原因	垄断的分类及形成原因	课堂讲解、案例分析、小组讨论。结合现实案例，让学生分组讨论现实中的不同垄断现象及其形成原因。最后总结并引入课程内容	不同垄断需要有不同规制政策。理解我国国企分层分类改革
垄断企业的需求曲线和收益曲线	垄断企业的需求曲线的形状	课堂讲解、案例分析。与之前学过的完全竞争企业的需求曲线和收益曲线对比讲解	认识垄断企业不同于其他企业的特点
垄断企业的短期均衡	垄断企业利润最大化的产量、价格、盈亏状况和供给曲线	课堂讲解、案例分析。与之前学过的完全竞争企业的短期均衡对比讲解	认识垄断在短期对经济效率的影响
垄断企业的长期均衡	垄断企业和行业的规模调整和长期均衡	课堂讲解、案例分析。与之前学过的完全竞争企业的长期均衡对比讲解	认识垄断在长期对经济效率的影响
垄断和价格歧视	价格歧视的含义、条件、类型	课堂讲解、案例分析、小组讨论。结合现实案例，让学生分组讨论现实中有哪些价格歧视现象，最后引入价格歧视的含义、类型等课程内容	学以致用，学会用所学知识分析现实中的价格歧视现象
课程总结	垄断对经济效率的影响	课后作业：用本章学习的垄断理论分析我国的反垄断政策	我国反垄断政策的进步和未来发展

五、教学效果分析

本课程结合奇虎360与腾讯“3Q大战”的案例引入课程主要内容，能够激发学生的学习热情，培养学生学以致用的能力。在具体讲解课程内容时，还会继续引入相关案例，用案例阐释知识点，将抽象的理论和直观认识相结合，加深学生对知识的理解。

本课程通过多种方式将课程思政和课程内容相结合。第一，本课程选择的案例有利于学生建立对垄断者行为和我国反垄断政策发展的认识。第二，本课程所包括的多方面的内容也能与课程思政有机结合。例如，垄断的低效率是我国持续推进国有企业改革，放宽相关行业准入限制的重要原因。垄断的原因不同需要有不同的规则政策，这是我国推行国有企业分类改革的理论依据。第三，本课程强调理论和现实的结合。本课程通过奇虎360与腾讯"3Q"大战的现实案例引入垄断理论相关概念和理论知识，在理论学习中也经常引导学生思考理论的现实应用，有利于培养学生学以致用的能力。

本课程的学习可以使学生更加全面地了解垄断理论以及中国在反垄断和国有企业改革方面所作的努力，同时促使学生更好地理解国家的相关政策的科学性和合理性。

参考文献

[1]《西方经济学》编写组．西方经济学（上册）[M].2版．北京：高等教育出版社，2019.

[2]"3Q大战"落幕，腾讯胜诉［EB/OL］. https：//politics. people. com. cn/n/2014/0225/c369090－24454877. html.

[3]国务院反垄断委员会关于平台经济领域的反垄断指南［EB/OL］. https：//www. gov. cn/xinwen/2021－02/07/content_5585758. htm.

[4]程恩富，王爱华．数字平台经济垄断的基本特征、内在逻辑与规制思路［J］. 南通大学学报（社会科学版），2022，38（5）：1－10.

[5]王东京．国企改革攻坚的路径选择与操作思路［J］. 管理世界，2019，35（2）：1－6.

[6]程栋，周洪勤，韩平．课程思政视角下微观经济学教学理念创新探析［J］. 高教论坛，2022（5）：42－46.

[7]侯薇薇，荆文君，顾昭明．平台企业规模、数据优势与价格歧视［J］. 管理评论，2023，35（1）：66－74.

案例四　工作、收入与休闲的经济学

刘　颖　王玉燕　耿　峰*

一、课程思政元素

元素1：认识劳动收入的决定因素和我国劳动收入的迅速增长。

---

* 作者简介：刘颖，安徽大学经济学院讲师；王玉燕，安徽大学经济学院副教授；耿峰，南京财经大学财政与税务学院讲师。

元素 2：认识劳动供给的决定因素，客观认识我国劳动时间较高的现象。随着收入分配格局的改变，我国低收入者的闲暇时间也将上升。

元素 3：随着我国劳动力的减少和工资的上升，我国经济增长模式须逐渐转型为创新驱动。

二、课程目标

（一）知识目标

K1：理解要素需求的一般理论。

K2：理解要素供给的一般理论。

K3：理解劳动供求和工资的决定。

（二）能力目标

A1：推导完全竞争企业的要素需求曲线。

A2：推导要素供给曲线。

A3：推导劳动供给曲线。

（三）价值目标

V1：认识我国劳动收入的迅速增长。

V2：认识我国劳动时间的变化趋势。

V3：认识我国增长方式的转型。

三、教学内容

（一）完全竞争和要素需求

重点 A：完全竞争企业的要素使用原则。

重点 B：完全竞争企业的要素需求曲线。

（二）要素供给的一般理论

重点 C：要素供给原则。

重点 D：要素供给曲线。

（三）劳动和工资

重点 E：劳动供给曲线。

重点 F：劳动工资变化的替代效应和收入效应。

四、教学设计

（一）设计逻辑

本案例课程思政教学设计逻辑如图 2－4 所示。

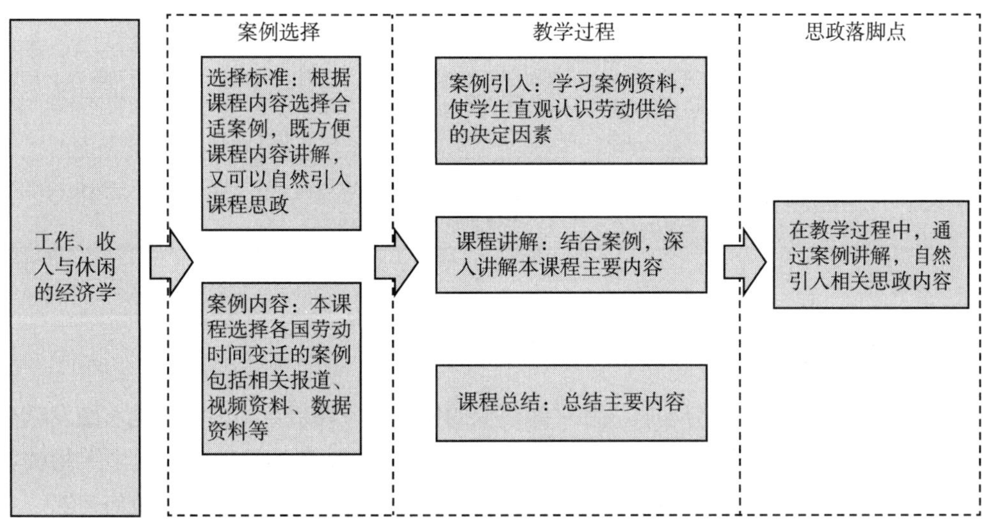

图 2－4　本案例课程思政教学设计逻辑

（二）案例阐释

本案例课程思政教学环节说明见表 2－4。

表 2－4　本案例课程思政教学环节说明

教学环节	教学内容	教学方法	思政元素
热点导入	导入 2015 年河南省实验中学女教师顾少强的辞职信“世界那么大，我想去看看”以及各国劳动时间变化的案例，引导学生建立对劳动供给时间的影响因素和现实变迁的直观感受	案例分析、视频演示、小组讨论。引导学生结合案例中各国劳动时间的变化和日常生活经验，思考劳动力市场供给与需求的影响因素	我国劳动时长将与其他国家一样呈下降趋势
课程内容总体框架	完全竞争和要素需求、要素供给的一般理论、劳动和工资	课堂讲解、案例分析。劳动工资由劳动的供求决定，引导学生思考劳动供求的决定因素，引入主要内容	我国劳动收入迅速增长
完全竞争和要素需求	完全竞争企业的要素使用原则和要素需求曲线	课堂讲解、案例分析。中国的发展过程可以视为企业不断的成长并吸收农村劳动力的过程，由此通过相关案例引导学生思考要素需求的主体以及企业使用要素的原则。然后引入课程内容	促进企业发展有利于提高劳动收入

续表

教学环节	教学内容	教学方法	思政元素
要素供给的一般理论	要素供给原则和供给曲线	课堂讲解、案例分析。结合案例和日常生活经验，引导学生思考要素供给的主体及其供给要素的原则。讲解时一方面强调劳动、资本和土地三种要素的供给都取决于要素所有者最优化行为，另一方面也可以与之前章节对消费者行为的分析对比	掌握好工作和休闲时间的分配
劳动和工资	劳动供给和需求曲线、收入变化的替代效应和收入效应、劳动市场均衡和工资决定	课堂讲解、案例分析。结合案例中各国劳动收入和劳动时间，引导学生思考收入对劳动供给的影响。讲解时与之前章节对市场机制的分析和消费者行为的分析对比	理论结合实际，理解我国劳动收入上升和工作时间将持续下降的原因
课程总结	要素价格的决定	课后作业：结合我国劳动供给的变化，分析我国为何要转变增长方式	创新驱动发展战略和新质生产力

五、教学效果分析

本课程结合世界各国劳动收入和时间演变的例子引入课程主要内容，能够激发学生学习兴趣，培养学生学以致用的能力。在具体讲解课程内容时，还会继续导入相关案例，用案例阐释知识点，将抽象的理论和直观认识相结合，加深学生对知识的理解。

本课程通过多种方式将课程思政和课程内容相结合。第一，本课程选择的是世界各国劳动收入和时间演变的案例。可以引导学生了解中国劳动收入的迅速增长。第二，本课程所包括的内容也能与课程思政有机结合。例如，通过世界各国劳动收入和时长的演变理解中国目前劳动时间较发达国家较长的原因。农村可转移劳动力的减少是中国劳动收入迅速上升的原因之一，而劳动力的减少将降低经济增长速度，这也是我国推行创新驱动发展战略的重要背景。第三，本课程强调理论和现实的结合。本课程通过各国劳动时间变迁的现实案例引入劳动市场相关概念和理论知识，在理论学习中也经常引导学生思考理论的现实应用，有利于培养学生学以致用的能力。

本课程的学习可以使学生更加全面地了解要素市场理论以及中国人民劳动和休闲时间的变化趋势。学生可以以本课程学习的理论知识为基础，根据自己的生活经验和观察了解中国劳动工资水平的迅速增长和中国人民追求美好生活的努力。

参考文献

[1]《西方经济学》编写组．西方经济学（上册）[M].2版．北京：高等教育出版社，2019.

[2] 邢占军，陈肖涵．休闲、工作重要性认知与居民幸福感的关系研究[J].旅游学刊，2024，39（4）：53－64.

[3] 陈颖琪，林闽钢．时间贫困研究进展综述[J].劳动经济研究，2023，11（2）：128－144.

[4] 胡耀岭，徐洋洋．中国人口质量抵补人口数量的内在机理与实现路径［J］．人口研究，2024，48（1）：22－39.

[5] 崔守滨，李婧．新时代扎实推进共同富裕的现实基础、战略图景和实践路径［J］．北京交通大学学报（社会科学版），2024，23（2）：10－18，27.

[6] 何立峰．深入实施创新驱动发展战略努力实现高水平科技自立自强［J］．宏观经济管理，2022（10）：1，24.

[7] 贾后明．从"生产力发展"到"创新驱动发展战略"——兼论推进马克思经济学话语的时代转换［J］．河北经贸大学学报，2023，44（4）：22－28.

案例五　外部性经济学：碳达峰碳中和的中国担当

刘　颖　王玉燕　耿　峰*

一、课程思政元素

元素1：认识外部性的影响和我国解决外部性的政策努力，了解有效市场需要和有为政府相结合。

元素2：认识我国应对气候变化的"碳中和"承诺，了解中国的大国担当。

元素3：认识我国碳交易市场建设的成就。

二、课程目标

（一）知识目标

K1：外部性的含义和分类。

K2：理解外部性为什么导致市场失灵。

K3：认识针对外部性的微观政策。

（二）能力目标

A1：利用所学知识分析现实中外部性的影响。

A2：分析比较针对外部性的微观政策。

（三）价值目标

V1：认识我国"碳中和"承诺的大国担当和实现的可能性。

---

* 作者简介：刘颖，安徽大学经济学院讲师；王玉燕，安徽大学经济学院副教授；耿峰，南京财经大学财政与税务学院讲师。

V2：认识有效市场需要和有为政府结合。

三、教学内容

（一）外部性的含义及其分类

重点 A：外部性的含义。
重点 B：外部性的分类。

（二）外部性条件下市场机制的资源配置失灵

重点 C：外部性导致市场失灵的原因。

（三）针对外部性的微观政策

重点 D：非市场方式的命令与控制。
重点 E：以市场为基础的规制方式。
重点 F：科斯定理。

四、教学设计

（一）设计逻辑

本案例课程思政教学设计逻辑如图 2－5 所示。

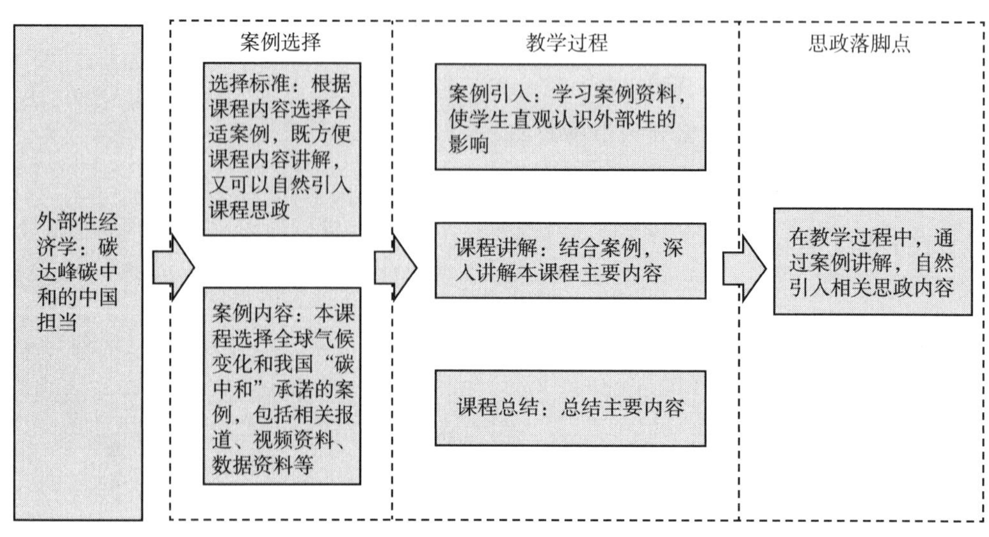

图 2－5　本案例课程思政教学设计逻辑

（二）案例阐释

本案例课程思政教学环节说明见表2－5。

表2－5 本案例课程思政教学环节说明

教学环节	教学内容	教学方法	思政元素
热点导入	引入气候变化和中国“碳中和”承诺的例子，引导学生建立对外部性的直观感受。中国始终是全球气候治理的积极参与者、贡献者和引领者，2020年9月，中国宣布将采取更加有力的政策和措施，二氧化碳排放力争于2030年前达到峰值，努力争取2060年前实现碳中和	案例分析、视频演示、小组讨论。阅读、观看气候变化相关文字和视频材料，引导学生思考气候变化的外部性	从中国的“碳达峰”“碳中和”承诺认识中国的大国担当。习近平总书记“绿水青山就是金山银山”的重要论断
课程内容总体框架	外部性的含义及其分类、外部性条件下市场机制的资源配置失灵、针对外部性的微观政策	课堂讲解、案例分析。结合案例，从案例中气候变化的影响出发提出外部性的概念，接着给出外部性的含义、分类、对市场机制的影响和针对外部性的政策，引入本讲的逻辑架构和主要内容	有效市场需要和有为政府相结合
外部性的含义及其分类	外部性的含义和分类	课堂讲解、案例分析、小组讨论。通过案例引入外部性的概念；接着让学生分组讨论生活中的外部性现象，总结不同的外部性，并引入外部性的分类	认识日常生活中的外部性现象，学以致用
外部性条件下市场机制的资源配置失灵	正外部性和负外部性下市场机制的资源配置失灵	课堂讲解、案例分析。从气候变化、空气污染等外部性案例出发，分析外部性为何会导致市场失灵	市场可能出现失灵现象
针对外部性的微观政策	纠正外部性的微观政策、科斯定理	课堂讲解、案例分析、小组讨论。让学生收集分析我国针对外部性的政策，并讨论其效果。通过我国针对空气污染的政策和碳交易市场建设的例子，分别引入针对外部性的行政措施和市场化政策	了解我国解决空气污染的外部性的政策；通过科斯定律理解我国的产权改革
课程总结	外部性的影响及相关政策	课后作业：用本章学习的外部性理论分析现实中的外部性问题	认识我国针对外部性的相关政策

五、教学效果分析

本课程结合全球气候变化和中国“碳中和”承诺的例子引入课程主要内容，能够激发学生的学习兴趣，培养学生学以致用的能力。在具体讲解课程内容时，还会继续引入相关案例，用案例阐释知识点，将抽象的理论和直观认识相结合，加深学生对知识的理解。

本课程通过多种方式将课程思政和课程内容相结合。第一，本课程选择的是中国“碳中和”承诺的案例，可以引导学生了解中国的大国担当。第二，本课程所包括的教学内容也能与课程思政有机结合。例如，通过外部性导致市场失灵的例子可以引导学生认识有效市场需要和有为政府相结合。第三，本课程强调理论和现实的结合。本课程通过气候变化的现实案例引入外部性相关概念和理论知识，在理论学习中也经常引导学生思考理论的现实应用，有利于培养学生学以致用的能力。

本课程的学习可以使学生更加全面地了解外部性理论和中国在改善外部性导致的市场失灵问题上所作的努力，可以促使学生更好地理解国家相关政策的科学性和合理性。

参考文献

[1]《西方经济学》编写组．西方经济学（上册）[M].2 版．北京：高等教育出版社，2019.

[2] 应对气候变化的大国担当 [EB/OL].(2023－12－06) [2024－06－18]. https：//www. ljcd. gov. cn/show－48－98336－1. html.

[3] 全国碳排放权交易市场建设取得四方面成效 [EB/OL].(2024－02－26) [2024－06－18]. https：//www. gov. cn/xinwen/jdzc/202402/content_6934269. htm.

[4] 谢富胜，程瀚，李安．全球气候治理的政治经济学分析 [J]．中国社会科学，2014（11)：63－82，205－206.

[5] 沈维萍，陈迎．从气候变化经济学视角对地球工程的几点思考 [J]．中国人口·资源与环境，2019，29（10)：90－98.

[6] 周洪勤，程栋，韩平．基于中国实践的微观经济学教学设计创新：案例设计与情景模拟 [J]．商业经济，2021（11)：190－192.

[7] 郑舒虹，刘习平，冯银．“低碳经济学”课程思政三融合模式设计与实践 [J]．湖北经济学院学报（人文社会科学版)，2024，21（5)：140－144.

第三章 宏观经济学

案例一 GDP 核算与绿色发展

鄢 贞 高钰玲*

一、课程思政元素

元素 1：强调绿色发展理念与社会主义核心价值观的内在联系，培养学生对和谐社会、可持续发展的认识。

元素 2：引导学生理解科学发展观的核心立场，即以人为本，全面协调可持续发展，强调在经济发展中要充分考虑环境、社会、资源等因素。

元素 3：培养学生的社会责任感，使他们认识到每个人都是环境保护的参与者和推动者，每个人都应该为实现绿色发展作出贡献。

元素 4：通过分析国民经济核算的局限性，培养学生的批判性思维，使他们能够客观、理性地看待经济发展中的问题。

二、课程目标

（一）知识目标

K1：理解国内生产总值（GDP）的定义及其在宏观经济分析中的重要性。

K2：掌握 GDP 的衡量方法，包括生产法、收入法和支出法。

K3：认识 GDP 作为宏观经济运行指标的优势和局限性，特别是在衡量环境可持续性方面的局限性。

（二）能力目标

A1：提高学生对 GDP 等经济数据内涵的认识与分析能力。

A2：提升学生对国民经济核算体系前沿发展与应用的专业学习能力。

A3：增强学生的批判性思维，使其能够对 GDP 等宏观经济指标的可靠性和政策含义进行深入分析。

---

* 作者简介：鄢贞，浙江大学公共管理学院研究员；高钰玲，安徽大学经济学院讲师。

（三）价值目标

V1：强调理解经济指标对于制定合理经济政策和促进社会福祉的重要性，深度掌握绿色经济前沿理论发展，增强科学精神。

V2：培养学生对经济数据科学性、真实性和准确性的尊重。

V3：提升节约资源、爱护环境的绿色人文道德修养。

V4：清楚中国经济绿色高质量发展对国际经济的促进作用，提升爱国意识和社会责任感。

三、教学内容

（一）GDP 的含义

重点 A：GDP 的定义，对 GDP 的测度对象、区域范围、时间范围以及“最终商品和服务”、市场价值的理解。

（二）GDP 的衡量

重点 B：GDP 衡量的支出法，掌握支出法的四种组成部分。

（三）对 GDP 指标的评析

难点 A：GDP 虽然是一个重要的经济指标，但它也有局限性，如不能完全反映非市场交易、地下经济、环境破坏和资源耗竭等问题。学生可能需要通过具体案例和讨论来理解这些局限性。

四、教学设计

（一）设计逻辑

本案例课程思政教学设计逻辑如图 3－1 所示。

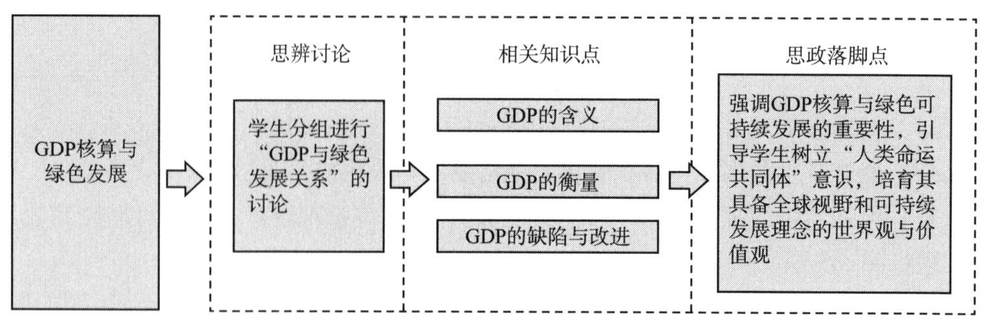

图 3－1　本案例课程思政教学设计逻辑

（二）案例阐释

本案例课程思政教学环节说明见表3－1。

表3－1 本案例课程思政教学环节说明

教学环节	教学内容	教学方法	思政元素
课程导入	以国家统计局网站文章《奋进中的中国统计：从MPS到SNA国民经济核算体系不断发展完善》为例，引导学生思考为什么要建立国民经济核算体系？我国现行国民经济核算体系是什么	案例分析、小组讨论。结合案例材料，分组讨论国民经济核算体系的作用	强调经济指标对于制定合理经济政策和促进社会福祉的重要性，培养学生对经济数据科学性和准确性的尊重
知识点一之GDP的含义	以全球实际GDP增速趋势图以及中国人均GDP数据引入国民经济核算体系中的核心指标：GDP。 以“月饼券算多少GDP”为思考题，对GDP的含义作进一步说明	数据搜索与分析、理论讲解	了解中国与国际经济形势、中国人均GDP变化，使学生不仅意识到中国改革开放的巨大成就，增强“道路自信”
知识点二之GDP的衡量	以宏观经济运行的循环流程图引出“总产出＝总支出＝总收入”的三面等价原理，并逐步讲解GDP核算的生产法、收入法和支出法	数据分析、理论讲解、案例分析	强调科学方法在国民经济核算中的重要性，培养学生对科学方法的尊重和应用能力
知识点三之对GDP指标的评析	播放绿色经济动态与中国绿色发展实践的视频，提出思辨问题“GDP与绿色发展的关系”，探讨GDP作为经济衡量指标的局限性，如不能完全反映非市场交易、环境破坏和资源耗竭等问题。引入绿色GDP、生态系统生产总值（GEP）、环境经济综合核算体系（SEEA）等相关知识	视频解析、小组合作学习。以“GDP与绿色发展的关系”为讨论主题，学生分组探讨GDP作为经济衡量指标的局限性	了解绿色经济前沿理论发展，增强科学精神。引导学生理解GDP增长应遵循科学发展观，注重绿色发展和可持续性
课程总结	对部分经济学家的GDP核算观点进行解析（高敏雪，2021），介绍我国绿色GDP的研究进展和创新实践（谷越等，2023；刘启航和欧阳康，2023）	课后作业：搜集家乡所在省（区、市）的GDP数据资料，关注家乡经济发展，特别关注家乡的绿色经济发展，并提交分析报告	鼓励学生关注国家与家乡绿色生态建设

五、教学效果分析

（一）理解绿色发展与宏观经济指标的关系

学生通过学习能够认识到，国内生产总值（GDP）是衡量宏观经济运行的关键指标，但在当前绿色发展背景下，在追求经济增长的同时，也应关注环境保护和资源可持续利用，实现经济、社会和环境的协调发展。这要求宏观经济指标在衡量经济增长的同时，也应考虑环境成本和资源消耗，以反映经济增长的质量和可持续性。

（二）培养绿色发展和可持续发展的意识

通过对绿色经济动态与中国绿色发展实践的分析，学生能够理解绿色发展的重要性，并培养可持续发展的意识。他们能够认识到，一个国家或地区的经济健康发展不仅需要关注经济增长，还需要关注环境保护、资源节约和可持续发展。教导学生环保行为的践行，例如，教室的人走灯灭、生活中的日常节水和食堂就餐节俭等，做到“知行合一”，使学生更加关注绿色发展的实践和推广，为实现可持续发展的目标贡献自己的力量。

（三）提高数据搜集和分析能力

教学内容会涉及 GDP、实际 GDP 等宏观经济数据的收集、处理和分析。学生通过学习，能够掌握如何利用宏观经济指标来分析一个国家或地区的宏观经济发展状况，以及如何通过数据来评估政策的有效性。这有助于学生提高自己的数据搜集和分析能力，为未来的学术研究或职业发展奠定基础。

（四）拓宽知识视野

教学内容还会介绍一些新兴的绿色经济指标和衡量方法，例如，绿色 GDP、生态系统生产总值（GEP）、环境经济综合核算体系（SEEA）、生态足迹、碳强度、环境库兹涅茨曲线等。这些知识有助于学生拓宽自己的知识视野，了解绿色发展的最新动态和趋势，塑造其正确价值观。

参考文献

[1]《西方经济学》编写组．宏观经济学（第二版）下册［M］．北京：高等教育出版社，人民出版社，2019.

[2] 杨益东．绿色发展理念在学校思政教育中的融入——从《绿色发展新理念（绿色学校）》谈起［J］．环境保护，2023，51（8）：77－78.

[3] 郝栋．习近平生态文明思想融入高校思政课的内容与路径研究［J］．国家教育行政学院学报，2023（4）：75－82.

[4] 卢灿丽．生态文明发展背景下绿色发展理念融合高校思政教育探讨［J］．农业经济问题，2023（3）：145.

[5] 李军刚，范星亮，陈文斌．塞罕坝精神融入新时代高校思政课教学探究［J］．学校党建与思想教育，2023（3）：75－77.

[6] 王尉，王丹．习近平生态文明思想融入高校思想政治教育探析［J］．学校党建与思想教育，2022（17）：31－34.

[7] 徐晓影，代宏丽，李峥．新发展理念引领民族地区高校大学生思想政治教育创新研究——以内蒙古地区高校为例［J］．民族教育研究，2021，32（5）：63－69.

[8] 何思源．将农业绿色发展引入高校思政课程［J］．中国农业资源与区划，2021，42（9）：250，261.

［9］刘启航，欧阳康．“双碳”愿景下绿色 GDP 绩效评估再思考［J］．理论月刊，2023（10）：91－97.

［10］李程，马世博．绿色发展、居民福利增进与中国政府债务上限测算［J］．云南财经大学学报，2023，39（10）：14－27.

［11］谷越，马晓君，赵雪．环境经济核算体系（SEEA）：框架结构与账户体系［J］．调研世界，2023（4）：53－63.

［12］王红兵，刘怡君，宋大伟．运用智库双螺旋法构建绿色 GDP 评价体系［J］．中国科学院院刊，2022，37（6）：783－793.

［13］关成华．衡量绿色发展：突出生物多样性价值［J］．人民论坛，2022（9）：72－75.

［14］高敏雪．面向新时代的国民经济核算研究议题及相关问题［J］．统计研究，2021，38（10）：3－11.

［15］金兴华，严金强．我国绿色 GDP 核算困境的症结与突破路径——基于负价值视角［J］．兰州学刊，2019（9）：136－148.

［16］欧阳康，刘启航，赵泽林．关于绿色 GDP 的多维探讨——以绩效评估推进我国绿色 GDP 研究［J］．江汉论坛，2017（5）：134－138.

案例二　家庭消费与国家经济发展

梁　巧　高钰玲*

一、课程思政元素

元素 1：强调家庭消费对社会经济发展的影响，培养学生树立社会责任感，认识到个人消费行为与国家经济发展之间的密切联系。

元素 2：引导学生树立理性消费、绿色消费的观念，避免盲目追求物质享受，注重消费的品质和意义。

元素 3：强调在享受经济发展成果的同时，关注社会公平和共享发展，通过消费行为支持社会弱势群体，促进社会和谐与共同富裕。

二、课程目标

（一）知识目标

K1：理解家庭部门在国民收入决定中的作用，包括消费和储蓄行为。

* 作者简介：梁巧，浙江大学公共管理学院教授；高钰玲，安徽大学经济学院讲师。

K2：掌握消费函数和储蓄函数的基本概念，以及它们如何影响国民收入。

K3：了解边际消费倾向（MPC）和边际储蓄倾向（MPS）的计算方法及其在经济分析中的应用。

K4：掌握家庭部门消费行为对经济增长和共同富裕的影响。

（二）能力目标

A1：能够分析不同收入水平下家庭的消费行为，以及这些行为如何影响国民收入和经济增长。

A2：能够运用消费函数和储蓄函数相关理论来分析和解决实际的经济问题。

A3：能够分析宏观经济政策对家庭消费的影响。

（三）价值目标

V1：强调家庭部门消费行为对国家经济发展的影响，使他们认识到个人的消费行为不仅影响自身，也影响社会和国家经济发展，培养学生对消费决策的社会责任感。

V2：在消费决策中体现可持续发展的理念，例如，选择环保产品、节约资源等。强调消费决策与可持续发展的关系，引导学生关注消费对资源消耗和环境污染的影响。

V3：强调合理消费对于个人和国家经济发展的重要性，引导学生树立正确的消费观。

三、教学内容

（一）消费函数和消费倾向

重点A：消费函数的定义和图形表示，边际消费倾向（MPC）和平均消费倾向（APC）的计算方法，以及它们在经济分析中的应用。

（二）储蓄函数和储蓄倾向

重点B：介绍消费定义的内涵和图形表示，边际消费倾向（MPC）和平均消费倾向（APC）的计算方法，以及它们在经济分析中的应用。

（三）消费函数和储蓄函数的关系

重点C：消费函数和储蓄函数的互补性。

难点A：储蓄与消费之间的相互影响。

（四）家庭消费函数和社会消费函数

难点B：理解家庭消费与社会总消费的关系。社会消费函数可以看作是家庭消费函数的总和，但并非简单加总，还会受到国民收入分配状况、政府税收政策、公司未分配利润等因素的影响。

（五）影响消费的其他因素及其对相关政策效果的影响

难点 C：探讨价格水平、收入分配、税收政策等因素对消费的影响。

针对该知识点，设计"节俭是美德吗"的迷你辩论赛等，引起学生对消费与储蓄对国家经济发展作用的好奇心。通过"家庭消费决策者"的角色扮演，让学生将理论知识应用于实际，意识到消费不只是某个家庭的事，它更像一股无形的力量，能推动或拖慢国家的经济列车。通过"家庭消费决策者"的角色扮演、"超额储蓄"现象、新能源汽车消费等的案例分析，以及对《关于恢复和扩大消费的措施》文件解读，与学生共同探讨影响家庭消费与储蓄行为及其对国家经济发展的重要作用。教学过程中加强学生对消费经济的学习，引导学生思考为什么要发展消费经济、依靠什么来发展消费经济、发展什么样的消费经济、怎么样发展消费经济等问题。

四、教学设计

（一）设计逻辑

本案例课程思政教学设计逻辑如图 3－2 所示。

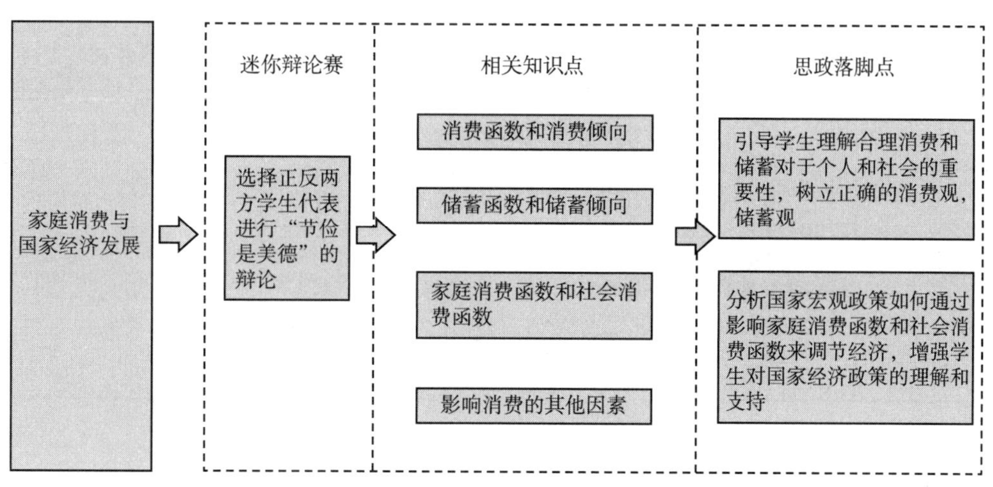

图 3－2　本案例课程思政教学设计逻辑

（二）案例阐释

本案例课程思政教学环节说明见表 3－2。

表 3-2　　本案例课程思政教学环节说明

教学环节	教学内容	教学方法	思政元素
课程导入	提前布置题为“节俭是美德吗”的迷你辩论赛，选择正反两方学生代表进行辩论。结合对凯恩斯“节俭悖论”的讲解，引起学生对消费与储蓄对国家经济发展作用的好奇心	迷你辩论赛、经典理论讲解	引导学生理解合理消费对于个人和社会的重要性，树立正确的消费观
消费函数和消费倾向	选取部分学生分别扮演高收入家庭、低收入家庭消费决策者，讨论和制定消费决策。引导学生结合“脱贫攻坚战”思考收入水平对消费的影响，基于此讲解消费函数和消费倾向	角色扮演、理论讲解、图形展示	强调在享受经济发展成果的同时，关注社会公平和共享发展，通过消费行为支持社会弱势群体，促进社会和谐与共同富裕
储蓄函数和储蓄倾向	以“超额储蓄”现象及相关数据为例，与学生共同探讨“中国老百姓爱存钱”的原因，讲解储蓄函数和储蓄倾向的定义及其影响因素	案例分析、数据分析、理论讲解	使学生理解过度储蓄和浪费资源对个人和社会的负面影响，引导学生形成正确的储蓄观念
消费函数和储蓄函数的关系	结合图形分析消费和储蓄之间的平衡，强调二者在社会经济发展中的相互作用和重要性。探讨如何在国家层面通过政策调节，实现消费和储蓄的良性循环，促进经济的长期稳定	理论讲解、图形展示	通过消费函数和储蓄函数的关系，引导学生理解经济平衡的重要性，强调消费和储蓄之间的合理分配对于经济的稳定和发展的重要性
家庭消费函数和社会消费函数	结合比亚迪等新能源汽车消费，讨论家庭消费行为如何影响整个社会的消费模式和消费结构，以及这种影响对国家产业政策和经济发展的意义	案例分析、理论讲解	强调家庭消费行为对社会消费的影响，引导学生关注消费的社会责任，如支持国货、环保消费等
影响消费的其他因素及其对相关政策效果的影响	以国家发展改革委《关于恢复和扩大消费的措施》为例，与学生共同探讨影响消费的其他因素，并探讨政府如何通过政策工具来影响这些因素，从而达到调节消费和经济的宏观目标	文件解读、小组讨论	分析国家宏观政策如何通过影响家庭消费函数和社会消费函数来调节经济，增强学生对国家经济政策的理解和支持
课程总结	以学术论文《家庭债务积压、总消费下降与财政货币政策协调》讲解，总结梳理本课程理论知识在研究中的应用	课后作业：学生分组思考为什么要发展消费经济、依靠什么来发展消费经济、发展什么样的消费经济、怎么样发展消费经济的问题，即消费经济的发展意义、发展动力、发展方向和发展路径的问题	

五、教学效果分析

（一）理论理解与知识掌握

通过课堂讲解、案例分析、文件解读等方式，帮助学生全面理解消费函数和消费倾向、储蓄函数与储蓄倾向、消费函数和储蓄函数的关系、家庭消费函数和社会消费函数等知识。此外，安排迷你辩论赛、角色扮演等活动，深化学生对“节俭悖论”、消费函数、消费倾向等经典理论和相关概念的理解。通过综合教学方式，学生将能够清晰地理解每个概念的含义、重要性以及在实际研究中的应用，提高学生的理论知识水平。

（二）方法论与技能培养

通过案例分析和讨论，学生能够运用消费函数和储蓄函数理论来分析不同消费政策对家庭消费的影响，预测政策效果，并提出相应的政策建议。这不仅提高了学生的数据分析和解释能力，还培养了他们解决实际经济问题的能力。例如，在讨论政府消费政策时，学生可能会分析这些政策如何影响不同收入阶层家庭的消费行为，以及它们如何促进经济增长和社会公平。在案例分析中，学生需要收集和分析宏观经济数据，如家庭消费支出、储蓄率等，以评估不同消费政策的效果。这要求学生具备良好的数据处理和分析技能，能够从数据中提取有价值的信息，并将其与理论模型相结合。同时，学生还需要具备批判性思维能力，能够对消费函数和储蓄函数理论进行深入思考，并提出不同的观点和解释。这种能力有助于学生形成独立的思考方式，提高他们的创新能力和学术研究能力。

（三）培养正确的价值观念

通过案例分析和讨论，学生需关注社会公平和可持续发展问题，如分析政府消费政策如何影响不同收入阶层家庭的消费水平，以及这些政策如何促进经济增长和社会公平。这要求学生具备良好的社会责任感和公民意识，能够关注社会问题，并提出相应的解决方案。通过这种教学方法，学生不仅能够掌握消费函数和储蓄函数的相关理论知识，还能培养正确的价值观和公民意识，为未来的学术研究或职业发展打下坚实的基础。

（四）提升课堂参与率

通过采用小组讨论、角色扮演等互动教学方法，显著提高了学生的学习参与度和兴趣。学生们在小组讨论中积极分享观点、经验，并尊重他人意见，这不仅加深了他们对消费函数和储蓄函数理论的理解，也锻炼了团队合作和沟通表达能力。在讨论政府消费政策时，他们能够深入分析政策影响，提出独到见解，培养了独立思考和解决问题的能力。角色扮演等方法使学生更直观地理解理论在实际经济中的应用，提升了学习效果。

参考文献

［1］《西方经济学》编写组．宏观经济学（第二版）下册［M］．北京：高等教育出版社，人民出版社，2019.

［2］郝文斌，任雅媛．大学生绿色消费观的培育策略［J］．黑龙江高教研究，2016（10）：1－4.

[3] 人民论坛“特别策划”组．消费大国的理性审视 [J]. 人民论坛，2019 (14)：10－11.

[4] 郝文斌，任雅媛．大学生绿色消费观的培育策略 [J]. 黑龙江高教研究，2016 (10)：1－4.

[5] 毛中根，李可欣，叶胥．习近平关于消费经济的重要论述：生成依据、主要内容和原创性贡献 [J]. 学习与探索，2024 (5)：89－99.

[6] 肖浩然，吴福象，南永清．家庭债务积压、总消费下降与财政货币政策协调 [J/OL]. 金融经济学研究，2024：1－13. (2024－06－03) [2024－08－23]. https://link.cnki.net/urlid/44.1696.F.20240530.0950.012.

案例三　失业与青年就业

王玉燕　高钰玲*

一、课程思政元素

元素1：强调国家政策与就业保障，分析政府如何通过制定和实施就业政策，如减税、增加公共支出、职业培训计划等，来降低失业率，促进就业。

元素2：讨论失业问题对社会公平和正义的影响，如不同群体间的失业率差异，以及如何通过政策干预来减少这些差异，实现社会的公平正义。

元素3：通过失业问题的学习，引导学生关注国家战略和现实需求，树立正确的就业观，在乡村振兴、绿色发展、社会服务、卫国戍边等各领域各方面工作中争当排头兵和生力军，克服各种困难和挑战，让青春在全面建设社会主义现代化国家的火热实践中绽放绚丽之花。

二、课程目标

（一）知识目标

K1：理解失业的宏观经济学解释，包括不同经济学派对失业原因的解释。

K2：掌握失业对经济发展、社会稳定和个人及家庭的负面影响。

K3：了解奥肯定律对失业与产出之间关系的描述。

（二）能力目标

A1：能够分析不同类型的失业成因，以及如何通过政策干预来减少失业。

* 作者简介：王玉燕，安徽大学经济学院副教授；高钰玲，安徽大学经济学院讲师。

A2：能够运用失业理论分析实际经济问题，如政府就业政策对失业率的影响。

A3：能够运用统计数据和图表来分析失业趋势。

（三）价值目标

V1：培养学生的社会责任感和国家意识，理解国家在保障就业方面的责任。

V2：教育学生理解失业对社会公平和正义的影响，以及如何通过政策干预来减少这些差异，实现社会的公平正义。

V3：引导学生树立正确的就业观，保持平实之心，客观看待个人条件和社会需求，从实际出发选择职业和工作岗位。

三、教学内容

（一）失业的宏观经济学解释

难点 A：理解不同经济学派对失业原因的解释，以及这些理论在现实经济中的表现。

针对该知识点，首先，通过对宏观经济的基本指标及其衡量中对劳动力构成和失业分类的知识回顾，与学生共同复习失业的经济现象及其衡量指标，引出学生对失业原因的思考。其次，利用比较分析法，依次分析古典经济学、凯恩斯主义、新凯恩斯主义、现代货币主义对失业原因的解释。

（二）失业的影响

重点 A：掌握失业对经济、社会和个人的负面影响，以及失业对经济政策制定的影响。

针对该知识点，首先，通过课堂讲解，使学生理解消费函数和消费倾向的基本概念和计算方法。其次，选择与家庭消费行为相关的案例，如消费政策、消费习惯等，分析这些案例中的消费行为对国民收入和经济增长的影响。

（三）奥肯定律

重点 B：经济增长与失业率之间的关系。

为加深学生对该知识点的理解，将奥肯定律与国家的“新型城镇化”等发展战略相结合，讨论如何通过这些战略来促进经济增长和就业。

四、教学设计

（一）设计逻辑

本案例课程思政教学设计逻辑如图 3 -3 所示。

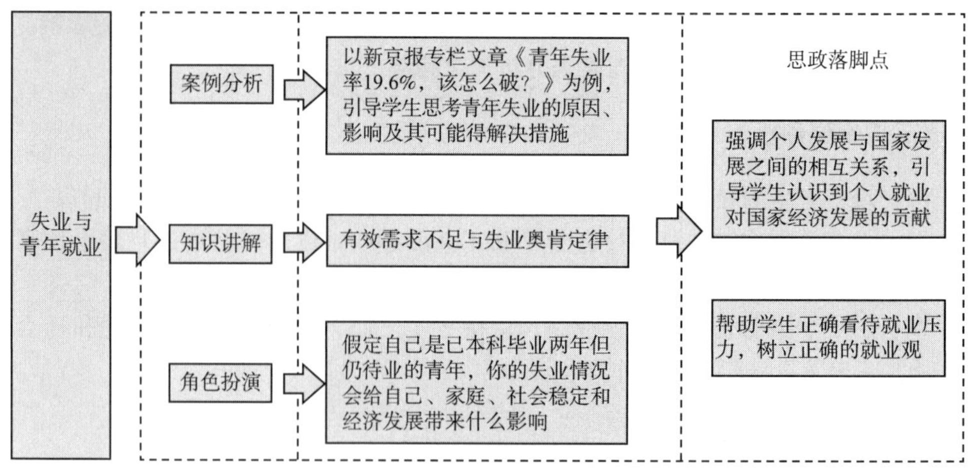

图 3－3　本案例课程思政教学设计逻辑

（二）案例阐释

本案例课程思政教学环节说明见表 3－3。

表 3－3　本案例课程思政教学环节说明

教学环节	教学内容	教学方法	思政元素
热点导入	以新京报专栏文章《青年失业率 19.6%，该怎么破?》为例，引导学生思考青年失业的原因、影响及其可能的解决措施	案例讲解与分析	强调个人发展与国家发展之间的相互关系，鼓励学生认识到个人就业对国家经济发展的贡献，同时国家的发展也为个人提供更多的就业机会
知识回顾之失业及其衡量	请学生现场搜索国家统计局发布的最新年龄组失业率数据，并绘制近期趋势图，回顾之前章节有关失业的内容	多媒体教学、实践操作	
知识点一之失业的宏观经济学解释	引导学生思考，不同的经济学派，有着不同的理论假设、经济模型和政策取向，它们对失业原因的解释是否会有不同？基于此，分析古典经济学、凯恩斯主义、新凯恩斯主义、现代货币主义对失业原因的不同解释	理论知识讲解，对比分析四大经济学派的失业理论	培养运用专业知识深入分析社会经济现象的能力和素养
知识点二之失业的影响	通过角色扮演，分析失业对经济发展、社会稳定和个人及家庭的影响	角色扮演与演讲展示：假定自己是已本科毕业两年但仍待业的青年，你的失业情况会给自己、家庭、社会稳定和经济发展带来什么影响	通过“失业者”角色扮演，提高学生的同理心和理解力。通过小组讨论增强学生社会责任感、团队合作精神
知识点三之奥肯定律	使用图表、数据和实际案例来演示经济增长与失业率之间的关系	理论讲解、图形解释；小组讨论：将奥肯定律与国家的发展战略相结合，如“脱贫攻坚”“乡村振兴”等，讨论如何通过这些战略来促进经济增长和就业	引导学生思考如何在追求经济增长的同时，兼顾社会公正和可持续发展

续表

教学环节	教学内容	教学方法	思政元素
课程总结	以新华社文章《促进青年就业，怎样打开新空间?》讲解，为帮助青年就业，各级党委政府都做了什么以及青年自身如何调整	课后作业：梳理国家有关部门出台的促进高校毕业生就业创业的现行政策，归纳整理就业政策清单	帮助学生正确看待就业压力，树立正确的就业观，要积极调整发展路径，选择主动对接职场所需，脚踏实地提升能力

五、教学效果分析

（一）掌握分析失业的方法，理解失业的复杂性和多维性

通过数据分析、课堂讲解、案例分析、角色扮演等方式，学生能够掌握分析失业现象的方法和工具，帮助学生全面理解失业问题的复杂性和多维性，使学生能够认识到失业不仅是一个经济问题，也是一个社会问题，涉及个人、企业和政府多个层面。

（二）提高批判性思维与问题解决能力

通过对失业问题的学习，学生需要批判性地思考不同经济学派对失业原因的解释，以及不同政策的有效性。这种思维方式有助于学生在面对复杂问题时，能够从多个角度进行分析，并提出创新的解决方案。

（三）培养积极的就业观和自我提升意识

通过讨论青年失业率、就业市场的变化以及青年面临的特殊挑战，使学生能够理解失业与就业市场的动态关系，以及影响就业的各种宏观经济因素。引导学生树立积极的就业观，加强其对职业发展的规划、对就业市场的现实理解以及对个人能力的持续提升，帮助青年学生在就业市场中更加积极主动地寻找和把握机会，同时注重个人技能和职业素养的不断提升。

（四）增强社会责任感和公民意识

通过国家“脱贫攻坚”“乡村振兴”等发展战略与促进经济增长和就业的结合分析，鼓励学生参与相关的社会实践活动，如志愿服务、社区服务、农村支教等，让学生亲身体验这些战略对基层社会和经济的影响。通过“失业者”的角色扮演，使学生可以更深入地思考自己作为公民在社会中的角色和责任，以及如何为社会作出贡献。

（五）促进跨学科学习和综合能力提升

失业问题的学习不仅涉及经济学知识，还涉及社会学、心理学、政治学等多个学科，这种跨学科的学习有助于学生建立综合的知识体系，并提高他们解决实际问题的能力，会对学生未来的学术研究、职业发展等方面产生积极影响。

参考文献

[1]《西方经济学》编写组．宏观经济学（第二版）下册［M］．北京：高等教育出版社，人民出版社，2019.

[2] 纪德尚．高校大学生创业就业能力素质建设［M］．北京：经济管理出版社，2018.

[3] 柳建坤，曾煌烽．青年劳动者失业焦虑的变动趋势及其治理机制——基于职业技能培训视角［J］．中国青年研究，2023（5）：68－77，110.

[4] 刘永谋，彭家锋．"AI 失业"对当代青年的影响及其应对［J］．青年探索，2023（1）：43－51.

[5] 黄旭，许文立．公共政策如何应对人工智能引发的失业风险？［J］．中央财经大学学报，2022（10）：71－84，93.

[6] 刘金东，王佳慧，唐诗涵．面包与孩子：青年失业如何影响生育意愿——来自 OECD 国家的证据［J］．上海财经大学学报，2022，24（4）：138－152.

[7] 刘新华，彭文君，贾根良．从"失业池"到"就业池"：实现充分就业的理论反思及对策［J］．福建论坛（人文社会科学版），2022（7）：95－107.

[8] 曹春方，邓松林．政府失业目标调整与就业质量——来自微观企业层面的证据［J］．金融研究，2022（6）：115－132.

[9] 陈蓓丽，曹锐．城市失业青年群体特征及失业影响因素分析——基于延迟满足理论的解释［J］．华东理工大学学报（社会科学版），2021，36（4）：103－111.

[10] 王美艳．当前青年就业新态势及应对策略［J］．人民论坛，2021（15）：100－103.

[11] 雷随斌，陈清华．新媒体视角下大学生思想政治教育创新的路径选择——评《新媒体视角下大学生思政教育创新探索》［J］．教育发展研究，2020，40（19）：86.

[12] 姜琳，黄垚．促进青年就业，怎样打开新空间？［N］．新华每日电讯，2024－03－10（004）.

[13] 朱克力．青年失业率 19.6% 该怎么破？［N］．新京报，2023－04－20.

案例四　中国减贫的政策目标：脱贫攻坚战

杨　丹　高钰玲*

一、课程思政元素

元素 1：强调国家发展的总体战略和长远目标，如"两个一百年"奋斗目标和

* 作者简介：杨丹，西南大学经济管理学院教授；高钰玲，安徽大学经济学院讲师。

“五位一体”总体布局，培养学生对经济政策社会影响的认识，使学生理解宏观经济政策目标与国家发展的大局紧密相连。

元素 2：强调宏观经济政策目标不仅关注经济增长，更注重提高人口的教育、医疗等生活质量，促进人的全面发展。

元素 3：增强学生对国家经济发展重要性的认识，培养他们的国家认同感和爱国主义精神。

二、课程目标

（一）知识目标

K1：掌握宏观经济政策目标的基本概念，包括充分就业、稳定物价、经济增长等。

K2：理解不同经济学派对宏观经济政策目标的不同理解和解释。

K3：了解宏观经济政策目标之间的权衡和协调，以及它们在宏观经济政策制定中的作用。

（二）能力目标

A1：能够分析和评估不同宏观经济政策目标之间的关系，以及这些目标在实际经济政策制定中的应用。

A2：培养批判性思维和分析能力，能够从不同角度理解和评价宏观经济政策目标的重要性。

A3：能够运用所学知识，针对具体的经济问题提出合理的政策建议。

（三）价值目标

V1：培养学生的经济学思维和批判性分析能力，使他们能够从不同角度理解和评价宏观经济政策目标的重要性。

V2：增强学生对经济政策社会影响的认识，理解宏观经济政策目标在促进社会公平、共同富裕和人的全面发展中的作用。

V3：培养学生的社会责任感，使他们能够将所学知识应用于实际经济问题的解决，为社会和经济的发展作出贡献。

三、教学内容

（一）宏观经济政策目标体系

重点 A：理解宏观经济政策目标的定义和重要性。

针对该知识点，通过课堂鼓励学生主动发言，对失业、通货膨胀、滞胀等常见宏观经济问题进行回顾，引出包括对充分就业、稳定物价、经济增长等宏观经济政策目标的详细定义，以及这些目标在宏观经济政策制定中的作用和重要性。

（二）宏观经济政策目标的抉择

难点 A：如何处理好宏观经济政策目标之间的权衡和协调？

针对该难点，结合中国脱贫攻坚战，以“为什么中国脱贫攻坚战能取得全面胜利？”为题，将学生分组开展头脑风暴，深入探讨政策目标的科学设定、政策工具的多元化以及社会力量的广泛参与等因素对脱贫攻坚战能取得全面胜利的影响，使学生更好地理解宏观经济政策目标的一致性与冲突。

四、教学设计

（一）设计逻辑

本案例课程思政教学设计逻辑如图 3－4 所示。

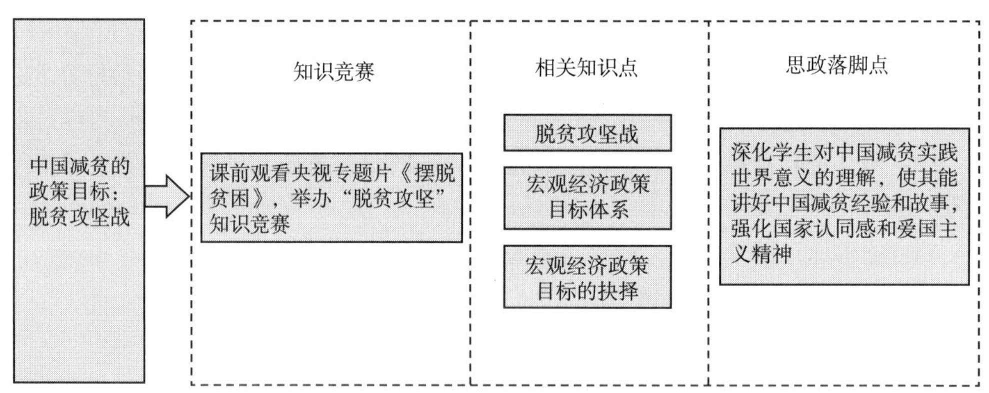

图 3－4　本案例课程思政教学设计逻辑

（二）案例阐释

本案例课程思政教学环节说明见表 3－4。

表 3－4　　本案例课程思政教学环节说明

教学环节	教学内容	教学方法	思政元素
课前资料分享	课群分享视频资料：中央电视台脱贫攻坚大型政论专题片《摆脱贫困》，加强学生对中国减贫政策和成就的认知	视频和多媒体资源	通过人类历史上规模最大、力度最强的脱贫攻坚战以及极具原创性、独特性的重大举措，使学生准确理解脱贫攻坚精神的核心要义与具体内涵

续表

教学环节	教学内容	教学方法	思政元素
课程导入	学习习近平总书记《在全国脱贫攻坚总结表彰大会上的讲话》，引导学生思考中国为什么要打脱贫攻坚战？又为什么能打赢	游戏化教学：开展脱贫攻坚知识竞赛	增强学生对脱贫攻坚等国家战略和政策的理解、分析能力，加强学生社会责任感的培养
知识回顾之宏观经济问题	鼓励学生主动发言，回顾之前章节关于失业、通货膨胀、经济增长等常见宏观经济问题的相关内容	课堂提问、图形展示	帮助学生理解宏观经济问题的复杂性和多维性
知识点一之宏观经济政策目标体系	通过分析中国及其他国家的宏观经济政策案例，讲解充分就业、稳定物价、经济增长等宏观经济政策目标的内涵及其在宏观经济政策制定中的作用和重要性	案例分析、理论讲解	强调宏观经济政策目标与社会公平、公正、和谐等社会主义核心价值观的关系
知识点二之宏观经济政策目标的抉择	结合脱贫攻坚战，分析在制定宏观经济政策时，如何在不同政策目标之间进行权衡和协调，以实现经济的整体平衡和稳定	头脑风暴：为什么中国脱贫攻坚战能取得全面胜利？ 学生分组开展头脑风暴，总结出脱贫攻坚战胜利原因之政策目标的科学设定、政策工具的多元化以及社会力量的广泛参与等	脱贫攻坚战的全面胜利彰显了社会主义制度的优势，增强学生对坚持社会主义道路的信心
课程总结	以学术论文《国家减贫行动如何回应差异化需求——精准扶贫精准脱贫制度体系及其知识贡献》《"稳增长"与"稳杠杆"双重目标下中国宏观经济政策选择》讲解，总结梳理本课程理论知识在研究中的应用	课后作业： 阅读相关文献，从宏观经济政策目标抉择的角度，思考中国减贫实践为世界提供了哪些经验？对国际减贫事业有何推动作用	深化学生对中国减贫实践世界意义的理解，使其能讲好中国减贫经验和故事，强化国家认同感和爱国主义精神

五、教学效果分析

（一）理论理解与知识掌握

通过理论讲解、案例分析等方式，学生对宏观经济政策目标的基本概念、不同目标之间的关系、政策目标的抉择过程等知识的掌握程度较高，尤其是对脱贫攻坚战的政策背景、目标设定和实施手段有更深入的理解。学生能够理解宏观经济政策对于改善贫困人口生活条件的重要性，以及如何通过这些政策工具来支持脱贫攻坚战。

（二）方法论与技能培养

通过知识竞赛和小组讨论，学生能够具备较强的分析和评价宏观经济政策目标的能力。通过分析脱贫攻坚战中宏观经济政策的实际应用，学生可以学习如何评估这些政策的效果，包括它们对贫困人口、地区发展和社会整体福利的影响。这种能力对于未来在政策制定、执行和评估方面的工作至关重要。

（三）增强社会责任感和公民意识

通过视频资料、文件资料的学习，学生对社会主义核心价值观、国家发展理念等思政元素的理解和认同程度较高，能够将宏观经济政策目标与实际社会问题相结合，尤其是在脱贫攻坚战中，学生能够认识到政策目标在促进社会公平和共同富裕中的作用，进一步坚定坚持社会主义道路的信念。结合脱贫攻坚战的教学，可以帮助学生认识到作为公民和未来的经济管理者在促进社会公平和减少贫困方面的责任。学生通过学习如何通过宏观经济政策来解决社会问题，可以增强他们的社会责任感和公民意识。

（四）提升跨学科学习和综合能力

在案例分析和小组讨论中，学生需要与同学合作，共同完成任务。以此培养学生的团队合作能力和有效沟通技巧，提升团队协作的效率和质量。另外，脱贫攻坚战是一个涉及经济、社会、环境等多方面的复杂问题，因此，教学会采用跨学科的方法，结合经济学、社会学、环境科学等学科的知识。这种跨学科的学习有助于学生建立综合的知识体系，并提高他们解决实际问题的能力。

参考文献

[1]《西方经济学》编写组．宏观经济学（第二版）下册［M］．北京：高等教育出版社，人民出版社，2019.

[2] 卞晨，初钊鹏，孙正林．“双碳”目标与宏观经济政策目标何以兼顾？［J］．华东经济管理，2024，38（3）：58－73.

[3] 刘伟，苏剑．中国宏观经济态势与政策分析——2022 年的回顾与 2023 年的展望［J］．经济理论与经济管理，2023，43（3）：13－23.

[4] 陈创练，高锡蓉，王浩楠．“稳增长与防风险”视阈下的最优宏观调控政策搭配——基于政策效果评估和反事实视角［J］．西安交通大学学报（社会科学版），2023，43（4）：50－63.

[5] 刘东华，姚驰．国际金融危机后的通胀目标制：宏观经济政策效应及影响机制［J］．经济学家，2022（10）：96－107.

[6] 刘伟．稳定经济增长完善宏观治理——我国经济发展趋势及宏观调控政策分析［J］．经济科学，2022（2）：5－12.

[7] 贾康，苏京春．论中国财政政策与货币政策的协调配合［J］．地方财政研究，2021（2）：39－52.

[8] 刘金全，李永杰．“稳增长”与“稳杠杆”双重目标下中国宏观经济政策选择［J］．现代经济探讨，2020（9）：1－8.

[9] 章上峰，方琪，程灿，等．经济不确定性与最优财政货币政策选择［J］．财政研究，2020（1）：74－86.

[10] 石英华，张瑞晶．宏观调控的理论缘起与政策实践演进［J］．公共财政研究，2023（4）：4－18.

[11] 吕方，黄承伟．国家减贫行动如何回应差异化需求——精准扶贫精准脱贫制度体系及其知识贡献［J］．中国社会科学，2023（12）：19－38.

[12] 张晓平，周烨．脱贫攻坚精神融入大学生思想政治教育的实现路径［J］．学校党建与思想教育，2023（7）：65－68.

[13] 李尚宸，李心记．脱贫攻坚精神之于大学生思想政治教育的价值［J］．学校党建与思想教育，2022（4）：7－10.

[14] 李佳威．将伟大脱贫攻坚精神融入思想政治教育［J］．中国高等教育，2022（1）：24－26.

案例五　经济增长与大学生的使命

高钰玲　王玉燕*

一、课程思政元素

元素1：展示不同经济增长模式对社会发展的影响，强调经济增长对国家和社会发展的重大意义，引导学生认识到作为大学生和未来的社会成员，应当承担起推动社会经济发展的责任。

元素2：结合国际经济发展趋势，引导学生关注全球经济一体化对我国经济增长的影响，培养他们的国际视野和全球责任意识，鼓励他们为构建人类命运共同体贡献智慧和力量。

元素3：结合我国“创新驱动发展战略”和“科教兴国战略”等，引导学生理解科技创新和人才培养在经济增长中的关键作用。鼓励学生思考如何将所学知识转化为实际生产力，为国家的科技创新和经济发展作出贡献。

二、课程目标

（一）知识目标

K1：理解经济增长的基本概念和理论框架，包括经济增长的定义、衡量指标和决定因素。

* 作者简介：高钰玲，安徽大学经济学院讲师；王玉燕，安徽大学经济学院副教授。

K2：掌握新古典增长理论，包括模型的基本假定、构建与应用等。

K3：了解经济增长与可持续发展、环境保护的关系，以及如何在追求经济增长的同时实现环境和社会的可持续性。

（二）能力目标

A1：提高学生的数据分析和解读能力，通过使用宏观经济数据，如 GDP 增长率、人均收入等，来评估和预测经济增长趋势。

A2：增强学生的批判性思维和综合分析能力，能够从不同角度评估经济增长政策的优缺点，并提出合理的政策建议。

A3：了解我国经济取得的成就以及未来经济增长面临的挑战，学会运用经济增长分析法分析中国经济增长速度的质量，运用马克思主义再生产理论剖析中国经济增长内在原因。

（三）价值目标

V1：培养学生对经济增长问题的社会责任感，认识到经济增长不仅是经济问题，也是社会问题，涉及资源分配、社会公平和环境保护等多个方面。

V2：提高学生的公民意识，理解作为未来社会成员和决策者，在经济增长过程中应承担的责任和义务。

V3：引导学生形成正确的经济发展观，认识到经济增长应与可持续发展相结合，追求经济、社会和环境的协调发展。

三、教学内容

（一）经济增长的描述和事实

重点 A：定义经济增长，推演增长率和人均增长率的计算方法，解释经济增长和经济发展的联系与区别，提出经济增长的三大基本问题。

针对该教学重点，教学设计着重引导学生理解经济增长的重要性，掌握核算经济增长率的方法。主要通过案例分析向学生讲授经济增长的基本事实，思政元素在各个案例分析中引入，旨在引导学生正确思考，培养国家民族自豪感。

（二）经济增长的决定因素

难点 A：如何系统性认识经济增长的决定因素，区别经济增长的直接原因与根本原因。

针对该教学难点，教学设计着重引导学生理解经济增长原因的复杂性，理解经济增长的直接原因与根本原因，结合理论讲解与案例分析，提升学生分析复杂社会经济问题的能力。

（三）新古典增长模型与内生增长模型

重点 B：新古典增长模型的基本思想及其应用。

难点 B：经济稳态、资本的黄金律水平。

针对该知识点，教学设计着重探讨没有技术进步和有技术进步的新古典增长模型，模型中考虑了总产出、总量劳动和总量资本的关系，以及如何达到稳态及其条件。新古典增长模型强调，只有技术进步才能解释经济持续增长和生活水平的持续上升，这可以引导学生认识到科技创新在经济发展中的核心地位，培养学生的创新意识和创新能力，增强建设国家的使命感。

（四）促进经济增长的政策

难点 C：理论模型与实际情况的结合。

针对该教学重点，一方面从理论的角度分析促进经济增长的政策，另一方面基于 2024 年《政府工作报告》，结合我国“创新驱动发展战略”和“科教兴国战略”等，分析我国的劳动者素质和资本质量，以及政府在提高劳动力素质和资本质量上作出的努力和取得的成就。通过对我国经济政策的分析，帮助学生正确认识我国取得的经济成就，增强学生民族自豪感和对国家的认同感，培养建设国家的使命感。

四、教学设计

（一）设计逻辑

本案例课程思政教学设计逻辑如图 3－5 所示。

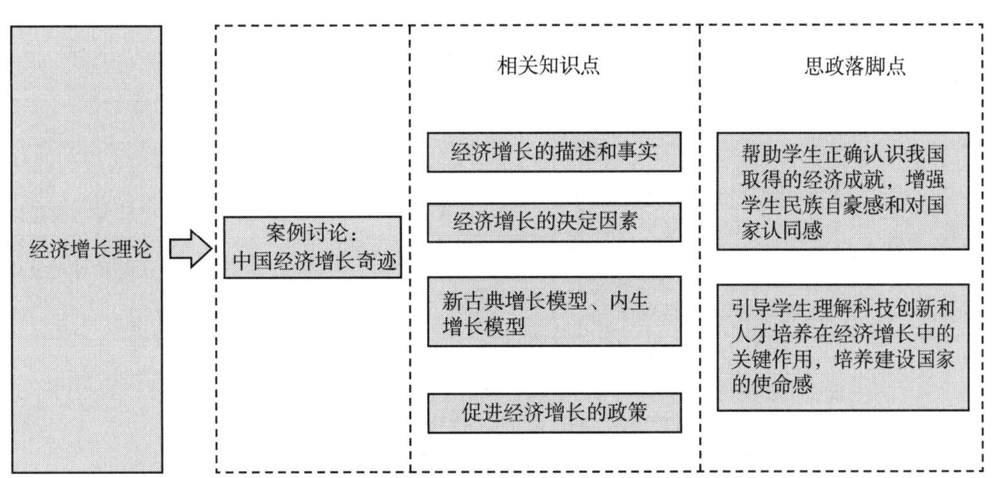

图 3－5　本案例课程思政教学设计逻辑

（二）案例阐释

本案例课程思政教学环节说明见表 3 – 5。

表 3 – 5　　本案例课程思政教学环节说明

教学环节	教学内容	教学方法	思政元素
知识回顾	梳理宏观经济学知识体系，引出长期经济增长问题。并以“马尔萨斯陷阱”为例，引导学生思考经济一定会增长吗？经济又是为什么会增长呢	课堂提问、案例分析、经典理论讲解	马尔萨斯陷阱，可以帮助学生深入理解人口、资源和环境之间的关系，培养他们的社会责任感和参与全球治理的意识
经济增长的描述和事实	通过经济数据分析，比较欧美等西方国家和我国经济增长的异同，介绍经济增长的基本事实。讲解经济增长的定义及计算方法，解释经济增长和经济发展的联系与区别，提出经济增长的三大基本问题	案例分析、理论讲解	帮助学生正确认识我国取得的经济成就，增强学生民族自豪感和对国家的认同感，培养建设国家的使命感
经济增长的决定因素	以中国经济增长奇迹为例，引导学生理解经济增长原因的复杂性，思考经济增长的直接原因与根本原因	小组讨论、案例分析	强调中国经济的增长是在中国特色社会主义制度框架下实现的，培养学生的政治认同、国家意识和社会责任感
新古典增长模型	讲解新古典增长模型，强调人力资本和资本积累，结合我国“创新驱动发展战略”和“科教兴国战略”等，分析我国的劳动者素质和资本质量，以及政府在提高劳动力素质和资本质量上作出的努力和取得的成就	理论讲解、案例分析、图形展示	引导学生理解科技创新和人才培养在经济增长中的关键作用，培养建设国家的使命感
内生增长理论	结合国内外案例分析，介绍内生增长理论，讲解技术进步与资本形成在经济增长中的重要作用，并讲解我国政府的相关政策	理论讲解、案例分析	
促进经济增长的政策	综合经济增长模型，从理论的角度分析促进经济增长的政策，并以 2024 年《政府工作报告》为例，分析我国促进经济增长的宏观政策及其预期成效	政策分析、案例分析	通过政策比较突出我国以民为本的价值取向，增强对国家的认同和对国家政策的理解
课程总结	以论文《少子老龄化、工业智能化与宏观经济波动——基于内生经济增长理论的 DSGE 模型分析》讲解，总结梳理课程理论知识在研究中的应用	课后作业： 阅读著作《发展与超越》等文献，思考中国成为高收入国家还面临哪些挑战？作为大学生应承担什么样的使命	

五、教学效果分析

（一）强化理论知识的掌握与应用

通过理论讲解、案例分析、小组讨论等教学方法，使学生能够理解经济增长与经济发展的区别，掌握新古典增长模型的基本假设、公式及其经济含义，能够理解储蓄率、人口增长率、人均资本占有量等变量对经济增长的作用。通过政策分析，使学生能够运用新古典增长模型分析经济增长的实际问题，能够理解政府如何通过调整储蓄率或人口政策来影响经济增长，能够运用经济增长模型进行简单的预测和模拟。

（二）提升批判性思维与问题解决能力

通过新古典增长模型与内生增长模型的讲解，使学生能够对经济增长理论的假设和局限性进行批判性思考，能够讨论经济增长理论的不同观点，并形成自己的见解。通过文献学习、案例分析与讨论，使学生能够针对特定的经济增长问题，运用所学知识分析经济增长中的关键问题，如资源约束、技术进步、人口增长等，并提出合理的解决方案。

（三）激发学习兴趣与热情

通过课堂讨论与小组活动，引导学生思考问题、分享观点和参与辩论，激发学生对经济增长问题的兴趣和热情，促使学生能够主动预习、认真听讲、积极参与课堂活动，能够持续关注经济增长的最新动态和研究进展。

（四）增强建设国家的使命感

通过理论联系实际案例的分析，学生可以更加深入、理性地理解我国经济成就的根源，从而激发他们的国家荣誉感和民族自豪感，同时培养他们为国家建设贡献力量的使命感和责任感，激励学生为建设国家而奋发图强。

参考文献

［1］《西方经济学》编写组．宏观经济学（第二版）下册［M］．北京：高等教育出版社，人民出版社，2019.

［2］王宜刚．高校经管类专业课程的思政教育路径［J］．山西财经大学学报，2022，44（S1）：149－151.

［3］樊丽明．财政学类专业课程思政建设的四个重点问题［J］．中国高教研究，2020（9）：4－8.

［4］靳卫萍．经济学原理课程思政的初步实践［J］．中国大学教学，2020（Z1）：54－59.

[5] 王国炎. 论经济全球化视野下思想政治教育的新发展 [J]. 未来与发展, 2009, 30 (2): 58-60, 67.

[6] 韩丽丽. 经济类专业课程思政建设的实现路径探索 [J]. 思想理论教育导刊, 2022 (5): 126-131.

[7] 刘元春, 丁晓钦. 发展与超越: 中国式现代化的核心问题与战略路径 [M]. 北京: 中信出版社, 2024.

[8] 王强, 刘晓音. 经济规模与经济增长内生动力变动——来自国际经验的证据 [J]. 经济学家, 2024 (3): 45-55.

[9] 韩永辉, 刘洋. 少子老龄化、工业智能化与宏观经济波动——基于内生经济增长理论的DSGE模型分析 [J]. 管理世界, 2024, 40 (1): 20-37, 60, 38.

[10] 张洪振, 任天驰, 杨汭华. 大学生村官推动了村级集体经济发展吗? ——基于中国第三次农业普查数据 [J]. 中国农村观察, 2020 (6): 102-121.

第四章　统　计　学

案例一　数据收集方法中的信息观

葛佳敏　李　峥*

一、课程思政元素

元素 1：引导学生树立科学、求真、全面、敏锐的信息观。
元素 2：数据搜集过程中需遵守严谨、公正的道德规范。
元素 3：培养学生扎实、系统的科学素养和实验精神。

二、课程目标

（一）知识目标

K1：示例数据来源的多样性，包括原始数据与二手数据的区别。

K2：运用各种数据调查方法，如问卷调查、访谈、观察法等，并了解各类方法的优缺点。

K3：归纳调查设计的基本原则和方法，以及数据收集的流程。

（二）能力目标

A1：培养学生选择适当的数据收集方法的能力，以适应不同的研究需求。

A2：提升学生设计有效的数据收集工具（如调查问卷）的能力。

A3：锻炼学生的数据处理和分析能力，包括识别数据误差、进行数据清洗和整理等。

A4：增强学生的问题解决能力，能够针对数据收集过程中遇到的问题提出解决方案。

（三）价值目标

V1：培养学生的科学素养和求真精神，追求数据的真实性和客观性。

---

* 作者简介：葛佳敏，安徽大学经济学院讲师；李峥，中山大学马克思主义学院讲师。

V2：引导学生树立正确的信息观，尊重和保护个人隐私，遵守数据收集的伦理规范。

V3：提升学生的社会责任感，使其意识到数据收集在经济决策中的重要性。

V4：激发学生的创新意识和探索精神，鼓励其在数据收集和分析过程中不断尝试新方法、新思路。

三、教学内容

（一）数据来源

难点 A：如何准确评估和选择最合适的数据来源，以及不同数据来源对统计结果可能产生的影响。

针对该教学难点，教学设计着重引导学生理解数据来源的重要性，掌握评估和选择数据来源的方法。通过讲解数据来源的分类、评估标准和选择因素，结合案例分析与实践应用，使学生能够在实际研究中准确选择并评估数据来源，进而认识到不同数据来源对统计结果的潜在影响，以提升其数据处理和分析能力。

（二）调查方法

重点 A：调查方法（如问卷调查、访谈、观察法等）的适用场景和优缺点。

针对该知识点，教学主要围绕各种调查方法的特点展开，详细解释每种方法的适用情境，如问卷调查适合大规模数据收集，访谈更适用于深入探讨个体观点，而观察法则能直接观察实际行为。同时，需阐明各种方法的优势与不足，以便学生在实际应用中能根据研究需求灵活选择最合适的调查方法。

难点 B：如何根据具体研究需求选择最合适的调查方法，在实际操作中如何有效实施调查并获取高质量的数据。

针对该难点，通过案例分析的方式教授学生如何根据研究目的、研究对象和条件来选定最佳调查方法。案例涵盖数据收集过程中的问卷设计、样本选择、数据清洗等环节，从而帮助学生掌握有效实施调查并获取高质量数据的技能。

（三）实验方法

重点 B：归纳实验设计的基本原则和方法，以及实验数据收集的流程和注意事项。

教学重点在于让学生掌握实验设计的基本原则和方法，以及实验数据收集的流程和注意事项。为此，教学内容围绕实验设计的科学性、合理性和可操作性展开，通过详细讲解实验设计的基本原理、常用方法以及实际操作中的关键步骤，同时，强调数据收集的规范性、准确性和完整性，使学生能够全面理解并掌握从实验设计到数据收集的全过程，为今后独立进行实验设计和数据处理打下坚实的基础。

（四）数据的误差

难点 C：如何准确识别和评估数据中的误差，在实际应用中如何有效地减小误差，提高数据的可靠性。

针对教学难点，教学内容聚焦于误差的来源与分类，教会学生识别和评估数据误差的方法，并通过实例分析和实践操作，让学生掌握减小误差、提升数据可靠性的有效策略。

四、教学设计

（一）设计逻辑

本案例课程思政教学设计逻辑如图 4 – 1 所示。

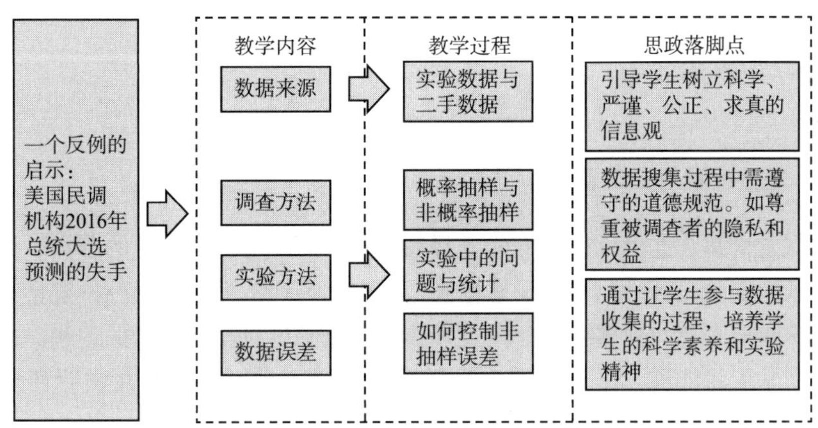

图 4 – 1　本案例课程思政教学设计逻辑

（二）案例阐释

本案例课程思政教学环节说明见表 4 – 1。

表 4 – 1　本案例课程思政教学环节说明

教学环节	教学内容	教学方法	思政元素
案例导入	以《文学文摘》预测美国总统大选罗斯福竞选失败为案例进行思考，为什么《文学文摘》根据 240 万人的调查预测罗斯福竞选失败，而盖洛普公司仅对 5 万选民就预测出罗斯福竞选成功？引导学生思考数据收集方法的重要性	案例讲解与分析	引导学生认识到不同数据来源对统计结果的潜在影响； 关注时事新闻，结合数据分析经济现象，引导学生树立科学、严谨、公正、求真的信息观
知识回顾之数据来源	以民调机构预测美国总统大选的样本数据来源为例讲解数据的直接来源；以国家统计局和其他数据发布机构搜集数据来说明数据的间接来源	理论讲解与实践操作结合	

续表

教学环节	教学内容	教学方法	思政元素
知识点一之调查方法	引导学生思考，在数据收集过程中，如何抽选出一个“好”的样本？基于此讲解概率抽样与非概率抽样的调查方法	小组讨论，头脑风暴；理论知识讲解	在数据搜集过程中需遵守的道德规范，如尊重被调查者的隐私和权益
知识点二之实验方法	以实验法案例与现场实验游戏为基础，讲解实验的设计、数据收集与统计	案例分析与实验操作	通过实验操作，让学生参与数据收集的过程，理解数据背后的实际意义，培养学生的科学素养和实验精神
知识点三之数据的误差	发放学生不同类型的调查问卷进行填写，以问卷数据结果对比说明会引起数据误差的原因与控制误差的手段	实践操作与理论讲解	
课程总结	以学术论文《关于人口统计调查方法体系存在的问题与改革设想》讲解，总结梳理本课程理论知识在研究中的应用	课后作业：搜集能够反映合肥市经济社会发展趋势的指标与数据	

五、教学效果分析

（一）理论理解与知识掌握

通过课堂讲解、案例分析等方式，帮助学生全面理解数据来源的分类、调查方法的适用场景、实验设计的原则以及数据误差的识别和评估方法。此外，安排实验设计项目，让学生亲身参与数据收集和实验操作，深化学生对相关概念的理解。通过综合教学方式，学生将能够清晰地理解每个概念的含义、重要性以及在实际研究中的应用，提高学生的理论知识水平。

（二）方法论与技能培养

通过案例分析和实践操作，学生将掌握评估和选择最合适的数据来源、调查方法和实验设计的技能。在案例分析中，学生需学习辨认不同情境下的数据来源，并评估其可靠性和适用性。通过实践操作，学生将学会如何灵活选择和有效实施各种调查方法和实验设计，以满足研究目的和条件的需要。随着技能的提升，提高学生数据收集和分析的能力，从而为未来的学术研究和实践工作打下坚实的基础。

（三）批判性思维与问题解决能力

教学设计注重教导学生在面对数据来源选择、调查方法应用和数据误差评估等问题时，要具备批判性思维和问题解决能力。通过案例分析和讨论，培养学生分析问题、提出解决方案的能力，从而在实际学术研究中更好地应对复杂的情境。

（四）实践应用与案例演练

课程设计结合实际案例和实践操作，让学生在真实的研究场景中应用所学知识和技能。实践性教学将使学生更加深入地理解课程内容，并培养学生独立思考和解决实际问题的能力。

（五）综合能力提升

在案例分析和实践操作中，学生可能需要与同学合作，共同完成任务。以此培养学生的团队合作能力和有效沟通技巧，提升团队协作的效率和质量。另外，通过综合运用数据来源评估、调查方法选择、实验设计和数据误差评估等技能，全面提升学生在数据处理与分析等方面的能力。这种综合能力的提升也会对学生未来的学术研究、职业发展等方面产生积极影响。

参考文献

[1] 贾俊平，何晓群，金勇进．统计学［M］.8版．北京：中国人民大学出版社，2023.

[2] 付远辉，何金生．“统计学方法选择及SPSS实现”思政内涵挖掘［J］．教育教学论坛，2024（5）：165－168.

[3] 王敏．经济统计学专业案例教学课程思政实现途径研究［J］．现代商贸工业，2024，45（4）：245－247.

[4] 郭泽英，郃秀军．统计学混合式教学融入课程思政的改革实践［J］．黑龙江教师发展学院学报，2023，42（12）：60－62.

[5] 郭祎利．人口统计调查方法体系的常见问题探讨［J］．统计理论与实践，2023（3）：63－65.

[6] 胡英．关于人口统计调查方法体系存在的问题和改革设想［J］．统计研究，2018，35（4）：94－103.

案例二　培养量化意识与统计素养：数据分析与可视化展示

葛佳敏*

一、课程思政元素

元素1：培养学生为国家和社会提供准确数据信息的责任感。

元素2：数据科学的严谨性和逻辑性。

元素3：强调诚信原则在数据分析与可视化中的重要性。

* 作者简介：葛佳敏，安徽大学经济学院讲师。

二、课程目标

（一）知识目标

K1：总结数据预处理的概念和重要性，包括识别和处理缺失数据、异常值和重复数据等问题。

K2：运用分类数据和顺序数据的整理与展示方法，包括计数、频数分布表和适当的图表展示。

K3：描述数值型数据的统计指标，如均值、中位数、标准差等，以及相应的图表展示方法。

K4：熟练使用 Excel 等工具制作频数分布表和图形，展示数据的分布和趋势。

（二）能力目标

A1：具备排序和分组数据的能力，能够灵活运用不同的排序方法。

A2：识别和处理数据预处理中的各种问题，确保数据的准确性和可靠性。

A3：精通统计分组和组距数列的编制方法，能够运用 Excel 生成分组表。

A4：实施分类数据和顺序数据的整理和展示方法，能够根据需要生成适当的图表展示数据。

（三）价值目标

V1：培养学生严谨的工作态度和实事求是的科学精神，使其具备为国家和社会提供准确数据信息的责任感。

V2：强调诚信原则在数据展示中的重要性，培养学生坚持真实、反对弄虚作假的精神。

V3：提升学生的统计分析能力和数据处理技能，使其能够客观地分析经济社会数据，为研究中国经济问题提供有力支持。

三、教学内容

（一）数据的预处理

重点 A：如何审核、筛选、排序数据，如何处理缺失值和不一致数据。

重点 B：重点讲解数据集成过程中的模式匹配、数据冗余和数据值冲突等问题，以及数据转换中常用的技术，如标准化、离散化等。

重点 C：通过案例分析和实验操作，提高学生的实践操作能力，使其能够熟练运用所学知识解决实际问题。

难点 A：数据清理是数据预处理的重要环节，学生需要理解不同类型的数据问题（如缺失值、异常值、重复值等）对分析结果的影响，并掌握相应的处理方法。

难点 B：由于数据情况的多样性，针对特定的数据集和问题，选择最合适的预处理方法是一个难点。学生需要学会根据实际情况判断并应用适当的预处理技术。

在教学过程中，可以通过具体的案例和数据集来演示预处理的方法和技巧，同时安排实践环节让学生亲自动手操作，以加深对数据预处理的理解和掌握。

（二）分类数据的整理与展示

重点 D：分类数据的基本概念和分类的重要性，确保学生理解分类数据的本质和分类的目的。

重点 E：如何使用表格、图表等可视化工具来展示分类数据，强调图表设计的原则和技巧，如清晰性、一致性和直观性等，以便更好地分析和解释数据。

重点 F：通过实际案例分析，帮助学生理解分类数据整理与展示在实际问题中的应用。

难点 C：学生可能会面临如何从大量原始数据中筛选出有效信息，并进行适当的预处理，以便后续的数值数据整理和展示。该过程需要学生掌握数据清洗和预处理的基本技巧。

难点 D：如何通过图表或其他可视化工具清晰、有效地展示分类数据，以及如何优化图表的视觉效果，提高信息的传达效率。

本部分需鼓励学生参与数据案例讨论和实际操作，提高其运用所学知识解决实际问题的能力。

（三）数值数据的整理与展示

重点 G：数据整理的准确性和完整性，确保学生在整理过程中不丢失信息，同时保持数据的原始性和可比性。

重点 H：如何根据数据类型和分析目的选择合适的图表类型（如柱状图、折线图、饼图等），并指导制作清晰、易读的图表。

难点 E：培养学生准确解读整理后的数据，并教授如何撰写简洁明了的数据报告，以便与他人有效沟通数据分析结果。

针对数据整理的准确性、完整性，图表类型的选择，以及数据解读与报告撰写，本部分教学应注重实践操作和小组合作学习，通过案例分析、实操练习、图表制作与数据报告撰写等多种形式，全面提升学生的数据处理、分析和沟通能力，确保学生能够熟练掌握数据整理的技巧、选择恰当的图表展示数据，并准确撰写简洁明了的数据报告，从而达到有效沟通数据分析结果的教学目的。

四、教学设计

（一）设计逻辑

本案例课程思政教学设计逻辑如图 4－2 所示。

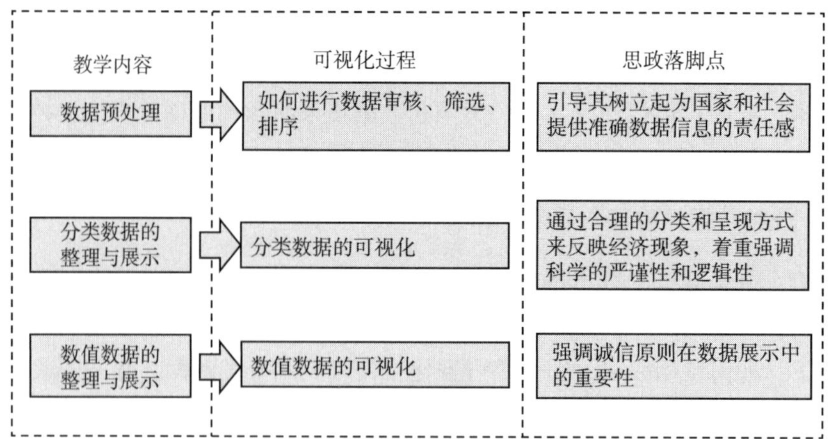

图 4-2　本案例课程思政教学设计逻辑

（二）案例阐释

本案例课程思政教学环节说明见表 4-2。

表 4-2　本案例课程思政教学环节说明

教学环节	教学内容	教学方法	思政元素
案例导入	以一组实际经济数据的文字描述、图形描述和表格描述三种方式向学生展示，引导学生讨论不同方式的优缺点	引导思考与小组讨论	通过分析我国经济社会数据，培养学生对数据质量的严谨态度，进而引导其树立起为国家和社会提供准确数据信息的责任感
理论讲授	数据清洗的工作，包括处理缺失值、异常值、重复值等；以及数据的特征选择，选择与目标变量相关性强的特征，降低数据维度	理论讲解	通过合理的分类和呈现方式来反映经济现象，着重强调科学的严谨性和逻辑性
	讲解分类数据的概念与特点。教授并演示频数分布表的编制以及分类数据的图形展示，包括条形图、饼图等	讲授与演示相结合、课堂练习与互动评价	
	讲解数值数据的概念与特点、数据的分组与整理方法（等距分组、不等距分组等）。演示数值数据的图形展示，包括直方图、折线图、箱线图等		
实践操作	（1）通过分析实际案例，让学生了解不同类型图表的适用场景和设计原则；（2）发放学生不同类型数据，学生动手对数据进行分组整理，并选择合适的图形进行可视化展示	案例分析、实践操作与反思、教师点评	教学使用图表进行数据可视化的过程中，强调诚信原则在数据展示中的重要性
课程总结	总结图表的类型及其适用场景，强调图表设计的关键点和注意事项	教师总结与提升：根据学生的作品进行总结，提升学生的图表设计和解读能力	通过培养学生对数据质量的严谨态度，进而引导其树立起为国家和社会提供准确数据分析报告的责任感

五、教学效果分析

（一）深入了解经济时事和中国经济问题

通过学习数据预处理、分类数据整理与显示、数值数据整理与显示以及合理使用图表，学生能够结合相关政策分析我国经济社会数据，洞察当前的经济形势和社会问题。通过对数据的处理和分析，学生能够识别潜在的趋势、模式和关联，为决策者提供有价值的见解和建议。

（二）客观分析能力的提升

通过运用统计方法进行数据分析，学生将学会如何准确地选取统计指标、应用合适的图表类型，并从数据中识别关键问题，并提出解决方案。培养学生对问题的准确把握和深入分析的能力，并能够独立进行客观的数据分析，不受主观情绪和偏见的影响。此外，学生还将提升沟通与表达能力，能够清晰地向他人传达数据分析的结果和结论，促进共识的形成和问题的解决。

（三）工匠精神与量化意识的培养

课程注重培养学生耐心细致的工作作风和严肃认真的工作态度，发扬工匠精神，使学生具备处理数据的精细能力和严谨态度，为经济数据分析提供可靠的基础。另外，通过学习数据处理和图表制作，学生将增强对数据的量化意识，能够更准确地把握数据的变化趋势和特征，为后续经济问题的研究提供可靠的数据支持。

（四）技能的提升

学生能够具备数据预处理、分类数据整理与显示、数值数据整理与显示以及合理使用图表的基本技能，熟练运用 Excel 等工具进行数据分析和图表制作。该技能可以为学生未来学术研究和工作提供技术基础，而且也增强学生在处理和解释数据方面的能力。通过这些技能的掌握，学生能够更有效地处理大量数据，并将其转化为清晰、易于理解的图表和报告。

参 考 文 献

［1］贾俊平，何晓群，金勇进．统计学［M］.8 版．北京：中国人民大学出版社，2023.

［2］雎华蕾，杨贾，刘小燕．整体性治理视角下财经类专业课程思政教学新探索——以统计学为例［J］．西北高教评论，2023，10（1）：276－285.

［3］王敏．经济统计学专业案例教学课程思政实现途径研究［J］．现代商贸工业，2024，45（4）：245－247.

[4] 黄思博雅，杨娇，刘敬伟．大数据背景下统计学课程思政建设模式与实现路径［J］．大学，2024（3）：67-70.

案例三　思政引领下的假设检验：科学精神与思维方式的双重提升

葛佳敏*

一、课程思政元素

元素1：培养学生科学家精神，传承社会主义核心价值观。
元素2：唯物辩证法与思维方式的培养，启发学生用发展的眼光看问题。
元素3：辩证唯物主义认识论的应用与实践，培养学生学以致用的意识。

二、课程目标

（一）知识目标

K1：释义假设检验的基本原理，包括其作为统计推断的一种方法，用于根据样本数据对总体作出推断。

K2：举例说明假设问题的提出，如何根据研究背景和目的提出合理的原假设和备择假设，以及能够正确书写和理解假设检验中的数学表达式。

K3：对比在假设检验中可能犯的两类错误，包括第一类错误（弃真错误）和第二类错误（取伪错误）。

K4：识别 p 值与显著性水平比较的结果，从而作出接受或拒绝原假设的决策。

（二）能力目标

A1：分析能力，能够针对具体问题提出合理的假设，并选择适当的检验方法。

A2：计算能力，能够正确计算检验统计量和 p 值，以及进行必要的样本量计算。

A3：决策能力，能够根据 p 值和显著性水平独立作出是否接受或拒绝原假设的决策。

（三）价值目标

V1：培养学生严谨、客观的科学态度，注重实证和逻辑推理。

* 作者简介：葛佳敏，安徽大学经济学院讲师。

V2：通过假设检验的学习和实践，增强学生的批判性思维能力，学会基于数据和科学方法进行验证。

V3：鼓励学生在掌握基本方法的基础上，勇于探索新的检验方法和思路，培养创新精神和实践能力。

三、教学内容

（一）教学重点

（1）假设问题的提出。如何根据研究背景和目的，合理地提出原假设和备择假设。并强调假设的明确性和可检验性，确保学生能够理解假设检验的出发点和目的。

（2）假设表达式。着重讲解如何正确书写和理解假设检验中的数学表达式。让学生明确原假设和备择假设的关系以及它们在检验中的具体作用。

（3）两类错误。详细阐述第一类错误（弃真错误）和第二类错误（取伪错误）的概念。

（4）假设检验的流程。系统介绍从建立假设、选择检验统计量、确定显著性水平、计算 p 值到作出决策的整个检验流程。确保学生能够熟练掌握并独立应用该流程进行假设检验。

（5）利用 p 值进行决策。如何利用计算出的 p 值与显著性水平进行比较，从而作出接受或拒绝原假设的决策。强调 p 值在假设检验中的关键作用，并教会学生如何正确解读 p 值。

在教学设计中，针对以上教学内容，首先，通过实例引导学生理解如何根据具体研究背景和目的，提出原假设和备择假设。其次，重点讲解假设检验中的数学表达式，确保学生能够准确书写和理解表达式的含义。在阐述两类错误时，应结合案例分析，帮助学生深入理解第一类错误和第二类错误的概念及其影响。对于假设检验的流程，需分步骤详细演示，并辅以练习题，加强学生的运用能力。最后，通过实例演练，教会学生如何利用 p 值进行决策，强调 p 值在假设检验中的核心作用，并训练学生准确解读 p 值。教学中注重理论与实践相结合，通过丰富的案例分析和实践操作，使学生能够全面掌握假设检验的原理和应用。

（二）教学难点

（1）理解小概率事件和显著性水平的概念。

（2）区分假设检验中的第一类错误和第二类错误，以及如何辩证地看待两类错误的发生。

（3）在设定原假设和解读假设检验结果时可能感到困惑。

针对以上教学难点，首先，通过案例和实例向学生解释和演示小概率事件和显著性水平的概念，帮助学生理解假设检验的核心内容。其次，结合实际情境区分第一类错误和第二类错误，以及两类错误之间此消彼长的关系，强调其对决策和结论的影响。最后，通过实例分析和练习，加深学生对原假设和假设检验结果的理解，并培养学生正确解读假设检验结果的能力。

四、教学设计

（一）设计逻辑

本案例课程思政教学设计逻辑如图 4－3 所示。

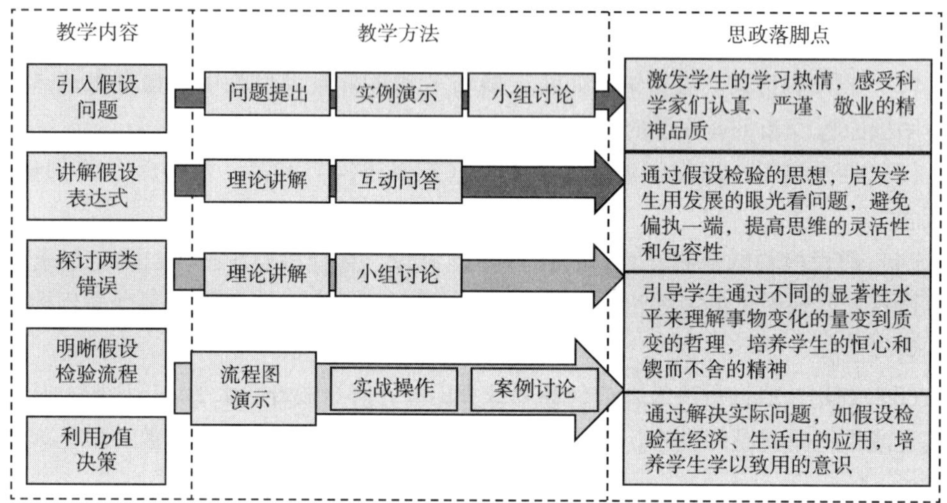

图 4－3　本案例课程思政教学设计逻辑

（二）案例阐释

本案例课程思政教学环节说明见表 4－3。

表 4－3　本案例课程思政教学环节说明

教学环节	教学内容	教学方法	思政元素
引入假设问题	（1）解释科学研究中为何需要提出假设； （2）如何从实际问题中抽象出科学假设； （3）举例说明假设的提出过程	实例演示、小组讨论	激发学生的学习热情，感受科学家们认真、严谨、敬业的精神品质
讲解假设表达式	（1）假设表达式的基本形式； （2）如何将实际问题转化为假设表达式； （3）假设表达式的意义和作用	理论讲解与互动问答	
探讨两类错误	（1）解释第一类错误（弃真错误）和第二类错误（取伪错误）； （2）两类错误在实际研究中的影响； （3）是否能平衡两类错误	理论讲解与小组讨论	通过假设检验的思想，启发学生用发展的眼光看问题，避免偏执一端，提高思维的灵活性和包容性

续表

教学环节	教学内容	教学方法	思政元素
明晰假设检验流程	（1）假设检验的基本步骤； （2）如何选择合适的统计量进行检验； （3）确定显著性水平和拒绝域	流程图演示与实战演练	
利用 p 值决策	（1）解释 p 值的含义和作用； （2）如何根据 p 值进行决策； （3）p 值决策的局限性和注意事项	案例分析	引导学生认识到事物变化的量变到质变的哲理，培养学生的恒心和锲而不舍的精神
课程总结	总结理论知识点，鼓励学生将所学知识应用到实际研究和工作中，不断提高自己的科研能力	理论总结与实践应用	通过解决实际问题，如假设检验在经济、生活中的应用，培养学生学以致用的意识

五、教学效果分析

（一）教学目标的实现效果

本部分旨在通过系统的教学设计，帮助学生掌握假设检验的核心内容和流程，包括假设问题的提出、假设表达式的书写与理解、两类错误的概念、假设检验的流程以及利用 p 值进行决策。通过以上教学内容，提高学生对假设检验的理解和应用能力，确保学生能够独立进行假设检验并正确解读结果。同时，以假设检验为主线，通过教学内容的设计与展开，融入了思政要素，旨在培养学生的科学精神、辩证思维和社会责任感。

（二）教学方法与过程的实现效果

教学过程中采用了多种教学方法，包括案例分析、数学表达式讲解、概念阐述、流程图和小组讨论等。以案例和实例引导学生理解假设检验的出发点和目的；以详细的讲解和示范帮助学生正确书写和理解假设检验中的数学表达式；以清晰的概念阐述，使学生深入理解第一类错误和第二类错误的概念；以系统的流程介绍，让学生掌握假设检验的整个流程；通过重点讲解 p 值的计算和比较，教会学生如何正确解读 p 值并作出决策。

（三）教学效果总结

本部分教学设计帮助学生掌握假设检验的核心内容和方法，培养学生分析问题和解决问题的能力。同时，有部分学生在实际操作中还存在一定困难，可以通过更多的案例分析和实践操作，进一步提高学生的理解和应用能力。

教学过程中强调假设检验在科学研究和决策中的重要性，以及其在社会问题解决中的应用。通过解释假设检验的流程，让学生了解到决策过程中需要考虑各种可能性，培养了学生的辩证思维能力。同时，通过讲解假设问题的提出和原假设的设置，引导学生思考假设检验思维方式的应用与实践，锻炼学生理论与实践结合的能力。

参 考 文 献

[1] 贾俊平，何晓群，金勇进．统计学［M］.8版．北京：中国人民大学出版社，2023.

[2] 熊巍，潘传快．新农科背景下农林高校统计学课程思政教学改革探索与实践［J］．中南农业科技，2024，45（2）：225－228.

[3] 王敏．经济统计学专业案例教学课程思政实现途径研究［J］．现代商贸工业，2024，45（4）：245－247.

[4] 郭泽英，郈秀军．统计学混合式教学融入课程思政的改革实践［J］．黑龙江教师发展学院学报，2023，42（12）：60－62.

[5] 唐欣怡．一体化视阈下思政教育融入《管理统计学》路径研究［J］．秦智，2023（11）：118－120.

案例四　数据求真，科学分析：一元线性回归的诚信探索与创新应用

葛佳敏*

一、课程思政元素

元素1：基于数据的分析和推断，塑造学生严谨的科学态度和方法论意识。

元素2：避免数据造假或误导性分析，保持学术诚信。

元素3：培养学生的创新意识，促进科技进步和社会发展。

二、课程目标

（一）知识目标

K1：释义一元线性回归的基本概念，包括自变量、因变量、回归系数等。

K2：构建一元线性回归模型的数学表达式，并了解各参数的含义。

K3：基于样本数据估计回归模型的参数，描述变量之间的关系。

K4：说明回归方程的拟合优度评价方法和标准误差的意义。

（二）能力目标

A1：培养学生的数据处理能力，包括数据的收集、整理、分析和解释。

A2：提升学生运用统计软件或计算工具进行一元线性回归分析的操作技能。

* 作者简介：葛佳敏，安徽大学经济学院讲师。

A3：增强学生的问题分析和解决能力，使其能够运用一元线性回归模型解决实际问题。

A4：锻炼学生的批判性思维，使其能够评估和分析回归结果的可靠性和有效性。

（三）价值目标

V1：培养学生的科学精神，注重数据的真实性和准确性，强调实证研究的严谨性。

V2：引导学生树立诚信意识，在数据分析和学术研究中坚守诚实和诚信的原则。

V3：激发学生的创新意识和探索精神，鼓励其在一元线性回归基础上进行更深入的研究和应用探索。

V4：提升学生的社会责任感，使其能够将所学知识应用于实际社会问题中，为社会进步和发展贡献力量。

三、教学内容

（一）一元线性回归模型

重点 A：理解回归模型的基本原理。学生需要理解回归模型的基本概念，包括因变量和自变量之间的关系、模型参数的含义等。

针对该知识点，教学围绕模型的核心概念展开，通过实例引入、概念介绍、模型构建、案例讲解、学生互动、总结反思等多个环节，循序渐进地引导学生理解因变量与自变量之间的关系，掌握模型参数的含义，并能够通过实践操作巩固和应用所学知识，从而达到教学目标。

（二）参数最小二乘估计

重点 B：掌握参数估计方法。学生需要学会使用最小二乘法来估计回归模型中的参数，包括截距和斜率的估计。

难点 A：数学公式推导。一元线性回归模型涉及一些数学推导，包括参数估计公式的推导等，可能对部分学生较为困难。

针对参数最小二乘估计内容的教学，通过实例引入最小二乘法的概念和原理，帮助学生直观理解其意义。逐步展开一元线性回归模型中参数估计的方法，特别是截距和斜率的估计，让学生通过具体案例掌握操作步骤。对于数学公式推导，可以采用分步讲解、图解法等方式，降低理解难度。通过该教学设计，旨在确保学生不仅能够掌握一元线性回归中的参数估计方法，还能在实际应用中灵活运用。

（三）回归直线的拟合优度

重点 C：理解拟合优度指标（如决定系数）的含义，以及如何解释模型对数据的拟合程度。

在教学过程中，重点讲解如何计算并解释决定系数，采用分步讲解和图解辅助的方式进行教学，以帮助学生更好地理解。最终目标是使学生能够全面地理解拟合优度的意义，并能在实际应用中有效运用。

（四）显著性检验

重点 D：掌握显著性检验方法，以确定模型中的自变量是否对因变量有显著影响。

难点 B：显著性检验涉及统计假设检验的概念，对于一些学生而言可能比较晦涩难懂。

针对教学难点，通过简明易懂的语言解释统计假设检验的基本概念，避免过多专业术语。并从实际案例出发，直观展示显著性检验在解决实际问题中的重要性。通过循序渐进、理论与实践相结合的教学方法，有助于突破教学难点，使学生能够轻松掌握显著性检验方法。

（五）回归分析结果的评价

重点 E：评价回归分析结果。学生能够综合考虑各种指标和分析方法，对回归分析结果进行合理的评价和解释。

本部分结合实际案例和实践练习，进一步提升学生运用所学知识独立进行回归分析并准确评价其结果的能力。

四、教学设计

（一）设计逻辑

本案例课程思政教学设计逻辑如图 4－4 所示。

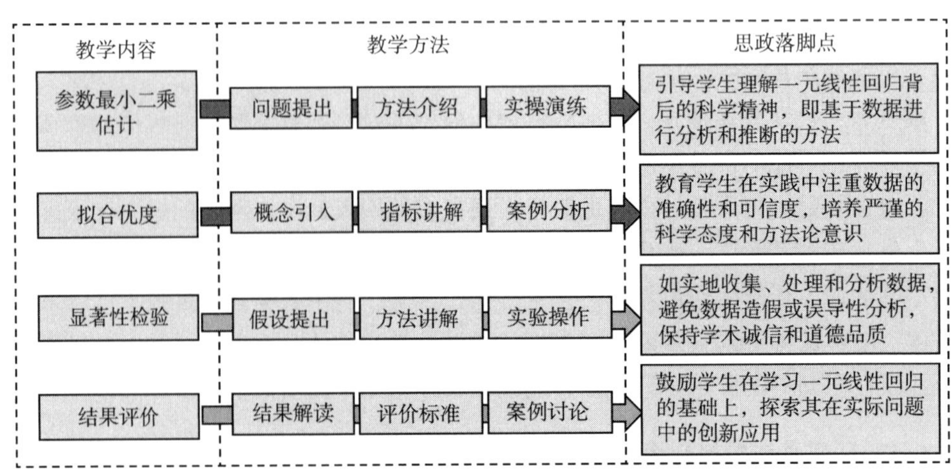

图 4－4　本案例课程思政教学设计逻辑

（二）案例阐释

本案例课程思政教学环节说明见表4－4。

表4－4　　本案例课程思政教学环节说明

教学环节	教学内容	教学方法	思政元素
案例导入	案例引入：通过实际生活中的案例，如房价与面积的关系，引出一元线性回归的概念。 学生讨论：生活中、经济学研究中可能用到一元线性回归的场景	引导思考与小组讨论	引导学生理解一元线性回归背后的科学精神，即基于数据进行分析和推断的方法
参数最小二乘估计 问题提出 方法介绍 实操演练	（1）阐述最小二乘法的基本思想是最小化残差平方和； （2）通过数学推导，展示如何求解回归系数； （3）利用实际数据，进行课堂计算演练	理论讲解与实操演练	强调数据的重要性和科学性，教育学生在实践中注重数据的准确性和可信度，培养严谨的科学态度和方法论意识
拟合优度概念引入 指标讲解 案例分析	（1）定义拟合优度，解释其重要性； （2）介绍判定系数，说明其计算方法和意义； （3）结合实例，计算判定系数并解读结果	理论讲授与案例分析	
显著性检验假设提出 方法讲解 实验操作	（1）解释显著性检验的目的和原理； （2）讲解t检验和F检验的步骤和判断标准； （3）指导学生使用统计软件进行实际操作	理论讲授与实验操作	在一元线性回归的实践中，学生应该如实地收集、处理和分析数据
结果解读 评价标准 案例讨论	（1）阐述回归分析结果的主要内容和解读方法； （2）讲解评价回归分析结果的标准，如模型的解释性、预测性等； （3）组织学生对实际案例进行分析和评价	理论讲授与小组讨论	避免数据造假或误导性分析，保持学术诚信和道德品质
课程总结	总结一元线性回归的过程与步骤，以前沿学术研究为例进行总结，并教授学生如何应用线性回归模型	教师总结	鼓励学生在学习一元线性回归的基础上，探索其在实际问题中的创新应用

五、教学效果分析

（一）教学目标的实现效果

本部分旨在帮助学生理解和掌握一元线性回归分析的基本原理和方法，包括一元线性回归模型、参数最小二乘估计、拟合优度、显著性检验以及回归分析结果的评价。通过实例引入、概念介绍、模型构建、案例讲解、学生互动等多种教学环节，培养学生分析和解决问题的能力，达到理论与实践相结合的教学效果。

（二）教学方法与过程的实现效果

教学过程中采用了多种教学方法，包括实例引入、概念讲解、图解辅助、案例讲解、学生互动等。通过逐步展开的教学过程，帮助学生从具体案例出发，理解并掌握了一元线性回归模型的基本原理和方法。针对参数最小二乘估计涉及的数学公式推导难点，采用了分步讲解、图解辅助等方式降低了学习难度。在教学拟合优度指标和显著性检验时，通过分步讲解和实际案例展示，加深了学生对相关概念的理解。通过综合考虑各种指标和分析方法，帮助学生对回归分析结果进行评价，提高学生的分析和解决问题的能力。

（三）教学效果总结

通过教学方法设计，提高学生对一元线性回归分析的理解和掌握程度，能够熟练运用相关方法进行数据分析和解决实际问题。然而，也有部分学生会在参数最小二乘估计的数学公式推导和显著性检验的概念理解上存在一定困难，需要进一步加强教学引导和辅导。因此，可以通过增加案例分析、实践操作等教学环节，进一步提高教学效果，使学生对一元线性回归分析有更加深入的理解和应用能力。

参考文献

[1] 贾俊平，何晓群，金勇进．统计学［M］.8版．北京：中国人民大学出版社，2023.

[2] 曾铄寓，吴宏锷，于育民．基于课程思政的《应用回归分析》课堂教学探索［J］. 产业与科技论坛，2024，23（6）：196－199.

[3] 吴新林，陈诗雨．一元线性回归模型在教育经济预测中的应用［J］. 湖北第二师范学院学报，2023，40（8）：25－30.

[4] 林君璞．一元线性回归分析在船舶企业成本管控中的运用［J］. 财讯，2023（14）：19－21.

[5] 陶冶．一元线性回归分析教学改进策略［J］. 现代农村科技，2017（10）：78.

[6] 李苹，刘昆，徐坚，等．一元线性回归在成绩预测中的应用［J］. 电脑知识与技术，2016，12（24）：125－126.

案例五　典型指数背后的社会责任感与经济安全意识

葛佳敏　李　峥*

一、课程思政元素

元素1：基于典型指数分析，引导学生关注社会经济状况。

元素2：培养学生从国家经济发展的全局角度思考问题。

元素3：加强金融市场中的风险防范意识。

* 作者简介：葛佳敏，安徽大学经济学院讲师；李峥，中山大学马克思主义学院讲师。

元素 4：结合历史数据，激发学生的历史使命感。

二、课程目标

（一）知识目标

K1：描述居民消费价格指数、股票价格指数和消费者满意度指数等典型指数的定义、计算方法和意义。

K2：概括这些指数变动对个人生活、国家经济政策和金融市场稳定性的影响。

K3：使用历史数据分析方法，解读指数的变化趋势和背后的经济社会变化。

（二）能力目标

A1：分析指数数据，评估其对社会经济稳定、个人生活和国家宏观经济政策的影响。

A2：运用统计学知识和方法，处理和解释指数数据，形成对经济现状和趋势的客观认识。

A3：能够设计和实施消费者满意度调查，分析并提升消费者满意度。

（三）价值目标

V1：培养学生关注社会经济状况、关心国家发展的社会责任感和使命感。

V2：强化学生的经济安全意识和金融风险防范意识，培养学生正确理解和应对金融市场变化的能力。

三、教学内容

（一）指数讲解

教学内容：居民消费价格指数（CPI）、股票价格指数与消费者满意度指数的定义、计算方法与应用。

重点 A：指数结果对经济、市场或企业的影响。例如，CPI 指数对经济政策如货币政策和财政政策的影响；股票价格指数对投资决策和市场走势的影响；消费者满意度指数对企业经营和品牌形象的影响。

难点 A：深入理解各种指数的计算方法和数据的解读，以及指数的复杂性与不确定性。

（二）案例分析

案例 1：选择 2000—2022 年 CPI 历史数据进行分析，让学生了解 CPI 如何反映通货膨胀水平和物价变动情况。

案例 2：选择 2022 年的股票价格指数走势图进行分析，让学生了解股票市场的波动情况。

案例3：选择某行业的消费者满意度指数进行调查分析，让学生了解消费者对产品或服务的满意程度以及企业的市场竞争力。

（三）实践操作

（1）学生分组收集数据：将学生分成不同的小组，每个小组负责收集近期的CPI数据、股票价格指数数据和消费者满意度指数数据。教师可以提供资源链接或引导学生自行查找可靠的数据来源，如政府部门发布的官方数据、金融机构的报告或市场调查公司的数据等。

（2）数据整理与分析：学生在收集数据后，利用Excel或其他数据处理工具将数据整理成表格，并计算出相应的指数值。在分析阶段，学生可以探讨各种指数的变化趋势，比较不同时间段或不同数据之间的差异，并尝试找出可能影响这些变化的因素。

（3）绘制图表与解释：学生根据分析结果，绘制相应的图表来可视化数据。可以选择使用线性图、柱状图、折线图等形式，直观地展示各种指数的变化情况。在解释图表时，学生需要厘清数据背后的经济现象，分析导致指数变化的原因，以及这些变化对经济和市场的影响。

（4）撰写简短报告：学生根据数据分析结果撰写简短报告，阐述各种指数的变化趋势及其对经济和市场的影响。

四、教学设计

（一）设计逻辑

本案例课程思政教学设计逻辑如图4－5所示。

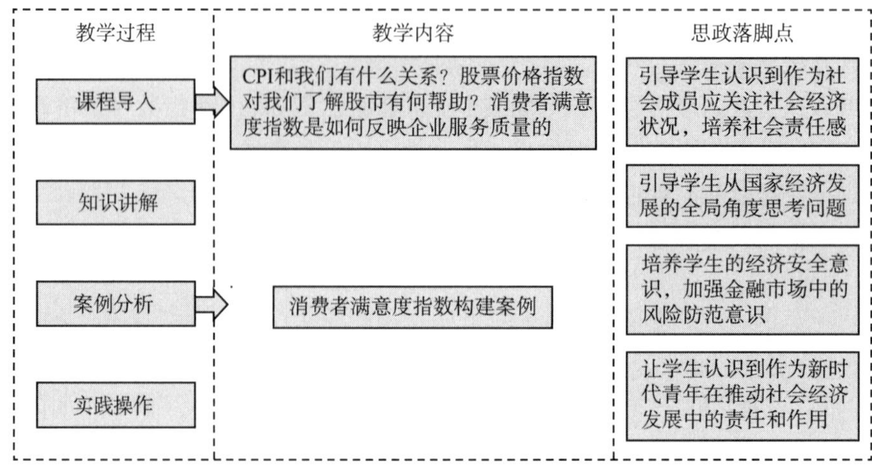

图4－5　本案例课程思政教学设计逻辑

（二）案例阐释

本案例课程思政教学环节说明见表 4 – 5。

表 4 – 5　　本案例课程思政教学环节说明

教学环节	教学内容	教学方法	思政元素
问题导入	CPI 和我们有什么关系？股票价格指数对我们了解股市有何帮助？消费者满意度指数是如何反映企业服务质量的？通过以上三个问题引导思考，激发学生学习兴趣	引导思考与小组讨论	居民消费价格指数反映社会经济稳定与人民生活水平的关系，股票价格指数涉及金融市场稳定性，引导学生认识到作为社会成员应关注社会经济状况，培养社会责任感
理论讲授	（1）居民消费价格指数（CPI）、股票价格指数与消费者满意度指数的定义、计算方法与应用； （2）指数结果对经济、市场或企业的影响； （3）讲解指数如何理解和解读	理论讲解	居民消费价格指数、股票价格指数等变动不仅影响个人生活，也关系到国家宏观经济政策的制定。 通过股票价格指数的分析，培养学生的经济安全意识，加强金融市场中的风险防范意识
案例分析	选择 CPI、股票价格指数与消费者满意度指数历史数据进行分析，让学生了解指数反映的经济现象	案例分析与小组讨论	结合历史数据讲解这些指数的变化，让学生感受到时代发展的脉络，激发学生的历史使命感，认识到自己作为新时代青年在推动社会经济发展中的责任和作用
实践操作	（1）数据收集与处理：指导学生如何收集、处理和分析相关数据； （2）实际操作与理解：通过实际操作加深学生对各个指数的理解和应用	团队协作；教师点评	培养学生关注国家经济政策、理解国家宏观调控的重要性，引导学生从国家经济发展的全局角度思考问题
课程总结	（1）总结本课程所学内容，强调各种指数的定义、计算方法和应用场景； （2）引导学生思考并讨论这些指数在实际生活中的应用价值	教师总结与提升	

五、教学效果分析

本部分旨在通过讲解指数概念、案例分析和实践操作，使学生深入了解居民消费价格指数、股票价格指数和消费者满意度指数的定义、计算方法以及对经济、市场或企业的影响。

（一）掌握典型指数的理论知识

在课堂讲解和案例分析的引导下，学生可以掌握居民消费价格指数、股票价格指数和消费者满意度指数的定义、计算方法和应用。通过学习，学生对指数的重要性有更深入的理解，能够解释这些指数背后的经济现象及其对市场的影响。举例来说，居民消费价格指数对通货膨胀的监测和反映作用，股票价格指数对股市波动的跟踪和分析作用，以及消费者满意度指数对市场竞争和产品质量的评估作用。理论的学习不仅有助于理论知识的掌握，同时为将来在实际工作中运用这些指数进行数据分析和决策提供基础。

（二）提升数据分析能力

通过实践操作，学生进行了居民消费价格指数、股票价格指数和消费者满意度指数数据的收集、整理和分析，绘制了相应的图表，并对数据背后的经济现象进行解释。这种实践操作有助于学生提升数据分析和解读的能力，培养学生对实际数据的敏感度和独立思考能力。

（三）提高实践意识与综合能力

通过对真实数据的收集和分析，学生意识到所学知识的实践应用性，并能够将其应用到实际经济和市场分析中。基于此，可以塑造学生的实践应用意识和问题解决能力，为学生未来的职业发展或学术研究打下良好的基础。

在实践操作环节，学生需要综合运用所学的理论知识和数据分析技能，撰写简短的报告，阐述各种指数的变化趋势及其对经济和市场的影响。这有助于培养学生的综合运用能力和书面表达能力，提升学生在解决实际问题时的综合素养。

（四）增强团队合作与沟通能力

实践操作中，学生需要分组协作进行数据收集、整理和分析，并撰写报告。操作过程中，可以促进学生之间的团队合作和沟通能力的培养，使学生学会如何有效地与他人合作、协商和交流，提高团队合作的效率和质量。

参考文献

［1］贾俊平，何晓群，金勇进．统计学［M］.8版．北京：中国人民大学出版社，2023.

［2］雎华蕾，杨贾，刘小燕．整体性治理视角下财经类专业课程思政教学新探索——以统计学为例［J］. 西北高教评论，2023，10（1）：276－285.

［3］钟威．激发学习兴趣提高思想素质——《数理统计》的课程思政创新与实践［J］. 经济资料译丛，2023（4）：26－30.

［4］伊力扎提·艾热提．中国消费者价格指数预测模型的选择［J］. 统计与决策，2022，38（4）：68－73.

［5］童元松．我国股票价格指数与投资者情绪的互动效应研究［J］. 价格理论与实践，2020（9）：98－101，179.

第五章 国际贸易

案例一 知国贸理论、行强国大任：从中美贸易摩擦解读关税的作用

陈 芳*

一、课程思政元素

元素 1：中美贸易摩擦博弈中中国“大国”担当。
元素 2：中国关税主权七十余载背后的外贸复兴。
元素 3：新时代国际经贸人才加快建设贸易强国的时代使命。
元素 4：贸易保护主义和单边主义盛行下进博会彰显中国高水平开放的特色。

二、课程目标

（一）知识目标

K1：复述出关税的四个作用。
K2：阐释关税四个作用的机制逻辑。
K3：能够判别出关税的积极作用与消极作用。

（二）能力目标

A1：能够灵活运用所学知识分析、解决现实问题，以美方对中方征税为起点的中美贸易摩擦为样本，分析关税的四个目的。

A2：培养案例分析能力，文献搜集和信息整理能力，利用数据和资料论证中美贸易摩擦美方对中方征税的真实目的何在。

A3：通过美国对中国征税真实目的的判定，谈论中美贸易摩擦中中国的应对之策。

---

* 作者简介：陈芳，安徽大学经济学院副教授。

（三）价值目标

V1：正确认知中美贸易摩擦，了解中美贸易摩擦产生的逻辑归因和背景；为维护国家在世界经济中的合理地位，准确发声。

V2：意识到我国要进一步加强自身经济秩序的建设和完善。

V3：多关注中美贸易摩擦的动态，学好专业知识，并做到所学能所用。

V4：对身边人加强贸易摩擦科普，让更多国人了解中国在全球经济一体化进程的优势和劣势。

三、教学内容

（一）教学内容

1. 关税的目的之一：增加财政收入

重点 A：关税的财政收入效应。

2. 关税的目的之二：保护本国市场和生产

重点 B：分析出口税情况，引导学生举一反三解读进口税的情况。

难点 A：关税保护国内市场的学理逻辑（学术文献）。

3. 关税的目的之三：调节本国进出口贸易

重点 C：不同类型关税对进出口贸易的调节作用。

4. 关税的目的之四：辅助政治外交关系

关税的高低可谓是两国关系亲疏的“晴雨表”。实行双边关税互惠，建立良好的国际经贸关系；承诺降低关税，加强地区经济合作。

（二）知识架构

本案例知识架构如图 5－1 所示。

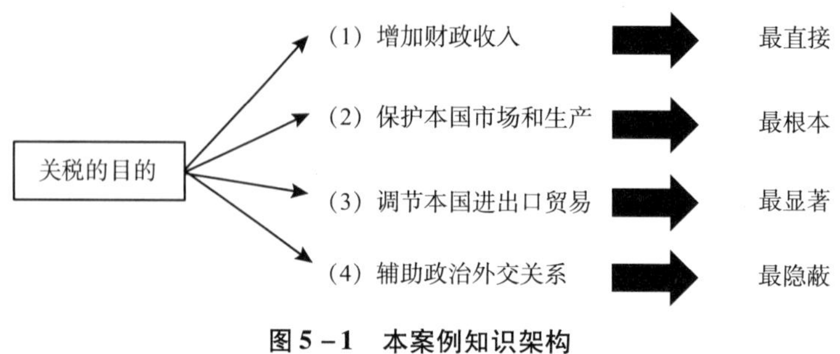

图 5－1　本案例知识架构

四、教学设计

（一）设计逻辑

1. 道理中传情理

基于关税目标的四个维度，在学理剖析过程中，采用引入全球部分国家和地区关税占 GDP 比重、以进口税为例从劳动生产率角度分析本国与外生产者的市场博弈、基于贸易逆差分析关税调节作用、引用名人语录等形式，对基础知识进行全面阐述，晓之以理；解密学理背后美国针对中国出口管制措施、中国深圳经济特区等历史事件，引导学生认知改革开放成为当代中国最显著的特征、最壮丽的气象。帮助学生从中国的对外开放战略中彰显中国“四个自信”，动之以情。

2. 现实中讲事实

摆事实讲道理，沿着横向国别关税税率比较、纵向关税历史演进的脉络用党史、对外开放史、外贸史等鲜活素材，为课程思政注入智慧和力量。例如，在讲授关税是否能调节贸易顺差中，结合美国以维护国家安全为由，对华为等一些中国高科技企业进出口管制的案例，通过与学生展开课堂讨论和教学互动，让学生理解华为只有提升自身创新能力和科技实力，掌握关键零部件的核心技术才能在与美国等西方大国的博弈中变被动为主动，所以华为才会居安思危、未雨绸缪，激发学生探索精神。

3. 言传与身教统一

教师首先要立己德，才有可能立生德。教师是课程思政的活素材，学术研究无禁区，课堂讲授有纪律，言论行为有底线等。例如，讲到关税配额时，通过一些典型的由于配额带来的腐败案例，运用具体和翔实的数据和事实，让学生从感性上体会腐败给国家和社会带来的巨大损失，从而加深学生对于党中央开展反腐败斗争重要意义的理解，坚守国门的底线。

（二）案例阐释

本案例在教学实施中，主要采用混合式教学完成。学生线上课堂学习慕课后，掌握关税的目的的定性讲解；线下课堂采用小组讨论、思辨讨论的形式实施本案例。以中美贸易摩擦这一经典案例串联所有知识点，更重要的是以案例实践来检验理论学习的成果，让学生掌握如何用专业理论知识区解疑贸易新问题，并能够对全球经贸变局进行科学理性判断。

概念深入

关税的目的

（1）增加财政收入；（2）保护本国市场和生产；
（3）调节本国进出口贸易；（4）辅助政治外交关系。

增加财政收入

（1）增加财政收入的路径：从出口税和进口税两个角度分析；
（2）数据资料：部分发展中国家关税占比，中国关税征收总额；
（3）关税征税的依据：强制性、无偿性和固定性。

思考题：目前哪些国家将关税视为国家财政收入重要来源？这些国家有哪些特点？
思政点：不同国家关税制度比较下，凸显中国的制度优势

保护本国市场

以加征进口税为例，比较本国生产者和国外生产者在本国市场上加征进口关税前后价格优势的变化，进而造成市场份额的变化。

提炼重点

思考题：出口税如何保护本国生产和市场，与进口税相比，作用如何？提问互动环节
思政点：中国产品在全球价值链地位的攀升论证中国改革开放道路的成就

调节进出口贸易
辅助政治外交关系

贸易顺差—提高出口税，降低进口税—限制出口，鼓励进口；
贸易逆差—降低出口税，提高进口税—限制进口，鼓励出口；
案例佐证：关税的高低可谓是两国关系亲疏的“晴雨表”。

难点深析

通过对关税四个目的的讲解，引导学生如何判定征收关税的目的，从加征关税的效果反向推导其真实目的何在。
难点攻破一：围绕征税商品的类目，依托中国海关数据库、中国统计年鉴、联合国数据库获取相关数据资料，主要包括数量、金额、贸易地理方向等；
思政点：中美贸易摩擦中美国对《中国制造2025》的全面打压，强国之路任重道远。
难点攻破二：从中国外交部，特朗普个人推特、美国商务部网站等官方媒体获取中美贸易摩擦前后1年左右的信息、公告和发言等，梳理背景资料；
思政点：百年未有之大变局下中国自强之路，荆棘密布，时代大学生当自强。
难点攻破三：启发学生设计论证思路。
思政点：严谨学术推导、真实数据印证，激发学生亮眼世界、看清全球的学习精神。

问题导向：美国对中国征收关税的目的到底是什么？
思政点1：新闻视频导入，重温唇枪舌剑的护国之路，领悟中国自强；
思政点2：引入习近平主席在首届进博会上《共建创新包容的开放型世界经济》的主旨演讲，引导学生理解中国向世界提供国际公共产品中的担当与奉献

解疑运用

教师围绕四个目的，从真实数据、背景资料、适度测算和合理假设的基础上，用上述知识解读美国的真实意图；借助云班课App，进行小组角色扮演，实践演练案例。抛砖引玉，引导学生头脑风暴，组织各小组深入讨论。

巩固内化

教师根据学生的论证、论据对各个小组进行综合评价，梳理学生对倾销界定问题认知程度并进行总结。

五、教学效果分析

本课程思政案例的教学评价，教学团队采用云班课全程记录学生线上和线下学习的效果。针对三个知识目标、三个能力目标和四个价值目标，构建了学习效果评价指标体系，采用教师评价、生生互评（组内互评、组间互评）的形式，依托课堂展示、线上测试、课堂观察等载体完成测试。首先对标我校的课程思政指标体系，本次教学完成 10 个观测值的任务（见表 5－1）。

表 5－1　　本案例达成校课程思政元素指标情况

1 价值引领			2 文化传承						3 时代使命				4 公民道德									5 地域特色		
1.1	1.2	1.3	2.1	2.2	2.3	2.4	2.5	2.6	3.1	3.2	3.3	3.4	4.1	4.2	4.3	4.4	4.5	4.6	4.7	4.8	4.9	5.1	5.2	5.3
▲		▲			▲	▲		▲			▲	▲	▲		▲						▲			▲

参考文献

[1] 范爱军. 国际贸易学 [M]. 北京：科学出版社，2022.

[2] 李雯博. 从万博会到进博会：透视百年变迁的三重逻辑 [J]. 红旗文稿，2019 (22)：28－30.

[3] 陈曦，俞子荣. 进博会国际公共产品供给效应研究：指数构建与量化评估 [J]. 国际贸易，2023 (10)：46－55.

[4] 金祥荣，林承亮. 对中国历次关税调整及其有效保护结构的实证研究 [J]. 世界经济，1999 (8)：28－34.

案例二　全球贸易的中国担当："一带一路"倡议的前世今生

陈　芳*

一、课程思政元素

元素 1：区域一体化中中国的责任与担当。

元素 2：古"丝绸之路"与今"一带一路"的文化传承。

元素 3：国际经贸学子建设贸易强国的时代使命。

元素 4：国家战略落实中的安徽特色。

二、课程目标

（一）知识目标

K1：解读出区域一体化的内涵。

K2：作图阐释关税同盟的静态效应。

K3：能够比较出自由贸易区、关税同盟、共同市场等异同点。

* 作者简介：陈芳，安徽大学经济学院副教授。

（二）能力目标

A1：解读“一带一路”倡议的区域一体化组织属性。
A2：借助全球经济形势分析“一带一路”倡议的必然性和紧迫性。
A3：结合“一带一路”倡议政策评估区域经济一体化的经济效应。

（三）价值目标

V1：团队合作研究“一带一路”倡议成就，针对国际质疑，维护中国在世界经济贡献与担当，准确发声，主动回应。

V2：对身边人加强区域一体化的科普，让更多国人了解中国在全球经济一体化进程的优势和劣势。

V3：强化我国要进一步加强自身经济秩序的建设和完善的法治意识。

三、教学内容

（一）教学内容

1. 区域一体化的内涵

难点 A：关税同盟的静态效应。

2. 区域一体化的类型

重点 A：全球目前区域一体化组织。

3. 当代区域一体化的发展

重点 B：全球区域一体化的新挑战。

（二）知识架构

本案例知识图谱如图 5－2 所示。

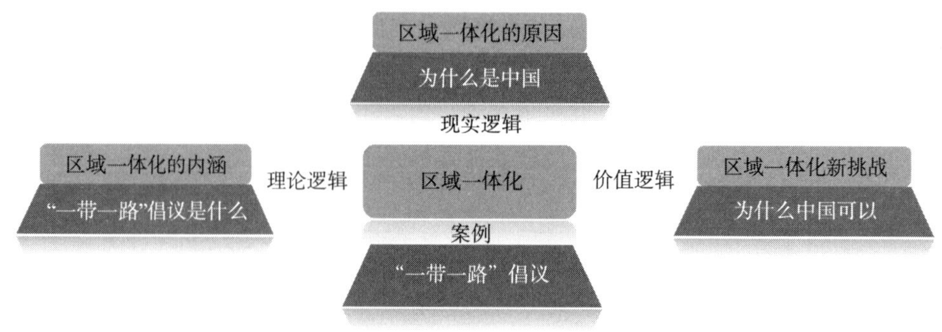

图 5－2　本案例知识图谱

四、教学设计

（一）设计逻辑

针对本知识点，课程采用混合式+案例教学方法，以开篇“三问”引导学生深入思考。线上课程学生学习了区域一体化的内涵、原因和新挑战。线下课程教师引入中华人民共和国商务的政策文件，作为内涵的学习辅助材料，小组讨论回答“一带一路”倡议是什么？引入中国古代陆上丝绸之路和海上丝绸之路等史料，从历史的角度帮助学生内化“一带一路”的渊源，回答为什么是中国？列举WTO改革失效、多哈回合谈判的搁置的不同国际声音，以及后疫情时代三大制造网络中中国的贡献，团队思辨来回答为什么中国可以？

本案例课程思政教学设计逻辑如图5－3所示。

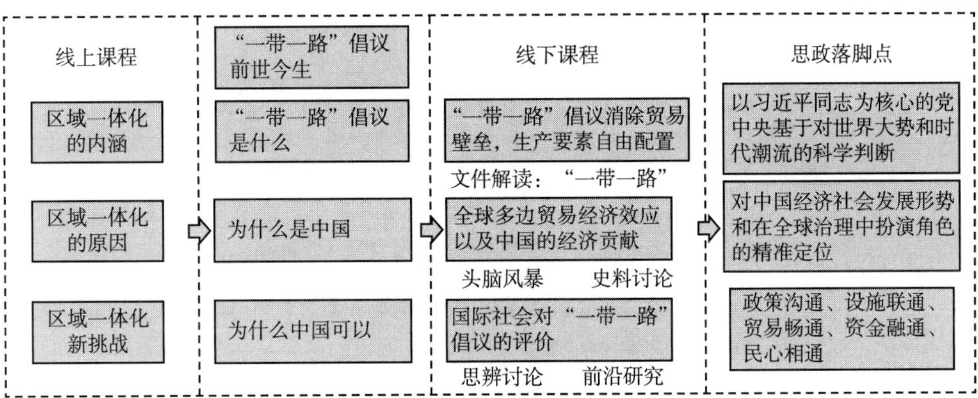

图5－3　本案例课程思政教学设计逻辑

（二）案例阐释

本案例课程思政教学环节说明见表5－2。

表5－2　本案例课程思政教学环节说明

教学环节	教学内容	教学方法	思政元素
热点导入	引入《共建“一带一路”：构建人类命运共同体的重大实践》白皮书，用典型事实和统计数据，引导学生对“一带一路”倡议10周年的建设成就有直观感受	视频教学：10年成就	“一带一路”10周年成就也是中国推动构建全球发展新格局的贡献10年

续表

教学环节	教学内容	教学方法	思政元素
问题提炼一问	"一带一路"倡议是区域一体化的形式吗？如果是？是哪种形式？结合线上课程开展讨论	文件解读：商务部 教师从商务部公开文件引导学生认知与理解"一带一路"倡议的基点与关键	关注时事新闻，养成用专业知识解读政策的素养
		归纳演绎：概念要点 总结区域一体化的内涵：生产要素流动与降低贸易壁垒	
问题提炼二问	为什么中国提出"一带一路"倡议？ （1）从全球百年未有之大变局总结 WTO 改革遇到搁置，全球贸易保护主义抬头，"小圈"盛行	文献引入：WTO 网站 从 1948—2021 年 RTAS 变化，学生头脑风暴，背后全球经济格局变化以及"小圈"多米诺骨牌效应与中国务实的作为对比	全球经贸变局中贸易保护主义盛行，理性看待其中中国的作用
	（2）从历史脉络梳理海上丝绸之路与陆上丝绸之路，古今映照，中国在全球贸易中的贡献与担当	视频教学：古代丝绸之路 将古代海上丝绸之路与陆上丝绸之路的地图与"一带一路"对比，'一带一路'倡议是对古丝绸之路的传承和提升，更是百年变局下中国经济的重振	习近平主席关于"丝绸之路精神"的论述
	（3）"一带一路"倡议的提出既有一般区域一体化产生的共性原因，更有中国的力量的异质性原因	头脑风暴：为什么是中国？ 学生分组开展头脑风暴，总结出中国提出："一带一路"倡议的"天时地利人和"	古今对比，中外镜鉴，坚定学生走中国现代化开放之路的道路自信、文化自信
问题提炼三问	为什么中国可以？ （1）带着政策找理论逻辑？"五通"政策逻辑依据是什么	政策解读：五通政策（政策沟通、设施联通、贸易畅通、资金融通、民心相通），启发式教学引导学生从贸易成本、资源配置、技术溢出三大效应，阐释"五通"政策的学理逻辑	政策设计的科学性与合理性是基于全球形势和中国定位的精准把握
	（2）国际上对"一带一路"倡议的评价	学术前沿：*How does the belt and road initiative promote China's import?* 利用最新的英文文献的实证结论来回应国际质疑，用事实说话，"一带一路"是民心所向	用扎实的专业知识，化研究为"武器"，用事实说话，理性发声，勇敢回应
课程总结	教师提问："一带一路"倡议我们能传达出什么声音	课后作业："一带一路"倡议下安徽大学的民心相通 布置问卷调查，学术文献中把两国留学生人数作为民心相通的指标，那么在你身边有没有"一带一路"共建国家的留学生朋友，这 10 年的变化	让学生感受国家大政方针的落实其实就在我们身边

五、教学效果分析

本次课程思政案例的教学评价，教学团队采用云班课全程记录学生线上和线下学习的效果。针对三个知识目标、三个能力目标和三个价值目标，构建了学习效果评价指标体系，采用教师评价、生生互评（组内互评、组间互评）的形式，依托课堂展示、线上测试、课堂观察等载体完成测试。首先对标我校的课程思政指标体系，本次教学完成 9 个观测值的任务（见表 5－3）。

表 5－3　　本案例达成校课程思政元素指标情况

1 价值引领			2 文化传承						3 时代使命				4 公民道德									5 地域特色		
1.1	1.2	1.3	2.1	2.2	2.3	2.4	2.5	2.6	3.1	3.2	3.3	3.4	4.1	4.2	4.3	4.4	4.5	4.6	4.7	4.8	4.9	5.1	5.2	5.3
▲		▲			▲	▲		▲			▲	▲	▲		▲						▲			▲

参 考 文 献

[1] 范爱军．国际贸易学［M］．北京：科学出版社，2022.

[2] 共同把这条造福世界的幸福之路铺得更宽更远［N/OL］. https：//www. gov. cn/yaowen/liebiao/202310/content_6909316. htm.

[3] 何雄浪，等．高质量共建“一带一路”谱写人类命运共同体新篇章［N/OL］. https：//theory. gmw. cn/2024－01/29/content_37116703. htm.

[4] 吕越，等．共建“一带一路”取得的重大成就与经验［J］．管理世界，2022，38（10）：44－55，95，56.

[5] 欧阳康，等．“‘一带一路’与全球化新趋势”笔谈［J］．中国社会科学，2018（8）：4，204－205.

案例三　“一带一路”：中国跨国公司“走出去”的新道路

汪　宁*

一、课程思政元素

元素 1：优秀的道德品质和勇于探索的创新精神。

元素 2：扎实的专业知识和严谨的科研态度。

元素 3：“一带一路”倡议与中国跨国公司的担当。

元素 4：徽州文化角色与安徽跨国公司的发展。

* 作者简介：汪宁，安徽大学经济学院讲师。

二、课程目标

（一）知识目标

K1：解构跨国公司的内涵。

K2：比较跨国公司、外商直接投资、外包、出口的区别与联系。

K3：识别跨国公司海外扩张的原因与方式。

K4：归纳跨国公司的相关理论。

（二）能力目标

A1：解读“一带一路”倡议为中国跨国公司“走出去”提供的政策便利。

A2：借助全球经济形势分析“一带一路”对中国跨国公司“走出去”的必要性和紧迫性。

A3：基于企业案例阐释跨国公司、外商直接投资、外包、出口的区别与联系。

A4：通过文献辨析跨国公司理论如何解释跨国公司的海外扩张以及跨国公司对国际贸易理论的拓展。

A5：结合数据评估“一带一路”对中国跨国公司和世界其他国家跨国公司“走出去”的差异化影响效应。

（三）价值目标

V1：辩证分析中国跨国公司发展的国内现实与国际比较、在国内和世界经济中的重要贡献，为国家加快建设世界一流企业的相关政策提供理论和经验支撑。

V2：强化学生利用所学知识回应国际对“一带一路”倡议质疑的能力。

V3：培养学生严谨的科研态度和勇于探索的创新精神。

三、教学内容

（一）教学内容

1. 跨国公司的内涵

重点 A：跨国公司内涵有关的三大“关键点”（组成结构、经营目标、扩张方式），跨国公司与外商直接投资、外包、出口的区别与联系（视频资源：中国大学 MOOC 中的视频讲解①）。

---

① https：//www.icourse163.org/course/CUFE－1450116166？from＝searchPage&outVendor＝ZW_mooc－pcssjg.

2. 跨国公司海外扩张的原因与方式

难点 A：跨国公司海外扩张的原因（水平型 FDI、垂直型 FDI）。

重点 B：跨国公司海外扩张的方式（国际直接投资）。

重点 C：跨国公司的类型与特征（从法律形式、经营项目重点、决策机构策略取向、公司内部经营结构、生产经营空间分布、是否创建新企业等方面分类；从资产与销售额规模、国际化水平、生产经营活动、经营战略安排、公司内部一体化管理、内部化优势、直接投资的经营手段等方面描述特征）。

3. 跨国公司相关理论

难点 B：跨国公司相关理论如何解释跨国公司的对外直接投资（吕越等，2019）。

难点 C：跨国公司对国际贸易理论的可能拓展（跨国公司与比较优势理论、全球价值链分工理论）。

难点 D：跨国公司与"一带一路"相关数据（中国工企、海关统计、企业调查数据等）。

（二）知识架构

本案例知识图谱如图 5－4 所示。

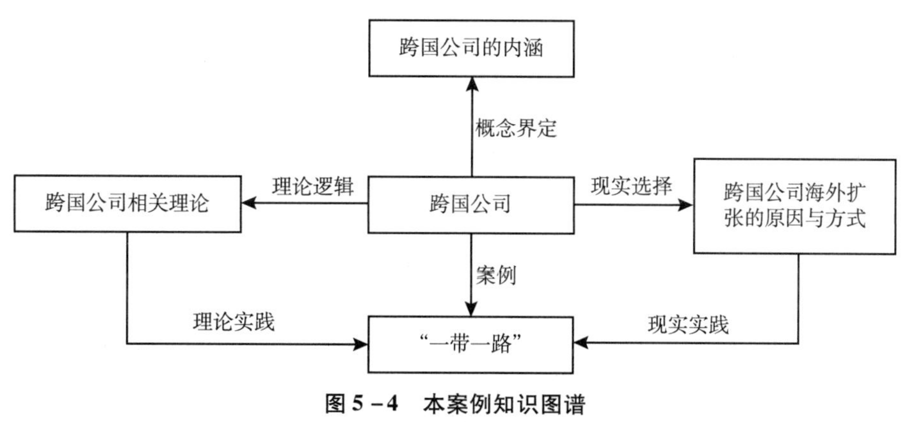

图 5－4　本案例知识图谱

四、教学设计

（一）设计逻辑

本知识点着重培养学生的专业知识能力和科研创新精神。课程采用课前预习＋课堂教学＋课后作业＋问题导向＋翻转课堂＋案例教学＋科研训练的教学方法。课前线上内容为学生预习跨国公司的内涵、海外扩张的原因和方式、相关理论。线下课程内容包括：（1）教师以三大"关键点"为基准精炼总结跨国公司的内涵；（2）提供中华人民共和国商务部的政策文件，作为跨国公司海外扩张原因的学习辅助材料，小组讨论回答"一带一路"倡议中可能影响跨国公司海外扩张的政策；（3）引入中国交通建设集团有限公司、中国建筑集团有限公司沿“一带一路”扩张的企业案例，帮助学生澄清跨国公司海外扩张的方式与原因在实践中的运用；（4）从法律形式、经营项目重点、决策机构策略取向、公司内部经营结构、生产经营空间分布、是否创建新企业等方面对跨国公司进行分类；（5）从资产与销售额规模、国际化水平、生产经营活动、经营战略安排、公司内部一体化管理、内部化优势、直接投资的经营手段等方面描述跨国公司的特征；（6）结合跨国公司、“一带一路”和国际贸易理论相关学术论文，向学生介绍跨国公司的相关理论如何解释跨国公司在“一带一路”共建国家的投资以及跨国公司对国际贸易理论如比较优势理论和全球价值链分工理论的可能拓展。课后作业内容为结合跨国公司与“一带一路”相关数据，小组评估“一带一路”对中国跨国公司和世界其他国家跨国公司“走出去”的差异化影响效应。

（二）案例阐释

本案例课程思政教学环节说明见表5-4。

表5-4　　本案例课程思政教学环节说明

教学环节	教学内容	教学方法	思政元素
基本原理	跨国公司的内涵、海外扩张的原因和方式、相关理论	课前预习： 学生学习线上教学资源，对跨国公司的相关内容有基本认知。 归纳演绎： 教师回答学生课前预习存在的困惑，总结与跨国公司基本原理相关的内容	使学生掌握扎实的专业知识，为实践应用奠定理论基础
案例导入	“一带一路”由提出到落实的不同阶段及相关措施	文件解读： 教师通过《坚定不移推进共建“一带一路”高质量发展走深走实的愿景与行动——共建“一带一路未来十年发展展望”》引入案例	坚定学生对中国特色社会主义的道路自信、理论自信、制度自信、文化自信
政策解读	“一带一路”倡议与跨国公司海外扩张的原因	政策解读： 教师利用“中国一带一路网”的公开文件引导学生分析“一带一路”相关政策对中国跨国公司海外扩张提供的便利	关注时事，塑造学生用专业知识解读政策的能力
企业案例	“一带一路”倡议与跨国公司海外扩张的方式	微观企业案例引入： （1）教师引入中交、中建沿“一带一路”扩张的案例引导学生讨论跨国公司在实践中向海外扩张的不同方式及其原因； （2）从法律形式、经营项目重点、决策机构策略取向、公司内部经营结构、生产经营空间分布、是否创建新企业等方面帮助学生澄清跨国公司的分类； （3）从资产与销售额规模、国际化水平、生产经营活动、经营战略安排、公司内部一体化管理、内部化优势、直接投资的经营手段等方面帮助学生归纳跨国公司的特征	关注现实，引导学生在实践中学习理论

续表

教学环节	教学内容	教学方法	思政元素
科研训练	“一带一路”倡议与跨国公司相关理论的实践	文献引入： （1）教师提供跨国公司与“一带一路”相关学术论文，向学生介绍跨国公司的相关理论如何解释跨国公司在“一带一路”共建国家的投资； （2）教师提供跨国公司与国际贸易理论相关学术论文，以跨国公司与比较优势、全球价值链分工的关系为例，引导学生解释跨国公司对国际贸易理论的拓展	理论联系实际，引导学生将所学理论应用到实践中，为国家发展建言献策
课程总结	教师提问：如何利用本次课程所学知识 解答“一带一路”倡议对中国和世界其他国家跨国公司“走出去”的异质性影响	课后作业： 学生借助理论和数据评估“一带一路”对中国和世界其他国家跨国公司“走出去”的差异化影响效应	化研究为“武器”，坚定回应国际质疑

五、教学效果分析

本课程思政案例的教学评价，教学团队采用云班课全程记录学生线上和线下学习的效果。针对四个知识目标、五个能力目标和三个价值目标，构建了学习效果评价指标体系，采用教师评价、生生互评（组内互评、组间互评）的形式，依托头脑风暴、研究报告、思辨讨论、课堂观察等载体完成测试。对标我校的课程思政指标体系，本次教学完成 14 个观测值的任务（见表 5－5）。

表 5－5 本案例达成校课程思政元素指标情况

1 价值引领			2 文化传承						3 时代使命				4 公民道德									5 地域特色		
1.1	1.2	1.3	2.1	2.2	2.3	2.4	2.5	2.6	3.1	3.2	3.3	3.4	4.1	4.2	4.3	4.4	4.5	4.6	4.7	4.8	4.9	5.1	5.2	5.3
▲		▲			▲	▲		▲	▲	▲		▲	▲		▲		▲				▲	▲		▲

参考文献

［1］范爱军．国际贸易学［M］.4 版．北京：科学出版社，2021.

［2］保罗·克鲁格曼，茅瑞斯·奥伯斯法尔德，马克·J·梅里兹．国际经济学（第十版）［M］. 北京：中国人民大学出版社，2016.

［3］程大中．国际贸易：理论与经验分析［M］. 上海：格致出版社，上海人民出版社，2009.

［4］吕越，陆毅，吴嵩博，等．“一带一路”倡议的对外投资促进效应——基于 2005—2016 年中国企业绿地投资的双重差分检验［J］. 经济研究，2019（9）：187－202.

[5] Antràs, P, *Global Production: Firms, Contracts, and Trade Structure* [M]. Princeton: Princeton University Press, 2015.

案例四　贸易强国中的先行先试——走进自贸区

孟　静*

一、课程思政元素

元素 1：融合开放、贸易强国、国际经济和政治格局视野。
元素 2：严谨的求知态度和勇于探究的科学精神。
元素 3：国际经贸学子建设贸易强国的责任使命。

二、课程目标

（一）知识目标

K1：理解自由贸易区的定义。
K2：分析两种类型自由贸易区 FTA 和 FTZ 的区别。
K3：领会自由贸易区的意义和作用。

（二）能力目标

A1：知道中国与哪些国家签订了自贸协定，以及国内自贸试验区建设情况。
通过理解中国自贸区战略，培养全球化意识，提升创新思维能力。
A2：分析自贸区的影响，培养运用所学知识解决实际问题的能力。
A3：应用实际案例，分析在自贸区建设中，我国应当如何抓住机遇，迎接挑战。

（三）价值目标

V1：关注国家参与区域经济合作动态以及社会事件，学好专业知识，并做到所学能所用。

V2：领会自贸区相关知识，确立对外开放的意识，认识到需要抓住机遇、迎接挑战，从而增强自身使命感。

V3：强化我国要进一步加强制度建设并与国际接轨的意识。

* 作者简介：孟静，安徽大学经济学院讲师。

三、教学内容

（一）自由贸易区的内涵

难点 A： FTA 和 FTZ 概念解释（时事资源：新闻视频《自贸区来了》、WTO 和国际海关理事会）。

重点 A： FTA 和 FTZ 的区别与联系（翻转课堂，学生讨论、教师总结）。

（二）自由贸易区的作用

重点 B： 以 RCEP 和安徽自贸试验区为例，对两种类型的自贸区进行辨析（前沿资源："自由贸易区"相关学术论文）。

针对本知识点，课程采用混合式+案例教学方法，从时事热点问题入手，调动学生的探究兴趣。线上课程学生学习了自由贸易区的内涵、线下课程教师引入 WTO 和国际海关理事会文件，作为自贸区内涵的学习辅助材料，小组讨论回答两种类型的自贸区有什么区别和联系？然后以 RCEP 和安徽自贸试验区为例，对自贸区的两种类型自贸区进行辨析。帮助学生理解国家自贸区战略的渊源，回答为什么中国大力推进自贸区战略？以及自贸区建设有哪些成效？教学设计以学生为本，全面培养学生素养和自主合作探究学习的理念。

本案例知识图谱如图 5－5 所示。

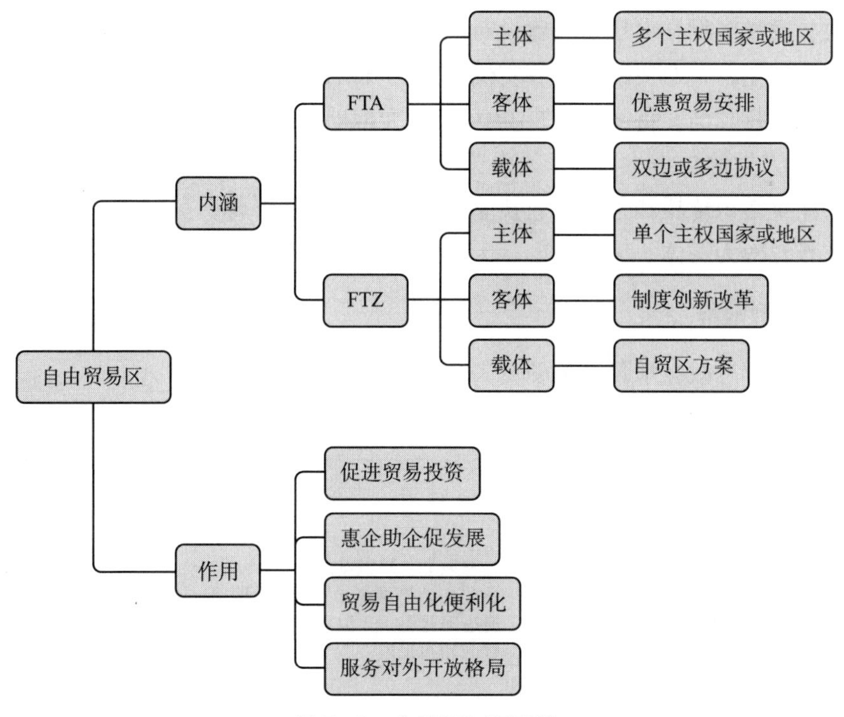

图 5－5　本案例知识图谱

四、教学设计

（一）设计逻辑

从认知水平和能力状况来看，学生大多通过生活常识、新闻等对自贸区的发展有所了解，但对自贸区的内涵理解还不够深入。从学习需要和学习行为来看，学生的兴趣点仍集中在直观教学或趣味教学方面。因此在教学过程中，从时事热点问题入手，结合图片、视频等形式，充分调动学生学习积极性，提高他们认识问题和运用专业知识分析解决实际问题的能力。同时，引导学生正确认识国家对外开放战略，继而树立面向世界抓住机遇、迎接挑战的责任感。

首先，对线上学习内容进行回顾。问题驱动、师生互动，比如，“我国经济特区都有哪些类型？自由贸易试验区与其他组织形式相比，特点与区别是什么？自由贸易试验区与另一种形式的自贸区（如 RCEP、北美自由贸易区）含义相同吗?”等，高度概括上节课所学内容的同时，引出本课程教学内容。

其次，援引自由贸易区的原始定义，从主体、客体、载体三个方面对自贸区的两种类型 FTA 和 FTZ 进行辨析。

再次，以 RCEP 和安徽自贸试验区为例进行深入剖解。案例选取 RCEP 协议签署、安徽自贸试验区获批的相关新闻、时事资料，结合中国自贸区建设进程，融入思政内容，提出问题让学生分组讨论，并鼓励学生分享观点，从而寻找理论依据，深入理解国家对外开放战略和构建双循环新发展格局的内涵要义。

从次，通过案例导出自贸区建设对我国经济发展的影响。基于自贸区建设促进贸易自由化便利化、企业快速发展等实例与数据分析，讲解自贸区的作用。

最后，进行总结，将案例分析与国家重大战略方针相结合，融入思政元素，将“四个自信”“党的二十大精神”“中国特色社会主义经济理论与实践”融入教学内容。除了注重知识传授和强化专业技能外，也注重价值引导，实现知识传授、能力培养和思政教育融为一体。

（二）案例阐释

本案例课程思政教学环节说明见表 5－6。

表 5－6　　本案例课程思政教学环节说明

教学环节	教学内容	教学方法	思政元素
课程回顾	（1）回顾上节课内容，复习经济特区的主要类型。引出本次课程主题：自由贸易区 （2）提出问题：自贸试验区（如上海自贸区、安徽自贸区）与另一种形式的自贸区（如 RCEP、北美自由贸易区）含义相同吗	头脑风暴：知识点回顾 课前在云班课 App 上传学习资料导读。通过问题驱动，引导出需要学生掌握的概念和知识点	引入融合开放、贸易强国、国际经济和政治格局视野

续表

教学环节	教学内容	教学方法	思政元素
课程导入	材料 1：安徽自贸区获批和世界上最大的自贸区 RCEP 签署； 材料 2：短视频《自贸区来了》。 思考：两个自贸区有何区别	视频教学：自贸区来了 从时事热点问题入手，调动学生的探究兴趣	加快实施自贸区战略是我国新一轮对外开放的重要内容
课程内容	1. 自由贸易区的内涵 (1) 追根溯源：FTA 和 FTZ 的原始定义	文件解读： 教师从 WTO、国际海关理事会等网站引导学生认知与理解自贸区的定义与内涵	关注时事新闻，养成用专业知识解读政策文件的素养
		归纳演绎：概念要点 总结自贸区内涵要义：降低贸易壁垒和市场准入限制	
	(2) 概念辨析：从主体、客体、载体三个方面进行剖解	归纳总结：剖析两种类型自贸区的差别。 FTA：主体是多个主权国家或地区；客体是优惠贸易安排；载体是双边或多边协议。 FTZ：主体是单个主权国家或地区；客体是制度创新改革；载体是自贸区方案。 总结：FTA 是协定式开放（双向性、排他性），FTZ 是自主式开放（单向性、普适性）	通过概念剖析，养成运用科学思维方式认识事物、分析事物的科学精神
	(3) 解疑运用：以 RCEP 和安徽自贸试验区为例，分别从主体、客体、载体三个方面对自贸区的定义进行辨析	学以致用：RCEP VS 安徽自贸试验区 引导学生运用所学知识分析问题 RCEP：主体是东盟 10 国 +5 国（中、日、韩、澳、新）；客体是优惠贸易安排；载体是 RCEP 协议 安徽自贸试验区：主体是合芜蚌片区；客体是制度创新改革；载体是安徽自贸区方案	通过两种类型自贸区的比较分析，提升创新性、批判性思维能力
	(4) 延伸思考：FTA 和 FTZ 有何关联？——“风向标”与“试验田”	政策解读：双循环新发展格局 结合双循环格局，将课程内容与国家战略方针联系在一起	习近平主席关于“双循环新发展格局”的论述
	2. 自由贸易区的作用 介绍 RCEP 和安徽自贸试验区的建设成效，理解自贸区的作用	学以致用：RCEP VS 安徽自贸试验区 梳理数据资料，对比分析两种自贸区的建设成效 自贸区的作用：促进贸易投资；惠企助企促发展；贸易自由化便利化；服务对外开放格局	基于自贸区的建设成效，帮助学生树立正确的贸易利益观
		学术前沿：中国“双自”联动政策 利用学术文献进行辅证（何曜，2023；孙忆，2023），用事实说话，高标准高质量建设自贸区是新时代推进改革开放的重大举措	

续表

教学环节	教学内容	教学方法	思政元素
课程总结	根据板书，进行课堂知识的总结回顾	课后作业：双循环格局下的自贸区发展以 RCEP 和安徽自贸试验区为例，分组讨论如何借势自贸区建设推动开放型经济高质量发展	植入中国对外开放政策、意识与文化，提升学生的大局观意识

五、教学效果分析

（一）评价与反馈的途径

评价与反馈的途径有：线上交流平台；云班课、微信与 QQ 群；问卷调查；教学过程的记录；学生的学习心得等。

（二）学生认可度评价结果

在教学过程中，会定期通过线上交流平台就学生对学习内容的认可度和完成度设计问卷并统计。以教学问卷调查结果为例，在课堂授课中，基于中国签署的自贸协议相关新闻与视频短片，结合中国自贸区建设进程，融入思政内容，将中国自贸区建设战略导入，提出问题让学生分组讨论，并鼓励学生分享观点，进而将“四个自信”“党的二十大精神”“中国特色社会主义经济理论与实践”融入教学内容。

本课程授课过程中，积极探索智慧教学手段、方法创新和教学内容改革，注重价值引导和思维启迪，充分满足学生的知识需求和心理需求，课程特色鲜明，学生教学反馈较好。

参考文献

[1] 丁任重，李溪铭．省级自贸区试点政策对城市经济增长的空间效应［J］．经济地理，2024，44（2）：21－30，42.

[2] 范爱军．国际贸易学［M］．北京：科学出版社，2022.

[3] 何曜．聚焦自贸区（港）战略提升，建设更高水平开放型经济新体制［J］．世界经济研究，2023（9）：127－133.

[4] 路丙辉．中国式现代化进程中的“大思政课”建设［J］．教育研究，2022，43（12）：27－31.

[5] 孙忆．中国自贸区战略的历史演进与实践转向——基于国家实力与国际压力共同影响的分析［J］．国际经贸探索，2023，39（7）：86－102.

[6] 万丛颖，韩振川，周健颖．自贸区设立的区内企业绩效：制度红利还是政策红利？［J］．财经问题研究，2023（10）：104－115.

[7] 王朔，李伟铭，张笑愚．双循环下自贸区建设与企业成长：促进还是抑制？［J］．现代财经（天津财经大学学报），2024（5）：45－61.

[8] 张良．课程思政如何破解“两张皮”难题——知识与社会联系的认识论视角［J］．教育研究，2023，44（6）：59－66.

案例五　新发展格局下中国外贸发展战略选择：稳步扩大制度型开放

户华玉*

一、课程思政元素

元素1：坚持“对外开放”基本国策和坚定走中国特色社会主义道路自信。
元素2：创新思维、创新能力和变革精神。
元素3：全局意识、战略眼光和国际视野。
元素4：理解法治精神，培养法律意识。
元素5：扎实的专业知识和严谨的科研态度。

二、课程目标

（一）知识目标

K1：诠释对外贸易发展战略的内涵。
K2：解读对外贸易发展战略的选择依据。
K3：比较制度型开放与进口替代战略、出口导向战略的配套政策差异。

（二）能力目标

A1：结合国内和国际经济环境分析中国“稳步扩大制度型开放”的必然性。
A2：解读中国提出“制度型开放”的理论逻辑和实践逻辑。
A3：评估“制度型开放”产生的经济效应。

（三）价值目标

V1：团队合作研究“稳步扩大制度型开放”的政策内容，为有序实现从“边境上”开放向“边境后”开放提供策略支撑。

V2：向身边其他人介绍“制度型开放”的发展趋势，让更多人理解这一选择背后的现实依据。

V3：强化推进高水平对外开放的决心和坚持中国特色社会主义的道路自信。

* 作者简介：户华玉，安徽大学经济学院讲师。

三、教学内容

（一）教学内容

1. 外贸发展战略的定义及分类

重点 A：对外贸易发展战略的内涵（狭义的对外贸易发展战略和广义的对外贸易发展战略），制度型开放与传统进口替代战略及出口导向战略的内涵比较。

2. 外贸发展战略的选择依据

重点 B：外贸发展战略的影响因素（本国的市场容量、自然资源条件、生产力水平和综合经济实力；国际经济环境制约和国际产业结构调整）（案例资源：结合中国外贸发展历程，讨论中国“稳步扩大制度型开放”的国内环境和国际环境）。

难点 A：外贸发展战略选择的理论与实践依据（文献资源：制度型开放、国际贸易相关学术论文）。

3. 外贸发展战略的配套政策

重点 C：讨论如何从国内制度衔接和国际制度构建来“稳步扩大制度型开放”（文件资源：政府官方文件）。

（二）知识架构

本案例知识图谱如图 5－6 所示。

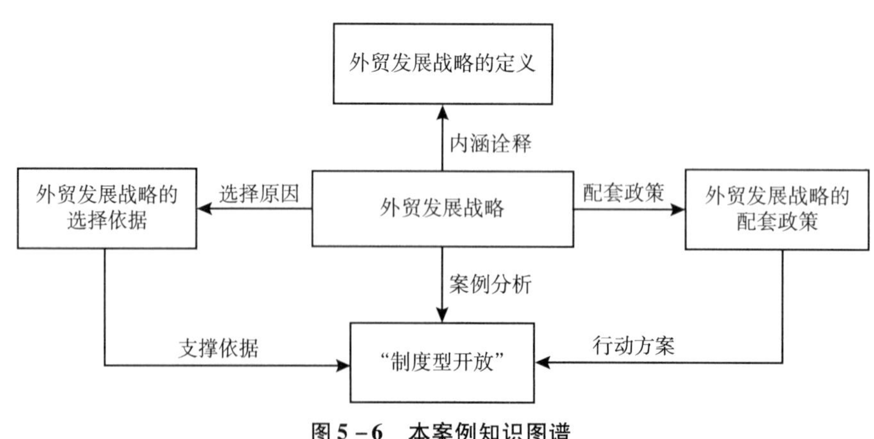

图 5－6　本案例知识图谱

四、教学设计

（一）设计逻辑

本教学方案综合采用线上线下混合教学模式，本着重培养学生的专业知识能力和科研创新精神而设计。

课前，通过“云班课”教学平台发布课前预习任务，按照“教材预习”“政策文件”“前沿选读”三大模块向学生提供学习资料。其中，“教材预习”通过在线上平台发布预习结果反馈，收集学生的学习难点；“政策文件”主要从中国政府网选取与中国外贸发展战略相关的政策文件；“前沿选读”从权威期刊中选取与本课程主题相关的前沿文献。

课中，在对课程专业知识进行讲授的基础上，引导学生了解中国采取的“制度型开放”发展战略，并通过具体案例让学生掌握这一外贸发展战略的具体落实措施，将课程思政元素融入讲解中。同时，采用头脑风暴和文献讨论等启发式、互动式教学模式，培养学生的思辨能力和科研能力。

课后，通过“云班课”教学平台提供拓展阅读资料，布置课后测验与思考题，开辟线上答疑区和讨论区，引导学生通过自测、思考、实践和讨论，将课程思政元素内化于心。

（二）案例阐释

本案例课程思政教学环节说明见表5－7。

表5－7　本案例课程思政教学环节说明

教学环节	教学内容	教学方法	思政元素
课前准备	外贸发展战略的定义、配套政策及选择依据	课前预习： 教师通过线上教学平台向学生提供教学资源，学生预习教材和线上资源后对外贸发展战略的相关内容有基本认知； 难点解答： 教师收集学生的预习结果反馈，在线回应学生预习中产生的疑惑，加深学生对基本概念和理论的认识	使学生掌握扎实的专业知识，为实践应用奠定理论基础
热点导入	改革开放以来中国对外贸易实现跨越式发展及“制度型开放”提出	视频教学： （1）教师通过“庆祝改革开放40周年大型展览之中国对外贸易实现跨越式发展”的视频资源①，引发学生对中国外贸实现跨越式发展的原因的思考； （2）教师提供关于“制度型开放”的央视新闻报道，引起学生们对“制度型开放”的关注	激发学生的民族自豪感，增强学生对“对外开放”基本国策的理解，坚定中国特色社会主义的道路自信
政策解读	“制度型开放”的内涵解读	政策解读： （1）教师利用“中国政府网”提供的相关文件，帮助学生认识与理解“制度型开放”的内涵； （2）借助央视提供的视频讲解②，总结和归纳“制度型开放”的基本特征，理解“制度型开放”与传统的要素流动型开放的区别	培养学生对实事的敏感度，塑造学生用专业知识解读政策的能力

① https：//news. cctv. com/2018/12/05/VIDEkTPdE3LmtgL7VK3lFxPv181205. shtml。

② https：//tv. cctv. com/2020/11/19/VIDEtRNIjT2Lgr5tfADpmNdC201119. shtml。

续表

教学环节	教学内容	教学方法	思政元素
案例分析	以上海自由贸易试验区和《区域全面经济伙伴关系协定》为例，从国内和国际两个层面解读和归纳中国“制度型开放”的具体措施	具体制度型开放案例引入： （1）教师提供《国务院关于印发〈全面对接国际高标准经贸规则　推进中国（上海）自由贸易试验区高水平制度型开放总体方案〉的通知》的文本资料，解读上海自由贸易试验区在传统贸易、数字贸易、知识产权保护、环境保护、政府采购等方面的举措； （2）学生通过观看教师提供的央视新闻报道，了解高标准自由贸易协定由“边境上”规则向“边境后”规则的延伸趋势，明确中国现阶段的外贸发展战略不仅注重贸易关系数量，更注重质量和效果	在中国的制度创新解读中培养学生的创新思维、创新能力和变革精神
环境剖析	“制度型开放”提出的国内环境和国际背景环境	头脑风暴： 教师引导学生利用互联网平台，通过搜集整理资料和分组讨论，从构建新发展格局的内在要求层面讨论提出“制度型开放”的国内动力，从“逆全球化”、全球收入分配问题和国际经贸规则重构等方面总结提出“制度型开放”的国际驱动因素	增强学生的全球意识和拓展学生的国际视野
科研训练	中国选择“制度型开放”的依据	文献引入： （1）教师提供“制度型开放”和国际贸易相关论文①，向学生介绍外贸发展战略的选择依据有和支撑理论； （2）学生运用所学知识，小组讨论并解读中国选择“制度型开放”这一外贸发展战略的理论依据和实践依据	培养学生将所学理论运用于实践的能力，锻炼学生的科研思维和能力
课程总结	教师提问：“制度型开放”将对中国外贸发展产生什么影响	课后作业：“制度型开放”对中国外贸的影响效应评估 教师向学生介绍现有的贸易数据库和政策冲击研究方法，学生参考现有文献就“制度型开放”对中国进出口规模和质量影响效应进行评估	让学生感受外贸发展战略对增强贸易实力的重要性，并提升科研实践能力

五、教学效果分析

本课程思政案例的教学评价，教学团队采用“云班课”教学平台全程记录学生线上和线下学习的效果。针对三个知识目标、三个能力目标和三个价值目标，构建了学习效果评价指标体系，采用学生自评、生生互评和教师评价的形式，依托课堂讨论、课堂展示、问卷调查、研究报告等载体完成测试。对标我校的课程思政指标体系，本次教学完成 14 个观测值的任务（见表 5 - 8）。

---

① 聂新伟．制度型开放：历史逻辑、理论逻辑与实践逻辑［J］．财经智库，2022，7（2）：93 - 124，146 - 148.

表 5-8　　本案例达成校课程思政元素指标情况

1 价值引领			2 文化传承						3 时代使命				4 公民道德									5 地域特色		
1.1	1.2	1.3	2.1	2.2	2.3	2.4	2.5	2.6	3.1	3.2	3.3	3.4	4.1	4.2	4.3	4.4	4.5	4.6	4.7	4.8	4.9	5.1	5.2	5.3
▲		▲		▲	▲				▲	▲		▲	▲	▲	▲	▲	▲				▲			▲

参考文献

[1] 范爱军. 国际贸易学 [M]. 4 版. 北京：科学出版社，2021.

[2] 赵伟洪，张旭. 中国制度型开放的时代背景、历史逻辑与实践基础 [J]. 经济学家，2022 (4)：17-27.

[3] 聂新伟. 制度型开放：历史逻辑、理论逻辑与实践逻辑 [J]. 财经智库，2022，7 (2)：93-124.

[4] 盛斌，魏方. 新中国对外贸易发展 70 年：回顾与展望 [J]. 财贸经济，2019 (10)：34-49.

[5] 戴翔. 制度型开放：中国新一轮高水平开放的理论逻辑与实现路径 [J]. 国际贸易，2019 (3)：4-12.

[6] 高燕. 课程思政建设的关键问题与解决路径 [J]. 中国高等教育，2017 (Z3)：11-14.

[7] 高德毅，宗爱东. 从思政课程到课程思政：从战略高度构建高校思想政治教育课程体系 [J]. 中国高等教育，2017 (1)：43-46.

第六章　数字贸易

案例一　数字经济时代贸易强国的新引擎：数字贸易的缘起

陈　芳*

一、课程思政元素

元素 1：积极争取数字贸易治理话语权背后博弈。
元素 2：从祖国大地蓬勃发展的贸易实践理解理论研究的符实性。
元素 3：数字技术赋能贸易强国建设的必然性。
元素 4：数字贸易发展中安徽的经验与贡献。

二、课程目标

（一）知识目标

K1：阐述数字贸易的内涵。
K2：解释数字贸易的基本特征。
K3：辨析数字贸易与传统贸易、跨境电商的区别。

（二）能力目标

A1：借助案例鉴别数字贸易的外延。
A2：评析不同国家和世界组织对数字贸易的界定。
A3：归纳数字贸易的演进历程及内涵的演变。

（三）价值目标

V1：基于真实数据和案例鉴别数字贸易带来全面变革。
V2：从数字贸易内涵界定的差异化感受各国参与国际规则制定的博弈。
V3：以发展的眼光对待和评估各国数字贸易营商环境。
V4：强化贸易强国与数字强国同频下经贸学子的责任和使命。

* 作者简介：陈芳，安徽大学经济学院副教授。

三、教学内容

（一）教学内容

1. 数字贸易的内涵

难点 A：不同国家和世界组织对数字贸易的差异化界定，如何求同，准确鉴别数字贸易的内核（学术论文 3 篇）。

2. 数字贸易的特征

重点 A：通过具体案例与贸易实践来表征和阐述数字贸易的内在属性（时事资源：中华人民共和国商务部、光明网、人民网新闻）。

3. 数字贸易的外延

重点 B：数字贸易与传统贸易的区别（前沿资源：数字贸易学术论文）。

难点 B：准确识别数字贸易与跨境电商的区别（时事资源：中华人民共和国商务部、光明网、人民网新闻）。

重点 C：数字贸易与信息技术的关系。

（二）知识架构

本案例知识图谱如图 6－1 所示。

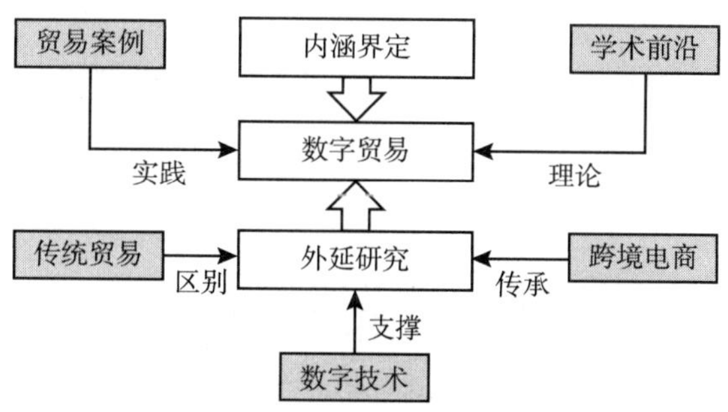

图 6－1　本案例知识图谱

四、教学设计

（一）设计逻辑

针对本知识点，课程沿着“内涵界定—特征分析—外延拓展”的教学内容，采用思辨讨论、头脑风暴、小组活动等方式开展课堂教学。鉴于数字贸易内涵不断演进，并无统一界定，本课程采用政策析解＋实践归纳＋理论转化等科研探讨式教学模式。针对课程思政元素的融入，以设疑诱思的方式，层层推进。首先，从数字贸易差异化内涵界定，引导学生对数字贸易规则话语权强化的重要性，以及中国制定数字贸易规则的可行性；其次，从祖国大地数字贸易实践案例出发，激发学生将研究扎根祖国大地的情怀；最后，聚焦地方经济发展，拓展学生思考数字贸易的应用场景，强化学生理论联系实际，深入钻研的精神。

（二）案例阐释

本案例课程思政教学环节说明见表6－1。

表6－1　　本案例课程思政教学环节说明

教学环节	教学内容	教学方法	思政元素
案例导入	（1）从身边新的变化入手，找寻数字贸易。 （2）热点导入，电商扶贫带来的新变化	案例教学：电商扶贫，共同富裕 头脑风暴：身边的数字贸易	用心观察身边的变化，用经济学理论去解释新现象
文件梳理：历程阶段	从*E－Commerce Work Program*等国内外相关政策文件的解读，归纳演绎出数字贸易的发展阶段	文件解读：*Digital trade in the US and global economies*与《中国数字贸易发展报告》从WTO和商务部公开文件引导学生认知与理解数字贸易发展的历史逻辑	关注时事新闻，养成用专业知识解读政策、文件的素养
		归纳演绎：发展历程 总结数字贸易发展的三个阶段	
问题提炼：内涵界定与特征分析	数字贸易蓬勃发展，但是学界与业界对数字贸易差异化的定义	以美国国际贸易委员会“窄—宽—窄”的内涵界定演变，再到中国政府以及学界对数字贸易的完整界定，总结数字贸易的内涵。 视频教学：数字贸易始于2006	内涵界定的差异化既展示了数字贸易多元性，也体现数字贸易出话语权的争夺
	数字贸易内涵源于真实的贸易实践，用贸易实践鉴别数字贸易的类型	互动教学：实践出真知 开展思辨讨论的形式，按照OECD 2017年发布的*Measuring Digital Trade：Towards a Conceptual Framework*。给出了16种数字贸易类型，小组查阅资料，从我国数字贸易实践中提炼出真实案例来区别类型	
	中国以宽窄适宜的口径来界定数字贸易，便于准确分析自身发展特点	前沿拓展：为什么是中国？ 学生分组讨论，为什么对数字贸易的界定，更符合当下数字贸易发展态势，更能准确研判国际发展形势	中外对比，坚定学生走中国高水平开放的道路自信和制度自信
	数字贸易的六大内在特征	头脑风暴：特征的具象化 重点讨论数字贸易的平台化、生态化的特征，以亚马逊海外购、杭州跨机构电子商务综合试验区等案例来解读	
数字贸易的外延	数字贸易认知的几个误区，设疑讨论	新闻透视：数字贸易的认知误区 数字贸易概念是统一的、固定不变的，数字贸易等同于跨境数据流动、数字经济强数字贸易就强、忽视数字贸易的创新效应。 小组思辨：如何批判	培养学生深入钻研的学习精神，用事实、数据来验证认知的科学性，培养学生追踪研究前沿的敏感性
	重点阐释：数字贸易与跨境电商的传承与创新、数字贸易的创新效应	学术前沿：《数字贸易概念内涵、发展态势与应对建议》《数字贸易推动中国贸易高质量发展》 利用最新文献与新闻主流观点来回应学生的思辨结论	

续表

教学环节	教学内容	教学方法	思政元素
课程总结	数字贸易是什么？信息技术与数字经济融合为国际贸易发展不断拓展新的应用场景	课后作业：聚焦安徽，比较安徽数字贸易发展的现状及优势 布置研究报告，基于安徽省政府工作报告、统计年鉴、商务厅等总结安徽省数字贸易发展的态势，从规模、结构以及主体等总结安徽数字贸易发展的优势	引导学生用理论知识和专业技能去研究地方发展，让科研扎根江淮大地

五、教学效果分析

本课程思政案例的教学评价，教学团队采用云班课全程记录学生线上和线下学习的效果。针对三个知识目标、三个能力目标和四个价值目标，构建了学习效果评价指标体系，采用教师评价、生生互评（组内互评、组间互评）的形式，依托头脑风暴、思辨讨论、课堂观察等载体完成测试。对标我校的课程思政指标体系，本次教学完成10个观测值的任务（见表6－2）。

表6－2　　　　本案例达成校课程思政元素指标情况

1 价值引领			2 文化传承						3 时代使命				4 公民道德									5 地域特色		
1.1	1.2	1.3	2.1	2.2	2.3	2.4	2.5	2.6	3.1	3.2	3.3	3.4	4.1	4.2	4.3	4.4	4.5	4.6	4.7	4.8	4.9	5.1	5.2	5.3
▲		▲			▲	▲		▲			▲	▲	▲								▲		▲	▲

本课堂教学还采用追踪评价的形式。课后作业的研究报告随着学生课程学习的深入不断完善，一部分转化为大学生创新创业计划的选题，另一部分完善成结课论文。

参考文献

[1] 刘春生. 数字贸易［M］. 北京：中国人民大学出版社，2023.

[2] 马述忠. 数字贸易学［M］. 北京：高等教育出版社，2022.

[3] 张先锋，等. 数字贸易［M］. 合肥：合肥工业大学出版社，2021.

[4] 夏杰长. 数字贸易的缘起、国际经验与发展策略［J］. 北京工商大学学报（社会科学版），2018，33（5）：1－10.

[5] 盛斌，高疆. 超越传统贸易：数字贸易的内涵、特征与影响［J］. 国外社会科学，2020（4）：18－32.

[6] 贾怀勤. 数字贸易的概念、营商环境评估与规则［J］. 国际贸易，2019（9）：90－96.

[7] 李俊，等. 数字贸易概念内涵、发展态势与应对建议［J］. 国际贸易，2021（5）：12－21.

[8] 余淼杰，郭兰滨．数字贸易推动中国贸易高质量发展［J］．华南师范大学学报（社会科学版），2022（1）：93－103，206.

案例二　国际贸易统计领域挑战性课题：数字贸易的测算

陈　芳*

一、课程思政元素

元素 1：严谨学术道德观和勇于探索的研究精神。
元素 2：稳扎稳打的研究素养和科研态度。
元素 3：数字贸易全球治理中中国担当与智慧。
元素 4：安徽数字贸易发展中的砥砺前行。

二、课程目标

（一）知识目标

K1：解释数字贸易测度的基本原则。
K2：总结数字贸易测算的框架。
K3：比较“单一标的、单一维度”与“两类标的、多向维度”的区别。

（二）能力目标

A1：通过文献梳理辨析不同数字贸易测算的学理逻辑。
A2：从数字贸易发展实践举例阐述数字贸易测算的原则。
A3：借助真实问题评析数字贸易测算的现实难题。
A4：基于真实数据选择合适方法对样本对象数字贸易发展进行测算。
A5：结合数字贸易发展态度辨别测算的科学性。

（三）价值目标

V1：数字贸易测算背后是各国数字贸易发展利益的博弈。
V2：强化学生在贸易强国关键问题上“能发声”的专业素养。
V3：从各国数字贸易发展水平比较中坚信贸易强国的信念。
V4：培养学生在科学研究中严谨态度和学术道德观。

* 作者简介：陈芳，安徽大学经济学院副教授。

三、教学内容

（一）教学内容

1. 数字贸易测算的基本原则

重点A：接轨国际标准、供给中国方案、采用多元数据、做到分类明确四个原则的现实意义及理论价值。

2. 数字贸易的测算方法

重点B：数字贸易测算的概念框架（范围、方式、产品、主体的全覆盖）。

重点C：数字贸易测算权威方法（格立姆法、OECD－WTO－IMF法）。

难点A：前沿文献对数字贸易测算的不断推进（学术论文）。

3. 数字贸易测算面临的挑战

难点B：数字贸易测算的数据（海关统计与企业调查）。

难点C：贸易规模被低估、数字贸易活动无明确分类、非金钱统计难度大、数字促成交易存在的识别困难。

4. 数字贸易测算的中国方案

重点D：国内主流权威的测算方案及其对数字贸易测算的贡献。

（二）知识架构

本案例知识图谱如图6－2所示。

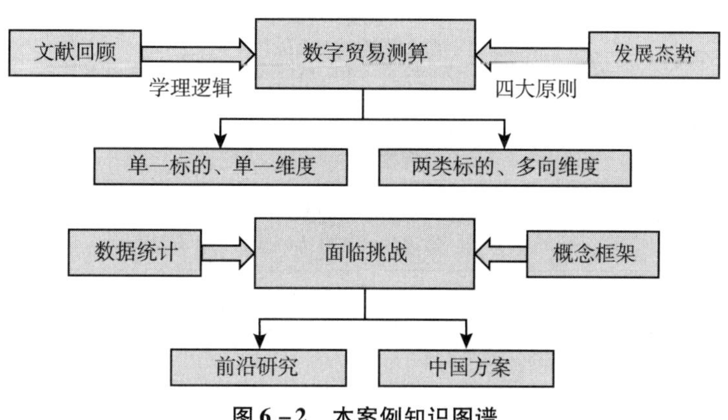

图6－2　本案例知识图谱

四、教学设计

（一）设计逻辑

本知识点着重培养学生的研究能力和学术精神。教学团队制定了“查清楚—理清楚—算清楚—说清楚”的 OBE 产出导向的教学方法。以学生主动研究为中心，教师采用文献评述、问题导向、情境创设、头脑风暴、小组活动等形式，引导学生成为课堂的主导者。查清楚，为学生创设研究场景，提供必要的文献资料，让学生从文献中找寻数字贸易测算的学理；理清楚，问题导向提出目前数字贸易测算面临的共性问题，同时引入中国数字贸易实践以及学界前沿探索，让学生厘清楚数字贸易测算的框架和数据；算清楚，小组活动，结合地域发展现状，让学生构建指标体系、搜集数据、测算安徽数字贸易发展水平；说清楚，通过时间纵向、省际横向比较，说清楚安徽数字贸易的现状。

（二）案例阐释

本案例课程思政教学环节说明见表 6 – 3。

表 6 – 3　　本案例课程思政教学环节说明

教学环节	教学内容	教学方法	思政元素
问题导入	数字贸易概念尚未统一，数字贸易的测算如何开展	研究报告：中国数字贸易发展报告 新闻引入全球数字贸易规模以及主要国家的比较，提出话题讨论：数字贸易如何测算？ 小组活动：查阅文献并梳理	从现实问题出发，到书本上找答案
理论探讨 + 思辨讨论	数字贸易测算的理论依据	文献综述：数字测算框架 小组梳理国内外文献后，就数字贸易测算的依据汇报展示，聚焦方式、产品和主体三个方面达成共识	养成文献专业知识结合发展态势解决复发问题的素养
		归纳演绎：四大原则 总结数字贸易测算的基本原则	
		思辨讨论：两大测算框架的科学性 分组论证单一标的、单一维度与两类标的、多向维度的合理性与适用性，尝试探讨测算不足	
动态问题的深入	数字贸易测算面临的挑战	文件解读与案例教学： “最低免税额”、拼车交易、社交网络、中小企业数字贸易统计等测度新问题。 实践教学：数据的可获得性中国海关的有益探索	“问题导向”激励学生不断探索的研究兴趣；理解数字贸易全球问题中的立场和出发点，以及强化话语权的艰难
	数字贸易测算的中国面临的挑战	头脑风暴：框架概念的全球共识 全球就数字贸易概念未达成共识，那么数字贸易测算如何集大成者？ 小组活动：2020 年 OECD、WTO、IMF 发布的《数字贸易测度手册（第一版）》提供的数字贸易统计数据报告模板是否使用于中国	
数字贸易测算的中国方案	学术前沿对数字贸易测算的研究	文献追踪：典型测算方法 （1）“二元三环”数字贸易框架； （2）指标体系测算法：一是从技术应用、新模式发展、经济影响、监管治理和国际规则；二是从环境、人才、基础社会、产业、政策和现状	引导学生感受中国学者就全球性难题不断探索前沿的精神，贡献的中国方案更能符合数字贸易发展

续表

教学环节	教学内容	教学方法	思政元素
数字贸易测算的中国方案	中国政府、学界在数字贸易测算的主张	主张贸易方式的数字化和贸易对象的数字化来概括数字贸易的进程。 主张跨境电子商务是数字贸易的重要组成部分，但是在讲述全球和主要国家数字贸易发展概况时主要涉及可数字化交付服务和 ICT 服务	引导学生感受中国学者就全球性难题不断探索前沿的精神，贡献的中国方案更能符合数字贸易发展
课程总结	数字贸易测算的实战操作	课后作业：安徽数字贸易发展现状 基于相关公开数据，选择一种测算方法，对安徽数字贸易发展水平进行测算并横向及纵向比较分析	引导学生用理论知识和专业技能去服务地方发展

五、教学效果分析

本课程思政案例的教学评价，教学团队采用云班课全程记录学生线上和线下学习的效果。针对三个知识目标、五个能力目标和四个价值目标，构建了学习效果评价指标体系，采用教师评价、生生互评（组内互评、组间互评）的形式，依托头脑风暴、研究报告、思辨讨论、课堂观察等载体完成测试。对标我校的课程思政指标体系，本次教学完成 10 个观测值的任务（见表 6 –4）。

表 6 –4　本案例达成校课程思政元素指标情况

1 价值引领			2 文化传承						3 时代使命				4 公民道德									5 地域特色		
1.1	1.2	1.3	2.1	2.2	2.3	2.4	2.5	2.6	3.1	3.2	3.3	3.4	4.1	4.2	4.3	4.4	4.5	4.6	4.7	4.8	4.9	5.1	5.2	5.3
▲		▲			▲	▲		▲			▲	▲	▲				▲				▲		▲	▲

参考文献

［1］刘春生．数字贸易［M］．北京：中国人民大学出版社，2023.

［2］马述忠．数字贸易学［M］．北京：高等教育出版社，2022.

［3］张先锋，等．数字贸易［M］．合肥：合肥工业大学出版社，2021.

［4］夏杰长．数字贸易的缘起、国际经验与发展策略［J］．北京工商大学学报（社会科学版），2018（5）：1 –10.

［5］盛斌，高疆．超越传统贸易：数字贸易的内涵、特征与影响［J］．国外社会科学，2020（4）：18 –32.

［6］贾怀勤．数字贸易的概念、营商环境评估与规则［J］．国际贸易，2019（9）：90 –96.

［7］李俊，等．数字贸易概念内涵、发展态势与应对建议［J］．国际贸易，2021（5）：12 –21.

案例三　共建共享“丝路电商”开辟数字时代贸易新通道

张照玉*

一、课程思政元素

元素 1：关注世情国情，具备国际化视野。
元素 2：增强四个自信。
元素 3：“丝路电商”为构建人类命运共同体贡献中国力量。
元素 4：数字时代树立忧患意识，积极应对挑战。

二、课程目标

（一）知识目标

K1：理解数字订购和数字交付的内涵。
K2：用思维导图概括数字贸易不同贸易方式的分类。
K3：比较“丝路电商”与跨境电商的异同点。

（二）能力目标

A1：举例解释数字订购和数字交付的不同贸易方式。
A2：分析“丝路电商”如何开辟数字时代贸易新通道。
A3：剖析“丝路电商”国际合作中面临的机遇和挑战。

（三）价值目标

V1：总结“丝路电商”的发展成就，增强四个自信。
V2：向身边人开展“丝路电商”的科普，讲好中国故事。
V3：认清数字贸易高质量发展中面临的挑战，树立忧患意识。

三、教学内容

（一）数字订购和数字交付的内涵

网络报告：OECD、WTO、IMF 发布的《数字贸易测度手册》中对数字贸易概念

* 作者简介：张照玉，山东财经大学国际经贸学院副教授。

的界定；时事资源：商务部网站发布的2021年《中国数字贸易发展报告》中数字贸易概念框架体系。

（二）数字贸易不同贸易方式的类型

数字贸易方式的架构如图6－3所示。

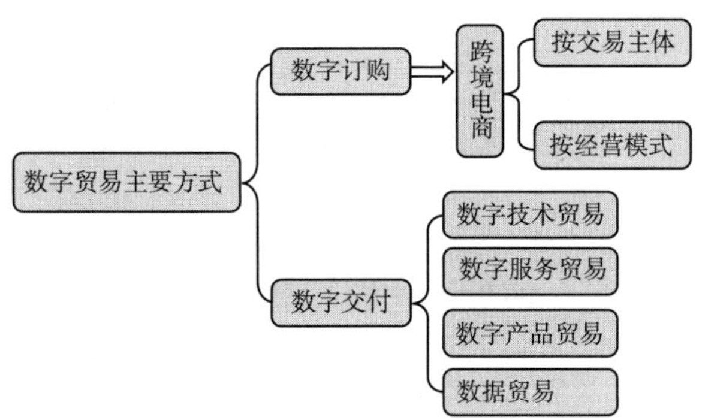

图6－3 数字贸易方式的架构

重点A：数字订购贸易（跨境电商）的分类和发展情况（央视网视频：跨境电商－中国外贸发展新动能）。

重点B：数字交付贸易按照交易标的进行的分类和发展情况（时事资源：商务部网站发布的2021年和2022年《中国数字贸易发展报告》）。

（三）“丝路电商”发展历程、发展成就及面临的机遇和挑战

重点C：“丝路电商”与跨境电商的比较。

重点D：“丝路电商”国际合作中面临的机遇和挑战（前沿资源：“丝路电商”相关学术论文）。

四、教学设计

（一）设计逻辑

采用“线上线下混合式＋启发探究式＋案例教学”方法，引入央视网短视频，激发学生的学习兴趣。

课前线上，教师布置预习任务清单，提供2021年和2022年《中国数字贸易发展报告》和关于“丝路电商”的文献资料，学生自学数字贸易主要贸易方式的一级分类（数字订购和数字交付）及二级分类，研读文献资料。

课中线下，采用BOPPPS模式开展研讨式教学，即导入（Bridge-in）、目标（Outcome）、前测（Pre-test）、参与式学习（Participatory Learning）、后测（Post-test）

和总结（Summary），如图6－4所示。参与式学习中，引入关于“丝路电商”的央视网视频和文献资料，启发引导学生思考，小组讨论。

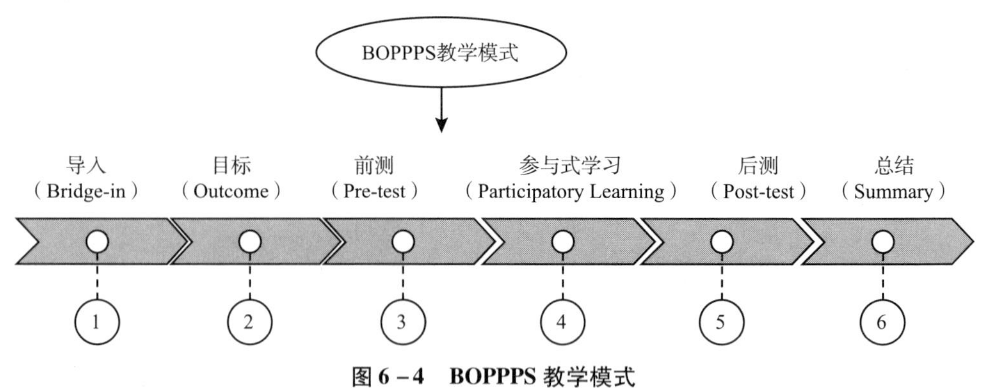

图6－4　BOPPPS 教学模式

课后线上或线下，学生完成相关测验、作业，探究学术前沿。

（二）案例阐释

本案例课程思政教学环节说明见表6－5。

表6－5　本案例课程思政教学环节说明

教学环节	教学内容	教学方法	思政元素
导入（B） Bridge-in	引入央视网短视频，提出问题：（1）“丝路电商”与跨境电商有哪些区别？（2）数字贸易的方式有哪些？让学生带着问题学习新知	视频教学：央视网视频——中国故事　共建共享路　丝路电商开辟数字时代贸易新通道	关注世情国情，培养国际化视野
学习目标（O） Outcome	知识目标、能力目标、价值目标		
前测（P） Pre-test	课前用雨课堂或慕课堂布置几个小练习题，考查学生课前预习情况，便于教师根据学情开展精准教学		
参与式学习（P） Participation Learning	数字贸易的主要方式： 一级分类为数字订购和数字交付；二级分类	文献引入：OECD－WTO－IMF《数字贸易测度手册》和《中国数字贸易发展报告》 通过权威机构和部门的报告，学生能举例解释数字订购和数字交付的不同贸易方式	
	跨境电商按照交易主体不同分为：B2B、B2C和C2C； 跨境电商按照经营模式不同分为：平台型、自营型和混合型； 跨境电商的发展成就	视频教学：央视网视频—跨境电商：中国外贸发展新动能 通过央视网新闻报道和数据，展示跨境电商对于促进外贸发展的重要作用和发展成就	对于中国跨境电商的发展成就增强自豪感，感受到中国力量

续表

教学环节	教学内容	教学方法	思政元素
参与式学习（P）Participation	数字交付贸易按照交易标的细分为：数字技术贸易、数字服务贸易、数字产品贸易和数据贸易； 中国数字贸易的发展成就	文献引入：《中国数字贸易发展报告》 通过权威机构的统计数据看出，中国可数字化交付的服务额呈现稳步增长趋势，为全球贸易发展发挥积极作用	具有国际化视野，增强四个自信
	“丝路电商”发展历程、发展成就及面临的机遇和挑战	视频教学：央视网视频——“丝路电商”为“一带一路”经贸合作增添动能 学术前沿：以“丝路电商”合作先行区建设推动形成数字国际合作格局 学生通过课下预习和查找资料，课上头脑风暴、小组讨论： （1）“丝路电商”与跨境电商有哪些区别？如何能开辟数字时代贸易新通道？ （2）“丝路电商”国际合作中面临哪些机遇和挑战	“丝路电商”为构建人类命运共同体贡献中国力量；培养学生的深度探究能力和忧患意识
后测（P）Post-test	用雨课堂或慕课堂布置几个小练习题，考查学生对本课程内容掌握情况		
总结（S）Summary	教师对本课程内容进行总结； 布置课后作业（关于数字产品贸易中的“文化出海”的探究）	课后作业：小组合作查找资料，撰写小论文——中国“文化出海”的成就和面临的挑战	增强文化自信，具有忧患意识

五、教学效果分析

通过引入与数字贸易方式密切相关的“丝路电商”这个案例，并适时穿插央视网短视频和有关文献，激发学生的学习兴趣；教师设置问题启发引导学生思考，学生深度参与教学活动，达成知识目标、能力目标和价值目标。

参考文献

［1］商务部服务贸易和商贸服务业司．中国数字贸易发展报告（2021）［R］．商务部，2021.

［2］商务部服务贸易和商贸服务业司．中国数字贸易发展报告（2022）［R］．商务部，2022.

［3］耿泽群．“丝路电商”谱写数字经济国际合作新篇章［J］．中国外资，2024（3）：17－19.

［4］宋琍琍．以“丝路电商”合作先行区建设推动形成数字国际合作格局［J］．中国外资，2024（3）：26－29.

［5］黄茂兴，薛见寒．新发展格局下我国数字服务贸易高质量发展路径研究

[J]. 当代经济研究，2024 (3)：49 - 60，129.

[6] 程冰. 中国游戏“出海”助力中华文化传播 [J]. 中国对外贸易，2024 (2)：57 - 59.

[7] 洪宇，等. 中国数字文化出海与软实力构建 [J]. 上海交通大学学报，2024，32 (1)：37 - 54.

案例四　RCEP：数字贸易壁垒削减多边合作的新探索

汪　宁*

一、课程思政元素

元素 1：优秀的道德品质和勇于探索的创新精神。

元素 2：扎实的专业知识和严谨的科研态度。

元素 3：RCEP 与数字贸易全球治理的中国担当。

元素 4：徽州文化角色与安徽数字贸易的发展。

二、课程目标

（一）知识目标

K1：解构数字贸易壁垒的内涵。

K2：理清数字贸易壁垒的分类。

K3：总结数字贸易壁垒的测度。

K4：归纳数字贸易壁垒的相关理论。

（二）能力目标

A1：解读 RCEP 中关于数字贸易尤其是数字贸易壁垒的条款。

A2：借助全球经济形势分析 RCEP 对中国参与重构全球数字贸易规则的必要性和紧迫性。

A3：基于真实数据和合适方法对样本对象的数字贸易壁垒水平进行测算。

A4：结合数据评估 RCEP 对中国数字贸易发展的差异化影响效应。

A5：通过文献分析数字贸易壁垒相关理论如何解释 RCEP 中的数字贸易壁垒条款，并进行数字贸易壁垒的福利分析。

---

* 作者简介：汪宁，安徽大学经济学院讲师。

（三）价值目标

V1：辩证分析中国数字贸易发展的国内现实与国际比较、在国内和世界经济中的重要贡献，为国家加快数字贸易发展的相关政策提供理论和经验支撑。

V2：强化学生利用所学知识为中国签订更高水平的数字贸易协定和参与重构全球数字贸易规则出谋划策的能力。

V3：培养学生严谨的科研态度和勇于探索的创新精神。

三、教学内容

（一）教学内容

1. 数字贸易壁垒的内涵

重点 A：数字贸易壁垒内涵有关的三大“关键点”（定义、成因与特点）（视频资源：学堂在线的视频讲解①）；

重点 B：数字贸易壁垒的分类（从数字贸易关税壁垒和数字贸易非关税壁垒两个方面分类）。

2. 数字贸易壁垒的测度

重点 C：两大数字贸易壁垒测度指标（文件资源：欧洲国际政治经济研究中心（ECIPE）发布的《数字贸易限制指数（DTRI）》、经济合作与发展组织（OECD）发布的《数字服务贸易限制指数（STRI）》）。

重点 D：RCEP 各经济体数字贸易壁垒水平的比较分析（案例资源：以中国、日本、新加坡、美国为案例讨论 RCEP 成员国与非成员国数字贸易壁垒的现状、基础与前景）。

难点 A：数字贸易壁垒相关数据（ECIPE 数字贸易限制指数数据库、OECD 数字贸易限制指数数据库）。

3. 数字贸易壁垒相关理论

难点 B：数字贸易壁垒的相关理论如何解释 RCEP 中的数字贸易壁垒条款（论文资源：数字贸易壁垒与 RCEP 相关学术论文）②。

难点 C：数字贸易壁垒的相关理论如何测度 RCEP 成员国和非成员国因数字贸易壁垒引致的福利损失（案例资源：以中国、日本、新加坡和美国为案例讨论各国因数字贸易壁垒引致的福利变化）。

难点 D：数字贸易壁垒与 RCEP 相关数据（ECIPE 数字贸易限制指数数据库、

---

① https：//www. xuetangx. com/course/suibe02041013120/23340668？channel = i. area. course – list – all.

② 程大中，汪宁，甄详．中国参与 RCEP：基础、规则与前景［J］．学术月刊，2021（3）：35 –49.

OECD 数字贸易限制指数数据库、《区域全面经济伙伴关系协定》（RCEP）文本）。

（二）知识架构

本案例知识图谱如图 6－5 所示。

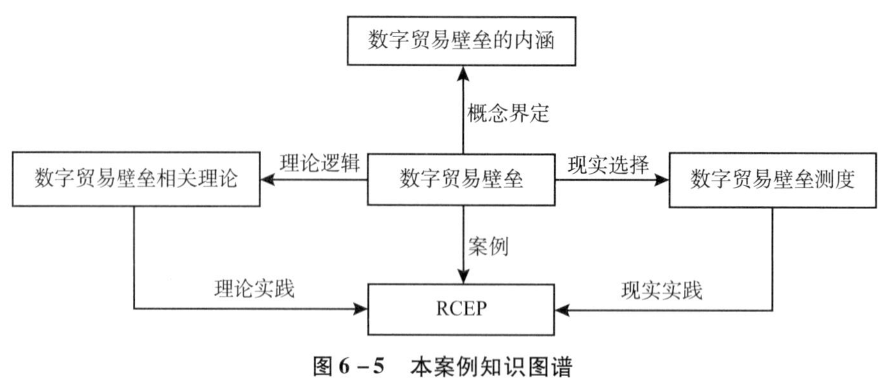

图 6－5　本案例知识图谱

四、教学设计

（一）设计逻辑

本知识点着重培养学生的专业知识能力和科研创新精神。课程采用课前预习＋课堂教学＋课后作业＋问题导向＋翻转课堂＋案例教学＋科研训练的教学方法。

课前线上内容为学生预习数字贸易壁垒的内涵、分类、测度和相关理论。

线下课程包括以下内容。

（1）教师以三大“关键点”（即定义、成因与特点）为基准精炼总结数字贸易壁垒的内涵。

（2）从数字贸易关税壁垒和数字贸易非关税壁垒两个方面对数字贸易壁垒进行分类。

（3）提供欧洲国际政治经济研究中心（ECIPE）发布的《数字贸易限制指数（DTRI）》和经济合作与发展组织（OECD）发布的《数字服务贸易限制指数（STRI）》，作为数字贸易壁垒测度的学习材料，小组讨论回答数字贸易壁垒测度指标和传统货物贸易壁垒测度指标的联系与区别。

（4）引入中国、日本、新加坡和美国数字贸易壁垒的现状、基础与前景相关的案例，帮助学生识别数字贸易壁垒测度指标在实践中的应用，并对 RCEP 成员国和非成员国的数字贸易壁垒水平进行比较分析。

（5）结合数字贸易壁垒和 RCEP 相关学术论文，向学生介绍如何使用数字贸易壁垒的相关理论解释 RCEP 中的数字贸易壁垒条款，并以中国、日本、新加坡和美国为典型案例进行数字贸易壁垒的福利分析，比较 RCEP 成员国和非成员国因数字贸易壁垒引致的福利损失差异。

课后作业内容为结合数字贸易壁垒与 RCEP 相关数据，小组评估“一带一路”对各成员国、世界其他国家数字贸易发展的差异化影响效应，以此为重构中国在数字贸易规则领域的话语权出谋划策。

（二）案例阐释

本案例课程思政教学环节说明见表 6 -6。

表 6 -6　　本案例课程思政教学环节说明

教学环节	教学内容	教学方法	思政元素
基本原理	数字贸易壁垒的内涵、测度、相关理论	课前预习： 学生学习线上教学资源，对数字贸易壁垒相关内容有基本认知。 归纳演绎： 教师回答学生课前预习存在的困惑，总结与数字贸易壁垒基本原理相关的内容	使学生掌握扎实的专业知识，为实践应用奠定理论基础
案例导入	RCEP 由提出到落实的不同阶段及相关措施	文件解读： 通过《商务部等 6 部门关于高质量实施〈区域全面经济伙伴关系协定〉（RCEP）的指导意见》引入案例	坚定学生对中国特色社会主义的道路自信、理论自信、制度自信、文化自信
政策解读	RCEP 与中国数字贸易发展	政策解读： 利用《区域全面经济伙伴关系协定》（RCEP）文本和商务部的公开文件引导学生分析 RCEP 的数字贸易壁垒条款对中国数字贸易发展的潜在影响	关注时事，塑造学生用专业知识解读政策的能力
文件解读与国家案例	数字贸易壁垒测算	文件解读： 提供欧洲国际政治经济研究中心（ECIPE）发布的《数字贸易限制指数（DTRI）》和经济合作与发展组织（OECD）发布的《数字服务贸易限制指数（STRI）》，引导学生讨论回答数字贸易壁垒测度指标和传统货物贸易壁垒测度指标的联系与区别。 国家案例： 引入中国、日本、新加坡和美国数字贸易壁垒现状、基础与前景的案例，引导学生理解数字贸易壁垒测度指标在实践中的应用，并对 RCEP 成员国和非成员国的数字贸易壁垒水平进行比较分析	关注现实，引导学生在实践中学习理论
科研训练	RCEP 与数字贸易壁垒相关理论的实践	文献引入： 提供数字贸易壁垒和 RCEP 相关学术论文，向学生介绍如何使用数字贸易壁垒的相关理论解释 RCEP 中的数字贸易壁垒条款，并测度 RCEP 成员国和非成员国因数字贸易壁垒引致的福利损失； 国家案例： 以中国、日本、新加坡和美国为案例讨论 RCEP 成员国和非成员国因数字贸易壁垒引致的福利变化差异	理论联系实际，引导学生将所学理论应用到实践中，为国家发展建言献策

续表

教学环节	教学内容	教学方法	思政元素
课程总结	教师提问：如何利用本次课程所学知识重构中国在数字贸易规则领域的话语权	课后作业： 学生借助理论和数据评估 RCEP 对各成员国、世界其他国家数字贸易发展的影响	化研究为“武器”，为国家发展出谋划策

五、教学效果分析

本课程思政案例的教学评价，教学团队采用云班课全程记录学生线上和线下学习的效果。针对四个知识目标、五个能力目标和三个价值目标，构建了学习效果评价指标体系，采用教师评价、生生互评（组内互评、组间互评）的形式，依托头脑风暴、研究报告、思辨讨论、课堂观察等载体完成测试。对标我校的课程思政指标体系，本次教学完成 14 个观测值的任务（见表 6－7）。

表 6－7　　本案例达成校课程思政元素指标情况

1 价值引领			2 文化传承						3 时代使命				4 公民道德									5 地域特色		
1.1	1.2	1.3	2.1	2.2	2.3	2.4	2.5	2.6	3.1	3.2	3.3	3.4	4.1	4.2	4.3	4.4	4.5	4.6	4.7	4.8	4.9	5.1	5.2	5.3
▲		▲			▲	▲		▲	▲	▲		▲	▲		▲		▲				▲	▲		▲

参考文献

［1］刘春生．数字贸易［M］．北京：中国人民大学出版社，2023．

［2］马述忠．数字贸易学［M］．北京：高等教育出版社，2022．

［3］张先锋，等．数字贸易［M］．合肥：合肥工业大学出版社，2021．

［4］程大中，汪宁，甄洋．中国参与 RCEP：基础、规则与前景［J］．学术月刊，2021（3）：35－49．

［5］程大中，虞丽，汪宁．服务业对外开放与自由化：基本趋势、国际比较与中国对策［J］．学术月刊，2019（11）：40－59．

［6］欧洲国际政治经济中心．数字贸易限制指数［R］．2018．

［7］经济合作与发展组织．数字服务贸易限制指数［R］．2019．

案例五　数字贸易规则的“中国方案”：从跟随者到贡献者

张　洪[*]

一、课程思政元素

元素1：国际规则制定权的大国博弈与竞争。

元素2：中国在数字贸易规则制定中的角色与贡献。

元素2：经济贸易类学生的国际视野和积极投身国家发展的大局意识。

二、课程目标

（一）知识目标

K1：了解数字贸易规则的历史演进与演进特征、主要一体化组织和经济体数字贸易规则与发展动态。

K2：能够比较主要区域和国别数字贸易规则的异同点。

K3：理解中国数字贸易规则发展历程和发展思路。

（二）能力目标

A1：能理解数字贸易规则的多元化，熟练应用数字贸易规则。

A2：加深对数字贸易规则的认识，养成在不同视角之间的转换能力、思考能力和理性思维能力。

A3：深入理解数字贸易规则对传统贸易规则的继承与发展。

（三）价值目标

V1：将社会主义核心价值观及最基本的伦理道德哲学观渗透到对数字贸易规则的学习中，对世界主要一体化组织和经济体的数字贸易规则进行解读。

V2：思考中国在国际数字贸易规则制定中的作用和重要性，坚定“四个自信”。

V3：强化数字贸易规则主导权意识，深入理解我国对于数字贸易规则的多层次需求和争夺规则制定话语权的重要意义。

---

* 作者简介：张洪，山东财经大学国际经贸学院副教授。

三、教学内容

（一）教学内容

1. 数字贸易规则的历史演进与特征

2. 主要区域和国别数字贸易规则与比较

难点A：不同区域和国别数字贸易规则的异同及规则制定中的博弈（前沿资源：区域和国别数字贸易规则相关学术论文）。

3. 中国数字贸易规则发展历程与思路

重点A：中国数字贸易规则的发展历程与思路（前沿资源：中国数字贸易发展相关学术论文；时事资源：光明网、中华人民共和国商务部网站等；课堂讨论和思政引导）。

（二）知识框架

本案例知识图谱如图6-6所示。

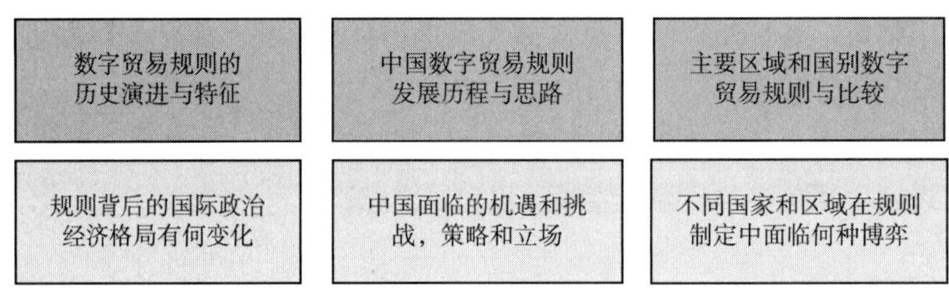

图6-6　本案例知识图谱

四、教学设计

（一）设计逻辑

本课程采用混合式+案例教学方法，从历史和现实的视角，让学生认识数字贸易规则。课前，教师发布课程资源、布置课程任务，学生线上学习数字贸易规则的历史演进、主要一体化组织和经济体的数字贸易规则发展现状、中国数字贸易规则发展历程与思路等课程内容，并按小组查找课程资料和文献，通过小组探究分析不同区域和国别数字贸易规则的异同。课中，由线下课程教师引入《全球数字经贸规则年度观察报告》、相关学术论文，以及光明网、中华人民共和国商务部的政策文件和相关报道，作为内涵的学习辅助材料，引导学生理解规则背后的国际政治经济格局变化，强调不同国家和区域在规则制定中的博弈。学生展开分组讨论，中国在国际数字贸易规则制定中应扮演怎样的角色？面临哪些挑战和机遇？学生代表分享讨论结果，教师进行点评和引导，强调国家利益与国际合作的平衡。课后，发布探索性问题，让学生思考国际贸易规则加速重构的背景下，大学生可以从哪些角度发力，引导学生认识到，作为新时代的中国青年，应具备国际视野和大局意识，积极投身国家发展大局。

本案例课程思政教学设计如图 6－7 所示。

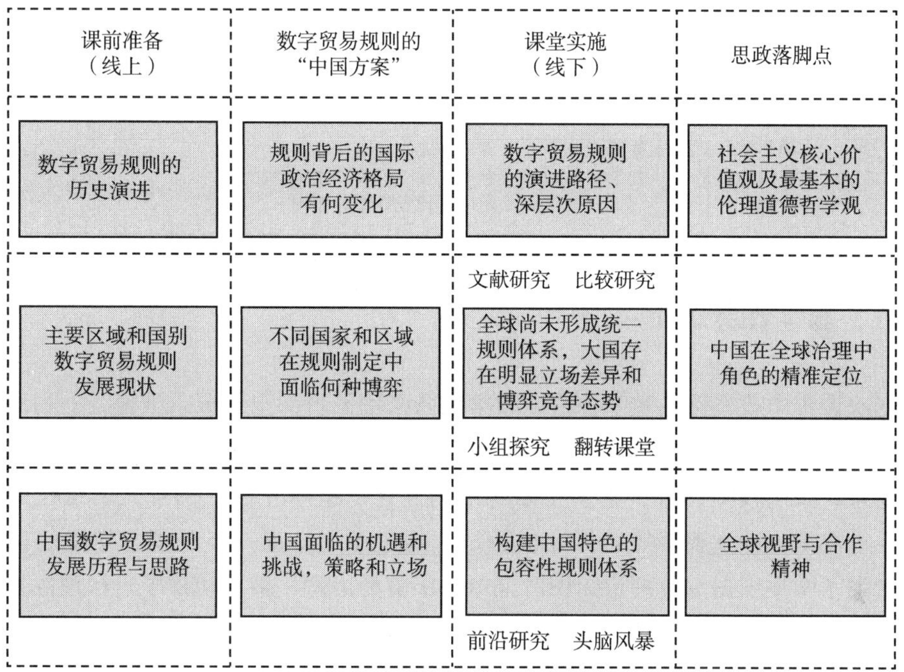

图 6－7　本案例课程思政教学设计

（二）案例阐释

本案例课程思政教学环节说明见表 6－8。

表 6－8　　本案例课程思政教学环节说明

教学环节	教学内容	教学方法	思政元素
热点导入	导入“‘电子传输’的属性争议”案例，让学生认识国际数字贸易规则制定的重要性	案例分析：“电子传输”的属性争议	各主要经济体围绕数字规则的合作与博弈将持续深化
问题提炼一	引入《全球数字经贸规则年度观察报告（2023）》白皮书，用特征事实描述，引导学生对数字贸易规则的机制进展、最新走向有直观感受	文献引入： 引导学生把握全球数字贸易规则演进的方向和特征，认识数字贸易规则制订背后的国际政治经济格局变化	数字贸易领域规则的建构，为中国及其他各国提供了制定国际经贸规则的机遇

续表

教学环节	教学内容	教学方法	思政元素
问题提炼二	不同国家和区域在数字贸易规则制定中的差异性	分组讨论： 学生分小组进行探究，汇报总结全球数字贸易规则的差异性，分析主要经济体参与数字贸易国际规则制定策略的不同	在国际贸易规则加速重构的趋势下，大国博弈正转向数字贸易规则制定权竞争
问题提炼三	中国面临的机遇和挑战，策略和立场	学术前沿： 全球数字贸易规则制定的新趋势与中国的战略选择	分析中国在数字贸易全球治理中的角色，探索符合自身经济利益的“中国方案”
课程总结	教师提问：国际贸易规则加速重构的背景下，大学生可以做什么	课后作业： 思考大学生在数字贸易规则制定中可以发挥哪些作用	培养学生的国际视野和积极投身国家发展的大局意识

五、教学效果分析

本次课程思政案例的教学评价，教学团队采用云班课全程记录学生线上和线下学习的效果。针对三个知识目标、三个能力目标和三个价值目标，构建了学习效果评价指标体系，采用教师评价、生生互评（组内互评、组间互评）的形式，依托课堂展示、线上测试、课堂观察等载体完成测试。通过学习，进一步开阔了学生的国际视野，增强了学生依据专业理论知识对全球数字贸易治理、格局和秩序进行理性判断的能力，更加坚定了学生的理想信念，激发了学生的责任感和使命感。

参考文献

[1] 刘春生．数字贸易［M］．北京：中国人民大学出版社，2023.

[2] 梁国勇．全球数字贸易规则制定的新趋势与中国的战略选择［J］．国际经济评论，2023（4）：139－155，7.

[3] 中国信息通信研究院．全球数字经贸规则年度观察报告（2023 年）［EB/OL］．http：//www. caict. ac. cn/english/research/whitepapers/202312/P020231212299401574193. pdf.

[4] 刘斌，屈一军．国际数字贸易规则：演进趋势与对接逻辑［J］．天津社会科学，2024（3）：127－136，176.

[5] 中华人民共和国商务部．世贸组织实质性结束部分全球数字贸易规则谈判［EB/OL］．http：//ca. mofcom. gov. cn/article/jmxw/202312/20231203463653. shtml.

[6] 叶凌寒，翁东玲．中国高标准数字贸易规则研究——基于与其他数字贸易规则的比较［J］．亚太经济，2023（6）：116－126.

[7] 姚乐野，谢楠．加快建立中国特色数字贸易规则体系［EB/OL］．https：//theory. gmw. cn/2023－05/06/content_36544292. htm.

［8］周念利，陈寰琦．基于《美墨加协定》分析数字贸易规则“美式模板”的深化及扩展［J］．国际贸易问题，2019（9）：1－11.

［9］高凌云，樊玉．全球数字贸易规则新进展与中国的政策选择［J］．国际经济评论，2020（2）：162－172，8.

［10］柯静．WTO 电子商务谈判与全球数字贸易规则走向［J］．国际展望，2020，12（3）：43－62，154－155.

［11］熊鸿儒，马源，陈红娜，等．数字贸易规则：关键议题、现实挑战与构建策略［J］．改革，2021（1）：65－73.

［12］沈玉良，彭羽，高疆，等．是数字贸易规则，还是数字经济规则？——新一代贸易规则的中国取向［J］．管理世界，2022，38（8）：67－83.

［13］周念利，陈寰琦．数字贸易规则“欧式模板”的典型特征及发展趋向［J］．国际经贸探索，2018，34（3）：96－106.

［14］黄先海，周禄松．全球数字贸易规则比较、挑战与中国应对策略——基于 CPTPP、DEPA 与 RCEP 比较视角［J］．社会科学战线，2024（1）：44－53.

第七章　产业经济学

案例一　大国精工：中国工业化的发展历程

杜　宇　李娜娜*

一、课程思政元素

元素 1：通过全面认识工业化成就增强学生对国家发展的认同感和自豪感。
元素 2：在理论学习和实践应用中切实感受民族使命担当与自强不息精神。
元素 3：引导学生培养经世济民的家国情怀和求真求实求索的价值观念。

二、课程目标

（一）知识目标

K1：熟练掌握工业化发展的一般规律。
K2：全面分析影响工业化发展的因素和动力。
K3：科学评估工业化发展水平及其影响。

（二）能力目标

A1：梳理阐述改革开放以来中国工业化的发展历程和阶段特征。
A2：比较中国与发达国家的工业化进程，总结大国精工具备的条件。
A3：准确研判中国工业化发展的问题与挑战，提出有效的政策举措。

（三）价值目标

V1：增强对国家工业化发展成就的认同感和自豪感。
V2：培养学生更好服务国家与地方发展的使命担当。
V3：塑造家国情怀和人文精神，树立正确价值观念。

---

* 作者简介：杜宇，安徽大学经济学院讲师；李娜娜，安徽建筑大学经济与管理学院讲师、经济系主任。

三、教学内容

（一）工业化发展的一般规律

重点 A：如何解释工业化的发展过程，理解狭义工业化和广义工业化的含义。

针对该教学重点，教学设计着重引导学生掌握工业化不同阶段的发展动力和演变过程。通过理论讲授工业化发展的主要理论，结合历史视频资料和工业数据分析，加深学生对狭义与广义工业化的理解，让学生更加直观认识到工业化对于经济、民生等领域带来的重要影响，同时增强学生的实践应用能力。

（二）中国工业化发展的成就进展

重点 B：比较中国与发达国家的工业化进程，梳理和学习党的十六大以来中国工业化发展的新内涵。

针对该教学重点，教学设计着重引导学生深刻认识中国工业化的伟大成就和使命任务。通过数据分析比较中国与发达国家工业化的发展周期，使得学生更加清晰认识到中国作为一个拥有丰富资源、勤劳智慧的民族，从落后的农业国逐步走向世界工业强国的过程，深刻领会国家富强和人民幸福的来之不易。通过政策梳理引导学生发现和认识工业化内涵的演变，培养历史观和发展观，使得学生对工业化内涵有全面准确完整的认识。

难点 A：深刻认识发达国家“再工业化”战略的影响。

针对该教学难点，教学设计着重引导学生关注全球工业发展动态。通过视频讲解和翻转课堂的方式，梳理和学习发达国家“再工业化”战略，让学生感受到竞争和摩擦是全球工业化发展的常态，主动思考中国工业化发展面临的新挑战，培养学生的危机意识，激发求知主动性。

（三）大国精工具备的条件要素

重点 C：了解全球头部制造企业具备的共性特征，关注科技创新和人工智能对工业化发展的影响。

针对该教学重点，通过文献研读和案例分析的方式，从理论和实践两个方面引导学生思考大国精工具备的条件，并找到答案。通过视频讲授让学生了解科技创新和人工智能等前瞻因素发展背景，引发学生对于科技创新和人工智能影响的联想思考，进而强化学生问题意识，培养创新思维和思辨能力，拓展问题研究的深度和广度。

难点 B：大国精工体现的人文精神和价值取向。

针对该教学难点，通过案例分析、视频讲授、小组讨论，让学生在大国精工体现的技术、人才、管理等竞争优势基础上透过现象探讨其背后的精神和价值，认识态度决定一切的重要性，进而引导学生树立正确价值观，培养求真求实求索的精神品质。

四、教学设计

（一）设计逻辑

本案例课程思政教学设计逻辑如图7－1所示。

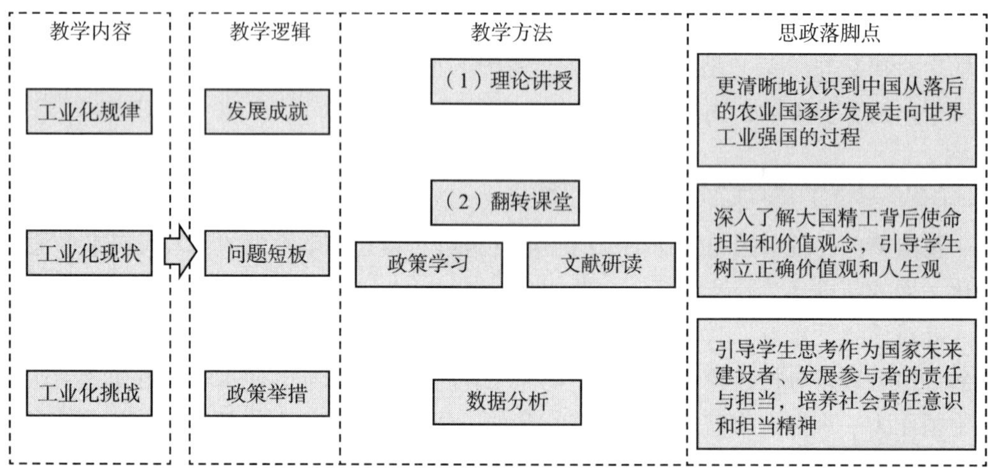

图7－1　本案例课程思政教学设计逻辑

（二）案例阐释

本案例课程思政教学环节说明见表7－1。

表7－1　本案例课程思政教学环节说明

教学环节	教学内容	教学方法	思政元素
主题导入	全面学习《中国制造2025》中工业化发展的目标和任务； 结合数据和案例分析亚洲四小龙工业化发展过程，引发学生深入思考工业化对国家富强和人民幸福的重要性； 小组讨论大国精工如何影响国家形象、民族认同和国际地位	政策学习、小组讨论	学习和领会国家发展政策战略，培养国家发展的观念和意识，引导学生思考和理解工业化发展的重要性和必要性
知识点一之中国工业化的历史成就和发展特征	分析1952—2023年中国工业化发展和工业门类变化（陈佳贵等，2006），结合新闻报道，了解我国从农业大国发展成为制造大国正逐步迈向制（智）造强国的历史性成就；比较中国与美国、日本、英国等主要发达国家工业化的历史进程，论述中国达到与发达国家相同的工业化率所用时间最短； 讨论工业化与经济发展、人民生活的关系，总结中国工业化的历程和特点，强调工业化发展的历史使命和未来责任	翻转课堂、小组讨论、数据分析	培养对国家发展战略的认同感、使命感、自豪感，增强对服务国家富强的使命担当

续表

教学环节	教学内容	教学方法	思政元素
知识点二之中国工业化发展的新内涵和面临的新挑战	梳理和学习党的十六大以来国家关于工业化出台的政策和相关重要论述，重点学习习近平总书记关于推进新型工业化的重要论述和指示、重点关注新型工业化内涵的变化； 理论讲授发达国家再工业化战略对中国工业化的冲击；梳理总结中国工业化发展影响因素和主要问题；案例分析大国精工背后人文精神和价值取向，如工匠精神、企业文化，以及全球头部制造企业竞争优势形成的原因	政策学习、理论讲授、案例分析、小组讨论、翻转课堂	深入了解大国精工背后的使命担当和人文精神，引导学生树立正确的价值观和人生观，更加坚定服务国家富强、人民幸福的责任使命
知识点三之新时期推动中国新型工业化发展的政策举措	梳理和学习国家和地方关于新型工业化发展的政策要求和方向；案例分析科技创新和人工智能对工业化发展的影响； 结合大国精工的要求，从产业和企业两个方面提出新型工业化发展的政策举措（刘元春，2024）	政策学习、案例分析	做好中国研究，讲好中国故事，培养服务国家和地方经济发展的家国情怀
课程总结	学生总结：学生对各教学环节小组讨论的观点和建议进行总结和提炼，按小组进行陈述汇报，并提交电子版内容； 教师点评：教师提供专业、全面的评析，指导学生从政策、经济、技术等多元角度综合评价，引导学生进一步加深对知识的理解与应用	学生展示、教师点评、课堂讨论	进一步增强个人社会责任和使命担当

五、教学效果分析

（一）加强理论掌握与知识理解

通过混合式＋提问式的教学设计，结合文献研读、数据检验、小组讨论的方式促进学生对理论讲授内容准确完整全面理解。多数学生能熟练掌握工业化发展的一般规律、影响因素、评估方法等基础内容，进而拓展思考理论与现实的联系，理解工业化发展对于国家富强、人民幸福的重要性和必要性。政策梳理和学习能够为学生理论知识的应用提供学习载体，激发学生积极思考政策内容的学理解释，加深对理论知识的进一步理解。

（二）培养批判性思维与问题解决能力

通过研究式教学设计，结合小组讨论、翻转课堂、案例分析等方式激发学生思维活跃性和参与度，培养分析问题、解决问题的应用能力，超过一半学生认识到分析问题的逻辑思维不能过于循规蹈矩，需要建立创新型和发散型思维，理解发达国家再工业化战略实施对于中国工业化产生消极影响，但也会加快倒逼关键领域进行进口替代，提升自主化率，这种影响对于中国长期发展是有利的，通过引导建立创新型逻辑思维有助于培养学生发现问题的能力，熟练掌握经济学研究的基本范式。

（三）综合能力的培养和提升

通过小组讨论、翻转课堂等方式，学生需要与小组成员合作，共同完成任务，以此培养学生的团队合作能力和有效沟通技巧，提升团队协作效率和质量。团队参与者通过小组讨论提升沟通表达和知识分析能力，团队汇报者提升观点表达、知识整合与团队协作能力，这种综合能力的培养和提升会对学生未来的学术研究、职业发展等方面产生积极影响。

（四）塑造人文精神和正确的价值观念

案例分析也会让学生感受大国精工背后蕴含的人文精神和价值取向，有助于形成正确价值观念，培养独立创新、工匠精神、不断进取的精神品质。通过政策学习让学生意识到作为新时代青年，不仅要增强对国家发展成就的自豪感和战略的认同感，也要肩负起国家富强和人民幸福的使命担当和社会责任。

（五）拓展知识学习和数据搜集渠道

案例分析、数据分析、政策学习等教学设计能够为学生学习提供资料搜集的渠道和方法，丰富知识获取来源，进而拓展学生研究视野，培养学生学术热情，有助于做好中国研究，讲好中国故事。

参 考 文 献

［1］高志刚．产业经济学［M］.3 版．北京：中国人民大学出版社，2022.

［2］陈佳贵，黄群慧，钟宏武．中国地区工业化进程的综合评价和特征分析［J］．经济研究，2006（6）：4－15.

［3］赵昌文，许召元，朱鸿鸣．工业化后期的中国经济增长新动力［J］．中国工业经济，2015（6）：44－54.

［4］刘元春．中国式现代化情境下推进新型工业化的着力点［J］．财贸经济，2024（1）：5－16.

［5］陈永涌，甄宸．“新文科”背景下课程思政的积极育人体系建构［J］．青海民族大学学报（社会科学版），2024，50（2）：160－168.

［6］王建颖，张红．数字化转型下高校课程思政建设的理性边界与未来进路［J］．东北师大学报（哲学社会科学版），2024（3）：144－152.

案例二　培育战略性新兴产业加快形成新质生产力

杜　宇　李娜娜*

一、课程思政元素

元素 1：深刻认识发展战略性新兴产业是关乎国家富强和人民幸福的战略决策。

元素 2：树立国家观念和危机意识，自觉维护国家发展利益。

* 作者简介：杜宇，安徽大学经济学院讲师；李娜娜，安徽建筑大学经济与管理学院讲师、经济系主任。

元素3：以新质生产力的内在要求培养学生独立创新和勇于求索精神，加快成长为服务国家的新质劳动力。

二、课程目标

（一）知识目标

K1：熟练掌握战略性新兴产业的概念特征和分类标准。

K2：准确描述新质生产力的形成条件和发展要求。

K3：深刻理解培育战略性新兴产业与新质生产力形成的内在关系。

（二）能力目标

A1：科学评价我国战略性新兴产业和新质生产力的发展水平。

A2：全面分析我国培育战略性新兴产业促进新质生产力形成的实现路径。

A3：归纳总结我国培育战略性新兴产业促进新质生产力发展的政策措施。

（三）价值目标

V1：塑造正确价值观念，永不自满、勇于探索的精神，打造自身新质竞争力，形成新质劳动力。

V2：培养家国情怀和使命担当，认识战略性新兴产业对国家发展的重要性。

V3：强化学生创新意识和实践能力，激发学生投身战略性新兴产业的热情，服务国家和地方发展需要。

二、教学内容

（一）战略性新兴产业的理论基础

重点A：掌握产业升级的内涵与影响，以及战略性新兴产业的行业分类。

针对该教学重点，教学设计着重引导学生认识到培育战略性新兴产业为什么重要。通过理论讲授、政策学习的方式，学生理解战略性新兴产业对于国家经济、社会、生态等方面产生重要影响。结合国家统计局发布的《战略性新兴产业分类（2018）》，通过学习统计制度相关知识，更加直观地认识战略性新兴产业的内涵与影响，拓展学生知识学习的渠道和方法。

难点A：经济高质量发展阶段下培育战略性新兴产业的新要求。

针对该教学难点，教学设计着重引导学生认识学习国家产业政策的必要性，通过政策讲授和翻转课堂领会国家层面关于战略性新兴产业培育的目标和要求，梳理关于战略性新兴产业发展的政策要求变化，使学生对战略性新兴产业的培养方向方式方法有全面准确完整的认识。

（二）新质生产力的内涵外延

重点 B：新质生产力的内涵及延伸。

针对该教学重点，教学设计着重激发学生对于热点问题求知和求实的热情。通过政策学习和小组讨论的方式，引导学生认真学习习近平总书记近期重要讲话重要指示精神，同时结合文献研读拓展研究视野，提升理论和概念理解深度。

难点 B：培育战略性新兴产业与新质生产力形成之间的内在关系。

针对该教学难点，教学设计着重引导学生思考和探索两者之间的联系路径。通过小组讨论和翻转课堂的教学方式，激发学生的创新思维，运用所学课程知识绘制关联思维导图，找到战略性新兴产业与新质生产力的结合点。结合文献研读印证设想，进而提升学生思辨能力、研究热情与求索精神。

（三）培育战略性新兴产业的政策举措

重点 C：从新质生产力形成和发展视角分析战略性新兴产业发展面临的主要问题和政策举措。

针对该教学重点，教学设计着重引导学生掌握经济问题分析和解决的范式和方法，提出个人看法与见解。通过政策梳理和案例分析的教学方式，了解国家的政策要求和地方的具体举措，结合案例梳理国外成功经验做法，明确战略性新兴产业发展的重要因素，对照分析中国战略性新兴产业发展面临的主要问题，进而提出兼具针对性和可行性的政策举措，引导学生掌握经济研究范式和方法，提升学生逻辑分析能力。

四、教学设计

（一）设计逻辑

本案例课程思政教学设计逻辑如图 7 -2 所示。

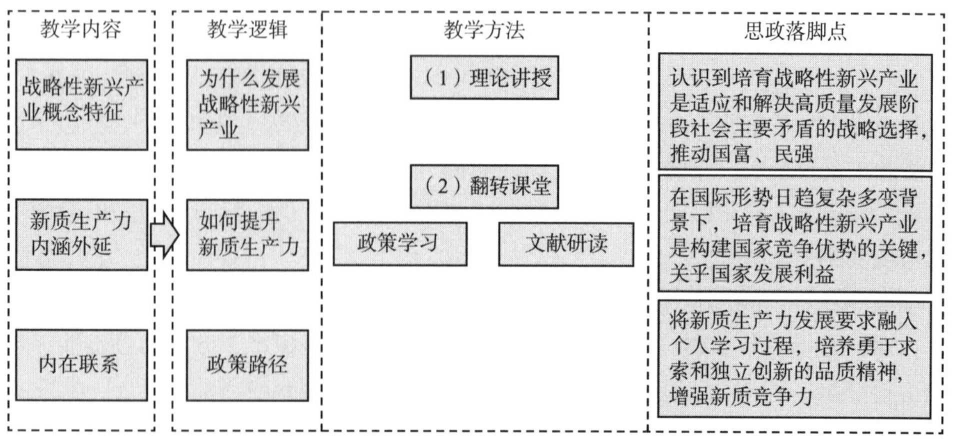

图 7 -2　本案例课程思政教学设计逻辑

（二）案例阐释

本案例课程思政教学环节说明见表7－2。

表7－2　　本案例课程思政教学环节说明

教学环节	教学内容	教学方法	思政元素
主题导入	阅读新闻报道和权威报告，了解我国战略性新兴产业发展取得的伟大成就； 梳理和学习党的十八大以来关于战略性新兴产业发展政策要求，明确国家政策导向①； 案例分析发达国家再工业化发展战略，清楚国际形势	政策学习、翻转课堂、小组讨论	了解国家发展成就与战略，增强民族自信心和自豪感，培养家国情怀
知识点一之中国新质生产力的内涵解析和水平评价	深入学习领会习近平总书记关于新质生产力的重要论述和重要指示精神，引导学生学习国家领导人的重要思想； 讨论新质生产力与传统生产力的区别与联系，明确新质生产力形成和发展内容；阅读文献掌握新质生产力的评价思路和方法，科学研判我国新质生产力的发展水平	政策学习、小组讨论、文献研读	学习和领会国家领导人思想有助于培养家国情怀，勤奋和求索品质与自身新质劳动力形成
知识点二之培育战略性新兴产业与新质生产力之间的内在关系	分析培育战略性新兴产业的增长效应和具备特征（李晓华和吕铁，2010）； 基于战略性新兴产业的特征和新质生产力的内涵，探讨新质生产力形成对于培育战略性新兴产业的新要求以及战略性新兴产业培育对于推动新质生产力形成的作用（焦方义和张东超，2024）	文献研读、理论讲授	培养问题意识和探索精神，聚焦研究中国经济发展的重要问题
知识点三之新时期培育战略性新兴产业发展的政策举措	梳理国家层面关于战略性新兴产业发展顶层设计和地方层面具体实施举措；案例分析国内外战略性新兴产业发展的成功案例，掌握产业发展趋势和国际经济形势；明确我国培育战略性新兴产业具备的资源禀赋优势，从新质生产力形成和发展视角分析战略性新兴产业发展面临主要问题和政策举措	翻转课堂、专家交流、政策学习	培养服务国家和地方产业发展的家国情怀和使命担当
课程总结	学生对各教学环节小组讨论的观点和建议进行总结和提炼，按小组进行陈述汇报，并形成书面和电子文本；教师提供专业、全面的评析，指导学生从政策、经济、技术等多元角度综合评价，引导学生进一步加深对知识的理解与应用，巩固提升所学知识	小组讨论、观点汇报、师生互动	将新质生产力的要求融入个人学习全过程，培养勇于求索精神提升自身新质竞争力

五、教学效果分析

（一）提升理论知识的理解深度

通过混合式＋理论的教学设计，结合文献研读、政策学习、翻转课堂的方式促进

① 中华人民共和国国家发展和改革委员会．关于扩大战略性新兴产业投资培育壮大新增长点增长极的指导意见［Z］．2020－09－25．

学生对理论讲授内容准确完整全面的理解。多数学生能熟练掌握战略性新兴产业的内涵特征和新质生产力的形成要求，进而思考两者的内在联系。政策学习帮助学生了解政策背景和要求，加深对理论知识内涵外延的理解。

（二）增强问题分析与解决能力

通过问题式+实践的教学设计，结合小组讨论、案例分析、文献研读的方式激发学生思维活跃性和参与度，培养分析问题、解决问题的应用能力。多数学生掌握经济学问题分析的基本范式，能够从新质生产力形成和发展的视角提出培育战略性新兴产业的政策举措，不断培养和形成从分析问题→解决问题→发现新问题→……的思维逻辑，进而形成个性化的思维方式。

（三）综合能力的培养和提升

通过小组讨论、翻转课堂的方式，培养学生团队协作能力和有效沟通技巧，提升团队协作效率和质量。参与者通过小组讨论提升沟通表达和知识分析能力，汇报者提升观点表达、知识整合与团队协作能力，这种综合能力的培养会对学生未来学术研究、职业发展等方面产生积极影响。

（四）培养国家观念和家国情怀

案例分析让学生感受到当前国际形势的复杂多变，分工竞争与替代成为全球战略性新兴产业发展的常态，多数学生能够深刻认识到发展战略性新兴产业关乎国家富强和人民幸福，学生在问题分析过程中逐步培养国家危机意识和服务国家的使命担当。新质生产力的学习让学生认识到要在竞争中不断提升个人竞争力，形成服务国家的新质劳动力。

（五）拓展知识学习和数据搜集渠道

案例分析、数据分析、政策学习等教学设计能够为学生学习提供资料搜集的渠道和方法，丰富知识获取来源，进而拓展学生研究视野，培养学生学术热情，有助于做好中国研究，讲好中国故事。

参考文献

［1］高志刚．产业经济学［M］．3版．北京：中国人民大学出版社，2022．

［2］高帆．“新质生产力”的提出逻辑、多维内涵及时代意义［J］．政治经济学评论，2023，14（6）：127－145．

［3］蒲清平，黄媛媛．习近平总书记关于新质生产力重要论述的生成逻辑、理论创新与时代价值［J］．西南大学学报（社会科学版），2023，49（6）：1－11．

［4］王学俭，石岩．新时代课程思政的内涵、特点、难点及应对策略［J］．新疆师范大学学报（哲学社会科学版），2020，41（2）：50－58．

[5] 高德毅，宗爱东．课程思政：有效发挥课堂育人主渠道作用的必然选择[J]．思想理论教育导刊，2017（1）：31－34.

[6] 靳卫萍．经济学原理课程思政的初步实践[J]．中国大学教学，2020（Z1）：54－59.

[7] 焦方义，张东超．发展战略性新兴产业加快形成新质生产力的机理研究[J]．湖南大学学报（社会科学版），2024，27（1）：110－116.

[8] 李晓华，吕铁．战略性新兴产业的特征与政策导向研究[J]．宏观经济研究，2010（9）：20－26.

案例三　建设现代化产业体系与国家竞争优势

杜　宇　李娜娜*

一、课程思政元素

元素 1：深刻认识建设现代化产业体系是国家富强、民族振兴的实现路径，具有极其重要的战略意义。

元素 2：激发学生家国情怀，使其认识到作为国家建设参与者和推动者，肩负着重大的历史责任。

元素 3：引导学生树立正确的价值观念，直面困难。

二、课程目标

（一）知识目标

K1：深入解读构建现代化产业体系对于国家经济发展的重要性和必要性。

K2：熟练掌握构建现代化产业体系的理论基础、主要内容、评估方法。

K3：深刻理解影响现代化产业体系建设的基础条件和核心因素。

（二）能力目标

A1：科学评估国家和地方现代化产业体系建设的进展和成效。

A2：全面分析我国现代化产业体系建设存在的问题和短板。

A3：系统提出我国建设现代化产业体系的政策举措。

（三）价值目标

V1：树立正确的国家发展观念，培养学生国家意识和国际视野。

---

* 作者简介：杜宇，安徽大学经济学院讲师；李娜娜，安徽建筑大学经济与管理学院讲师、经济系主任。

V2：增强学生对国家发展战略的认同感和对国家发展成就的自豪感。

V3：激发学生服务国家和地方产业发展的家国情怀和使命担当。

三、教学内容

（一）现代化产业体系建设的理论内涵

重点 A：产业体系形成和发展的实现过程，现代化产业体系建设的主要内容和重要条件。

针对该教学重点，教学设计着重引导学生深入理解产业体系从形成到发展到现代化的全过程。通过理论讲授、翻转课堂的方式，让学生直观地认识产业体系形成和发展过程中主导产业、基础产业、支柱产业的作用及演变，结合政策学习和案例分析引发学生对现代化产业体系建设方式和路径的深入思考，提出现代化产业体系建设具备的条件和要素，进而增强对知识学以致用的能力，培养经济学分析逻辑和思维。

（二）现代化产业体系建设的成效评价

重点 B：评价传统产业和新兴产业的发展规模和竞争力。

针对该教学重点，教学设计着重引导学生从产业异质性视角探讨传统产业与新兴产业发展的差异。通过文献研读、小组讨论的方式，让学生掌握两类产业在不同阶段发展水平和功能作用差异，增强学生对现代化产业体系建设内容的深入理解，进而引导学生培养思辨能力和学术研究热情。

难点 A：理解主导产业与其他产业、传统产业与新兴产业的关系。

针对该教学难点，教学设计着重引导学生理解现代化产业体系是建立在产业之间分工协作的基础上。通过小组讨论、案例分析的方式，让学生认识到现代化产业体系建设并不仅仅是作为主导产业的新兴产业规模壮大，同时也要重视传统产业的转型升级，在产业之间建立良好的分工联系，进而在学习中培养学生研究的发展观和历史观，以及团队协作精神。

（三）现代化产业体系建设的实施策略

重点 C：探索现代化产业发展趋势，专业化和多样化的产业体系建设策略。

针对该教学重点，教学设计着重引导学生培养知识应用和解决问题的能力。通过案例分析、文献研读的方式，让学生探索现代化产业体系的发展趋势，以及内在（禀赋）因素和外部（环境）因素对现代化产业体系建设产生的影响。结合小组讨论充分思考和判断人工智能发展、发达国家技术和市场封锁等对我国产业体系建设的影响，提出针对性的建议。进而培养学生知识综合应用和思辨能力，认识到具体问题具体分析的重要性，避免问题解决“一刀切”，现代化产业体系建设要发挥国家和地区比较优势，不能跨越发展阶段超前发展新兴产业，同时也要因地制宜选择产业体系建设策略。

四、教学设计

（一）设计逻辑

本案例课程思政教学设计逻辑如图 7－3 所示。

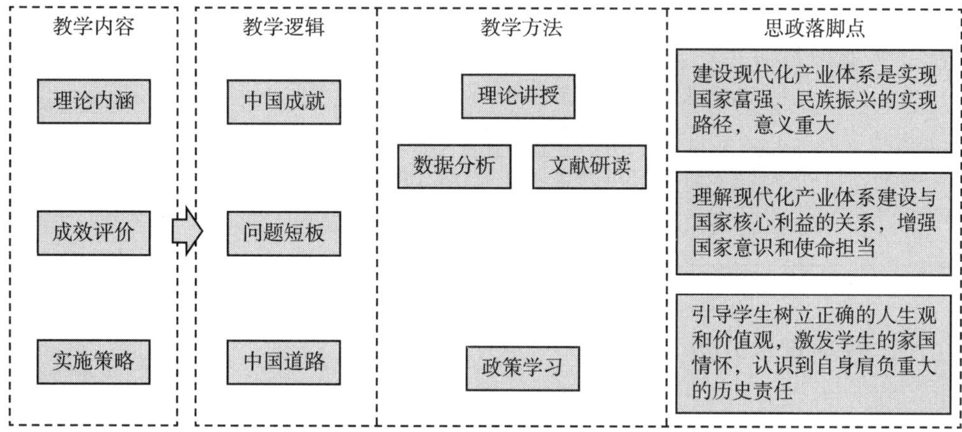

图 7－3　本案例课程思政教学设计逻辑

（二）案例阐释

本案例课程思政教学环节说明见表 7－3。

表 7－3　　本案例课程思政教学环节说明

教学环节	教学内容	教学方法	思政元素
主题导入	分析 1952—2023 年中国三次产业和工业门类的变化，浏览新闻报道，了解我国从农业大国发展成为制造大国正逐步向制（智）造强国迈进的过程； 围绕现代化产业体系建设与国家富强、人民幸福的关系为主题进行小组讨论，引发学生对构建现代化产业体系重要性和必要性的深入思考	小组讨论、案例分析	培养国家富强的自信心和自豪感；深刻理解现代化产业体系建设关乎国家富强和人民幸福
“一问”：什么是现代化产业体系	讲授现代化产业体系建设的理论基础和主要内容（高志刚，2022）； 梳理和学习党的十八大以来国家和地方关于现代化产业体系建设的政策要求； 分析发达国家现代化产业体系建设的成功经验（温惠淇和张川，2024）	理论讲授、政策学习、案例分析	引导学生熟悉国家产业发展政策和战略内容，培养勇于求索的精神和服务家国的使命担当
“二问”：我国现代化产业体系建设存在哪些问题	评估我国现代化产业体系结构特征、竞争力和各产业的协同水平；从国内产业布局和国际产业竞争视角研判我国现代化产业体系建设面临的主要问题和短板因素	数据分析、翻转课堂	了解国家发展形势和未来发展趋势；塑造正确的价值观与社会责任意识；研究中国经济发展的重要问题，讲好中国故事

续表

教学环节	教学内容	教学方法	思政元素
“三问”：如何推进我国现代化产业体系建设	分析发达国家产业体系建设的经验做法，以及全球产业发展格局和趋势；通过文献研读分条梳理现代化产业体系的政策举措和策略选择；基于我国面临的问题和短板，结合现代化产业体系建设所需的科技、资金、技术、人才等要素支持，从推动产业链、人才链、资金链、创新链深度融合角度提出政策举措	案例分析、文献研读	服务国家和地方发展的家国情怀，团队协作意识与个人努力，培养个人解决实际产业发展问题的能力
课程回顾	学生总结：引导学生对各教学环节小组讨论结果进行梳理提炼，以小组为单位总结陈述主要观点和学习感想，形成书面和电子文本；教师点评：教师提供专业、全面的评析，指导学生从政策、经济、技术等多元角度综合评价，引导学生进一步加深对知识的理解与应用，巩固提升所学知识	学生总结、教师点评	价值观塑造与国家意识和责任担当，深刻认识国家发展与个人发展的关系

五、教学效果分析

（一）准确完整全面掌握理论知识

通过理论讲授、案例分析、小组讨论的教学方式，使得学生掌握现代化产业体系的理论内涵和主要内容，更加深入理解构建现代化产业体系的重要性和必要性。结合政策学习帮助学生准确掌握现代化产业体系建设政策目标和方向，也为理解理论知识的学理解释提供载体，加深理论知识的理解。

（二）培养解题答题和思辨能力

通过“案例式”教学，结合小组讨论、翻转课堂等方式提高了学生问题思考和课堂互动的积极性，多数同学能够在问题思考和主题讨论中梳理清晰问题分析思路，建立个性化的分析逻辑。结合小组观点汇报，引导学生思考现有答案是否存在不足和问题，进而在现有分析基础上引导学生发现新的问题，充分调动学生发挥主观能动性，形成创新型思维以及思辨能力。

（三）提升团队沟通和协作能力

通过小组讨论、翻转课堂等方式，培养了学生团队沟通和协作能力，有助于强化知识理解和应用。参与讨论提升沟通表达和知识分析的能力，观点汇报提升知识整合与团队协作能力，这种综合能力的培养和提升会对学生未来的学术研究、职业发展等方面产生积极影响。

（四）树立正确价值观念和品质

案例分析、政策学习也会让学生感受国家发展成就和自强不息的精神，掌握相关理论知识和实践技能的同时树立正确价值观和社会责任感，增强对国家发展战略的认同感和责任感，对国家富强和人民幸福的使命感。

（五）拓展知识学习渠道和方式

案例分析、数据分析、政策学习等教学设计能够为学生学习提供资料搜集的渠道和方法，丰富知识获取来源，进而拓展学生研究视野，培养学生学术热情，有助于做好中国研究，讲好中国故事。

参考文献

[1] 高志刚．产业经济学［M］．3版．北京：中国人民大学出版社，2022.

[2] 李海舰，李真真，李凌霄．建设现代化产业体系：理论内涵、问题与对策［J］．经济与管理，2024，38（4）：42－49.

[3] 张晓鹤，张桂文，曾伏．中国式现代化发展水平测度、时空演变特征及影响因素［J］．统计与决策，2024，40（17）：100－106.

[4] 陈怡琴．加强财经类高校课程思政建设路径探析［J］．国家教育行政学院学报，2021（11）：89－95.

[5] 张乐，张云霞．“翻转课堂”教学模式在高校思政课中的应用研究［J］．中国高等教育，2018（1）：36－38.

[6] 韩丽丽．经济类专业课程思政建设的实现路径探索［J］．思想理论教育导刊，2022（5）：126－131.

[7] 温惠淇，张川．国外先进产业体系构建经验与我国创新发展的探索路径［J］．科学管理研究，2024，42（1）：164－173.

案例四　提升中国产业链安全水平

杜　宇　李娜娜*

一、课程思政元素

元素1：通过学习认识产业链安全关乎国家利益和人民幸福，树立维护国家安全的意识与观念，形成以人民为中心的经世济民情怀。

元素2：引导学生培养独立创新精神和服务国家的使命担当。

元素3：理解推动全球产业和贸易分工有助于建设全球命运共同体。

---

* 作者简介：杜宇，安徽大学经济学院讲师；李娜娜，安徽建筑大学经济与管理学院讲师、经济系主任。

二、课程目标

（一）知识目标

K1：深刻理解产业链安全与国家利益之间的内在联系。
K2：全面总结产业链安全水平的主要内容和关键因素。
K3：熟练掌握产业链安全的评估思路和方法。

（二）能力目标

A1：清晰解读我国产业链安全的建设现状和风险挑战。
A2：准确研判我国重点领域产业链安全建设的薄弱环节。
A3：系统提出推动我国产业链安全建设的政策举措。

（三）价值目标

V1：树立正确的国家安全观念和风险防范意识，坚决维护国家利益。
V2：激发学生国家责任感和使命感，为国家富强和人民幸福作贡献。
V3：培养独立思考和勇于创新品质，提升自身核心竞争力。

三、教学内容

（一）产业链安全的概念内涵

重点A：学习产业分工的竞争与替代效应，深刻理解产业链安全与国家富强、人民幸福的关系。

针对该教学重点，教学设计着重引导学生思考领会产业链安全建设的重要性。通过理论讲授，让学生从国家发展的视角认识产业链安全问题产生的原因，结合文献研读、小组讨论的方式，深入探讨产业分工的竞争与替代对于国家经济发展的机遇与挑战，引导学生从现实出发思考问题，增强问题研究的深度，培养学生全球视野，激发探索热情。

（二）产业链安全建设面临的风险与挑战

难点A：认识全球产业发展的新挑战，分析全球化和双循环背景下中国产业链安全存在的薄弱环节。

针对该教学难点，教学设计着重引导学生主动发现和分析产业链建设面临的安全问题。通过案例分析、小组讨论的方式，了解发达国家再工业化战略对全球产业发展的潜在影响。结合“中美贸易摩擦”的案例，设计问题研究的情景引发学生深入思考，进而让学生在发现问题的同时培养危机意识，增强学习的主动性和服务国家发展的使命担当。

（三）提升国家产业链安全水平的政策路径

重点 B：分析国外重点产业和企业增强竞争力的做法与成效，探讨科技创新和人工智能对产业链安全建设的影响。

针对该教学重点，教学设计着重引导学生找到问题解决的答案，提出产业链安全建设的举措。通过案例分析的方式，让学生了解和明确影响产业链竞争力的各类因素。结合小组讨论，引导学生找到具有共性的关键因素，关注人工智能等前沿技术可能带来的潜在影响，进而培养学生创新思维和观点，进一步认识全球科技竞争的必然性。

四、教学设计

（一）设计逻辑

本案例课程思政教学设计逻辑如图 7－4 所示。

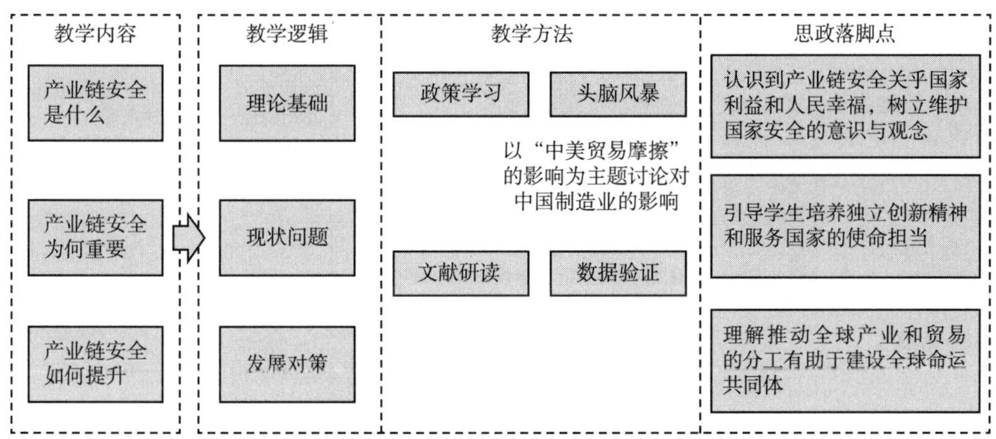

图 7－4　本案例课程思政教学设计逻辑

（二）案例阐释

本案例课程思政教学环节说明见表 7－4。

表 7－4　本案例课程思政教学环节说明

教学环节	教学内容	教学方法	思政元素
主题导入	介绍全球化背景下国家之间的产业分工竞争与替代逐步加快态势； 理论讲解产业分工竞争与替代效应；展示中国产业链建设的伟大成就，制造业全球价值分工地位显著提升；学习产业链安全评估思路和方法	文献研读、理论讲解	强化四个自信和民族自豪感，树立国家安全观念和危机意识

续表

教学环节	教学内容	教学方法	思政元素
“一问”：产业链安全对于中国经济为什么重要	以“中美贸易摩擦”为案例，分析中美产业分工水平和竞争优势，引导学生思考产业链安全与国家利益密切相关，认识研究的重要性和紧迫性； 了解产业链安全提出的现实背景和政策背景；梳理不同领域学者对产业链安全的观点	案例分析、文献研读、政策学习、小组讨论	树立国家安全观念和国家意识，培养独立思考和求索精神
“二问”：中国产业链安全建设面临哪些薄弱环节	再以“中美贸易摩擦”为案例评估我国高技术制造业面临的“断链”风险和传统制造业面临的“替代”风险； 绘制重点产业链图谱，搜集和整理微观企业数据，比较重点产业链环节中美企业市场份额占有和价值获取能力差距，准确定位中国产业链安全的薄弱环节，明确科技创新在产业链安全建设中的核心作用； 清楚认识中国产业链建设的国内外发展形势，明确实现产业发展和科技创新自主可控是关键，从信息不对称、供应链中断、信息化水平不高等方面引导学生提出自己见解与观点	案例分析、数据论证、小组讨论	维护国家安全的责任感和使命感
“三问”：我国如何应对产业链安全问题	理解提升产业链安全的目标是实现重点产业链自主可控和科技创新自立自强，提升价值分工地位；掌握当前和未来产业智能化、数字化、定制化发展的趋势和特征；梳理国家关于产业链安全建设的顶层设计和地方关于产业链建设的实施举措；结合重点产业链安全建设存在的薄弱环节，从产业和企业两个视角明确提出面对发达国家技术和市场双重封锁的常态化背景下的应对策略和政策举措	政策学习、小组讨论	培养服务国家和地方发展的家国情怀
课程总结	学生总结：学生对各教学环节小组讨论的观点和建议进行总结和提炼，按小组进行陈述汇报，并形成书面和电子文本； 教师点评：教师提供专业、全面的评析，指导学生从政策、经济、技术等多元角度综合评价，引导学生进一步加深对知识的理解与应用	小组汇报、反转课堂、教师点评	培养自主创新意识和持续求索的精神

五、教学效果分析

（一）深入理解概念内涵及背景

结合文献研读、小组讨论的方式促进学生对产业链安全的概念内涵、重要性和必要性有全面深刻认识。多数学生能够熟练掌握基础概念，但对于产业链安全“为什么重要”的政策背景和现实背景认识不够。案例分析能够让学生切实感受产业链安全关乎国家利益，认识到“为什么重要”；政策学习让学生理解产业链安全的目标和要求。案例分析和政策学习能够为理论知识的应用提供载体，加深对理论知识的进一步理解。

（二）培养问题分析与思辨能力

结合小组讨论、翻转课堂、案例分析等方式激发学生思维活跃性和参与度，多数学生在问题思考和讨论交流过程中逐步培养经济学逻辑思维，掌握研究范式，对于产业链安全“面临哪些短板”“如何有效施策”有了更加全面和清晰的认识，从而在实际学术研究中更好地应对复杂的情境。

（三）塑造国家安全观念和家国情怀

“中美贸易摩擦”的案例让学生在问题分析和求解过程中树立自觉维护国家安全的意识和观念，同时让学生认识到作为新时代青年，要增强对国家发展成就的自豪感和战略的认同感，肩负起国家富强和人民幸福的使命担当和责任。

（四）综合能力的培养和提升

通过小组讨论、翻转课堂等方式，学生需要与小组成员合作共同完成任务，培养学生团队协作意识能力和有效沟通技巧。基本上所有学生能够积极参加小组讨论并与老师交流互动，独立思考并提出个人见解。这种综合能力的培养和提升会对学生未来的学术研究、职业发展等方面产生积极影响。

（五）拓展知识学习和数据搜集渠道

案例分析、数据分析、政策学习等教学设计能够为学生学习提供资料搜集的渠道和方法，丰富知识获取来源，进而拓展学生研究视野，培养学生学术热情，有助于做好中国研究，讲好中国故事。

参考文献

[1] 高志刚. 产业经济学［M］. 3版. 北京：中国人民大学出版社，2022.

[2] 吕越，陈泳昌. 提升产业链韧性和安全水平：时代背景、风险挑战与靶向进路［J］. 学术论坛，2024，47（2）：58－67.

[3] 王欠欠，钟道诚. 产业链安全的政策逻辑、风险敞口与实践启示［J］. 学习与探索，2023（12）：108－117.

[4] 于妍，刘小雪. 基于产业需求导向的高校学科建设及其路径优化［J］. 学位与研究生教育，2024（2）：63－70.

[5] 张兵，曹雨平，冯英华，等. 新时代新征程新建本科高校在落实科教兴国战略中的使命任务［J］. 中国高等教育，2023（Z1）：25－28.

[6] 刘国买，姜哲. 以产业为要推进人才培养改革创新［J］. 中国大学教学，2022（11）：12－16.

案例五　人工智能产业发展助力中国制造强国建设

李娜娜　杜　宇*

一、课程思政元素

元素 1：认识把握人工智能发展机遇是实现制造强国战略的必然选择，树立国家发展观念。

元素 2：培养学生勇于创新、追求卓越的人文精神，为国家经济的长期发展注入持续活力。

元素 3：在人工智能背景下提出增强中国制造业竞争优势的政策举措，讲好中国发展故事。

二、课程目标

（一）知识目标

K1：深刻认识人工智能产业发展对中国制造强国战略实施的重要意义。

K2：全面分析人工智能产业和技术发展对制造业转型升级的深刻影响。

K3：熟练掌握人工智能与制造业融合的应用场景和模式。

（二）能力目标

A1：熟练运用多学科方法从产业和企业的双重视角分析人工智能产业发展对中国制造业转型升级产生的积极影响和潜在挑战。

A2：深入探究人工智能技术在中国制造业发展中的具体应用场景，理解其在不同领域的实际应用方式。

A3：系统总结推动人工智能促进中国制造业高质量发展的政策举措。

（三）价值目标

V1：培育学生创新型和发散型思维，引导学生树立创新意识和实践能力，激发学生敢于勇于善于创新的精神和热情。

V2：强化学生对中国制造强国战略的认同感，积极参与国家建设的使命担当。

V3：鼓励学生关注人工智能对中国经济社会发展的深远影响，拓宽研究视野，为国家经济发展贡献力量。

---

* 作者简介：李娜娜，安徽建筑大学经济与管理学院讲师、经济系主任；杜宇，安徽大学经济学院讲师。

三、教学内容

（一）人工智能产业与制造强国战略的内在关系

重点 A：中国制造强国战略建设的目标和任务，人工智能产业发展的战略意义。

针对该教学重点，教学设计着重引导学生认识和理解制造强国的使命任务和重要意义。通过政策学习的方式，梳理和明确中国制造强国战略建设的目标任务，运用所学理论进行学理解释。结合文献研读、翻转课堂引导学生对中国人工智能产业发展背景的关注，了解当前面临的技术封锁和市场竞争，明确中国人工智能发展的重要性和必要性，增强学习积极性和主动性。

（二）人工智能对制造业转型升级的影响方式

重点 B：分析人工智能对传统制造业和先进制造业影响方式的差异。

针对该教学重点，教学设计着重引导学生思考人工智能对经济、社会等领域带来的深刻影响。通过案例分析、文献研读的方式，梳理人工智能在生产效率、制造方式、产品质量、资源利用等方面的作用。结合小组讨论，列举人工智能对传统制造和先进制造行业的影响方式，进而拓展学生研究思维，理解人工智能的影响在不同领域、不同行业存在差异，培养创新型思维。

难点 A：探讨人工智能对制造业发展产生的潜在挑战。

针对该教学难点，教学设计着重引导学生深入思考人工智能对经济社会产生的潜在威胁。通过文献研读，梳理人工智能不利影响的具体体现。结合小组讨论，以“马斯克关于人工智能的观点”为主题进行讨论，让学生深入理解人工智能对制造业发展的影响并不全是积极的，同时也会带来问题与挑战，拓展了学生对于问题的不同理解，增强了思考深度，培养学生思辨能力和逆向思维。

（三）人工智能与制造业的融合路径

重点 C：探讨人工智能技术在传统制造和先进制造业的应用场景和融合模式，分析融合应用中存在的问题。

针对该教学重点，教学设计着重引导学生围绕人工智能技术应用提出针对性的政策举措。通过案例分析、文献研读的方式，从生活应用到生产应用列举人工智能在不同行业的应用场景，结合企业数实融合案例，探讨工业大数据、互联网技术等的应用，如智能物流、智能制造、私人定制等，引发学生对该问题思考的共鸣和体会。结合文献研读、小组讨论梳理专家学者、企业家关于人工智能技术应用中存在问题的观点。将问题思考融入生活提升学生思考的主动性，增强学生解题和答题的能力，掌握经济学研究范式和方法，拓展研究思维和视野。

四、教学设计

（一）设计逻辑

本案例课程思政教学设计逻辑如图 7－5 所示。

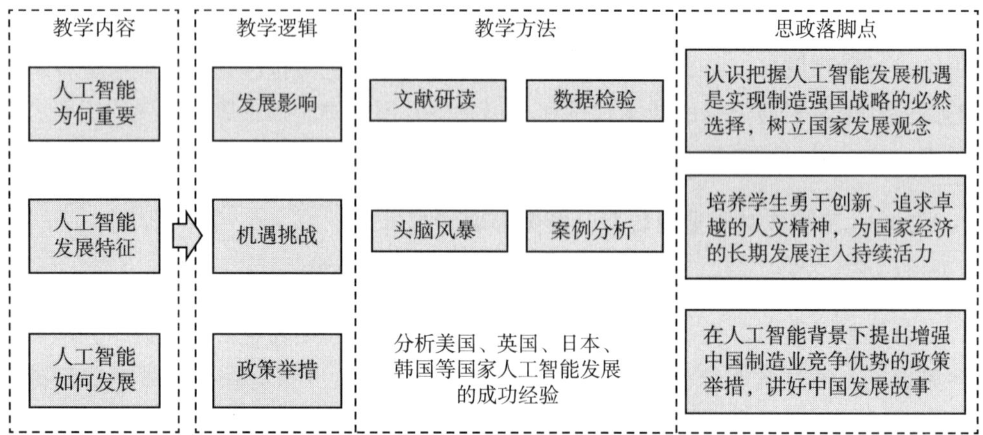

图 7－5　本案例课程思政教学设计逻辑

（二）案例阐释

本案例课程思政教学环节说明见表 7－5。

表 7－5　本案例课程思政教学环节说明

教学环节	教学内容	教学方法	思政元素
主题导入	了解近年来中国人工智能产业和技术发展取得的重要进展和成就，引发学生对人工智能产业的兴趣； 小组讨论列举人工智能技术在日常生活中的应用	视频讲授、小组讨论	强调人工智能产业发展对国家经济发展的重要意义，引发学生深入思考和讨论
知识点一之人工智能产业发展与中国制造强国战略的内在关系	理论讲授人工智能产业是后工业化阶段和现代社会阶段国家主导产业；介绍中国制造强国战略的实施情况和战略目标，以及人工智能产业地位作用； 引导学生梳理和学习政策中关于人工智能和信息技术的发展要求，小组讨论人工智能产业发展对于中国制造强国建设的战略意义	理论讲授、政策学习、小组讨论	引导学生深刻认识人工智能产业对国家发展战略的重要作用，树立正确的价值观和发展观
知识点二之人工智能产业发展对中国制造业转型升级的影响方式	讲授人工智能产业或技术对制造业转型发展的积极影响，包括生产效率、制造方式、产品质量、资源利用等方面； 引导学生思考人工智能技术对中国制造业发展的潜在挑战	理论讲授、文献研读、翻转课堂	培养学生的辩证思维，激发求索精神，增强学生对于国家经济发展重大问题的研究热情

续表

教学环节	教学内容	教学方法	思政元素
知识点三之中国人工智能产业发展的政策措施	小组讨论人工智能产业发展面临复杂多变的国际环境和潜在挑战；案例分析全球知名头部企业人工智能与制造业融合的模式场景以及未来发展趋势； 利用产业图谱和企业数据，分析中国人工智能产业发展短板；从数实融合、集群发展、创新驱动等方面梳理和总结人工智能产业发展的政策举措	小组讨论、案例分析、数据分析	培养服务国家富强和人民幸福的使命担当和社会责任
课程回顾	学生总结：学生对各教学环节小组讨论的观点和建议进行总结和提炼，按小组进行陈述汇报，并形成书面和电子文本； 教师点评：教师提供专业、全面的评析，指导学生从政策、经济、技术等多元角度综合评价，引导学生进一步加深对知识的理解与应用	总结演讲、讨论交流	激发学生使命感和责任感，引导他们将个人成长与国家发展紧密联系起来，激励他们为实现中国制造强国的梦想贡献自己的力量

五、教学效果分析

（一）准确完整全面掌握理论知识

结合文献研读、数据分析、小组讨论的教学方式，促进学生对理论讲授内容准确完整全面的理解。多数学生能够熟练掌握人工智能的影响方式和应用场景，认识到人工智能对于国家富强、人民幸福的重要性和必要性。政策梳理和学习为学生理论知识的应用提供载体，加深对理论知识的进一步理解。

（二）强化问题意识和分析解决能力

通过小组讨论、翻转课堂、案例分析等方式强化学习过程的问题导向，激发学生思维活跃性和参与度，培养问题分析和解决应用能力。围绕“马斯克警告”的主题讨论有助于引导学生培养思辨能力，关注人工智能可能带来的潜在威胁。通过引导建立创新型逻辑思维有助于培养学生发现问题的能力，熟练掌握经济学研究基本范式。

（三）综合能力的培养和提升

通过小组讨论、翻转课堂等方式，培养学生的团队合作能力和有效沟通技巧。参与者通过小组讨论提升沟通表达和知识分析能力，汇报者提升观点表达、知识整合与团队协作能力，这种综合能力的培养和提升为学生将来从事相关领域学术研究或工作实践做好准备。

（四）培养家国情怀和使命担当

在理论学习和实践应用中学生加深了对国家发展战略的认识和理解，培养了正确价值观念以及家国情怀和责任意识。政策学习让学生意识到作为新时代青年，要肩负起国家富强和人民幸福的使命担当和社会责任，激发他们为国家发展贡献力量的愿望和决心。

（五）拓展知识学习和数据搜集渠道

案例分析、数据分析、政策学习等教学设计能够为学生学习提供资料搜集的渠道和方法，丰富知识获取来源，进而拓展学生研究视野，培养学生学术热情，有助于做好中国研究，讲好中国故事。

参考文献

[1] 高志刚．产业经济学 [M]. 3 版．北京：中国人民大学出版社，2022.

[2] 刘斌，潘彤．人工智能对制造业价值链分工的影响效应研究 [J]. 数量经济技术经济研究，2020，37 (10)：24 - 44.

[3] 张鑫，王明辉．中国人工智能发展态势及其促进策略 [J]. 改革，2019 (9)：31 - 44.

[4] 王林辉，姜昊，董直庆．工业智能化会重塑企业地理格局吗 [J]. 中国工业经济，2022 (2)：137 - 155.

[5] 陆道坤．课程思政推行中若干核心问题及解决思路——基于专业课程思政的探讨 [J]. 思想理论教育，2018 (3)：64 - 69.

[6] 张大良．课程思政：新时期立德树人的根本遵循 [J]. 中国高教研究，2021 (1)：5 - 9.

[7] 赵继伟．"课程思政"：涵义、理念、问题与对策 [J]. 湖北经济学院学报，2019，17 (2)：114 - 119.

[8] 刘鹤，石瑛，金祥雷．课程思政建设的理性内涵与实施路径 [J]. 中国大学教学，2019 (3)：59 - 62.

第八章 区域经济学

案例一 生产要素的不完全流动性：高铁

黄永斌*

一、课程思政元素

元素 1：通过学习高铁的发展历程和技术创新，可以激发学生的爱国情怀，增强民族自信心和自豪感。

元素 2：高铁建设与区域协调发展，让学生认识到个人发展与社会进步的紧密联系，培养他们的社会责任感和奉献精神。

元素 3：高铁技术发展与国际合作，引导学生认识到国际合作的重要性，培养他们的国际视野和跨文化交流能力。

二、课程目标

（一）知识目标

K1：解读出生产要素不完全流动性的内涵。

K2：举例阐明生产要素不完全流动性。

K3：熟悉高速铁路对生产要素流动的影响。

（二）能力目标

A1：解读中国高铁的建设历程、规划现状和发展特征。

A2：借助国内外经济发展形势分析高铁“出海”的必要性和紧迫性。

A3：结合“要素流动逻辑图”评估高速铁路开通对生产要素流动的经济效应。

（三）价值目标

V1：对身边人加强高铁技术创新的科普，让更多国人了解到高铁建设的重大现实意义。

---

* 作者简介：黄永斌，安徽大学经济学院讲师。

V2：强化我国要进一步加强“卡脖子”技术攻关和科技创新的意识。

三、教学设计

（一）教学内容

1. 要素流动的内涵、特征

难点 A：要素流动的特征。

主要内容：趋利性、趋同性、层次性。

2. 高铁建设对要素流动影响的理论机制

重点 A：要素流动的不完全性和非均衡性。

主要内容：要素流动的结果并不会带来要素空间分布的均衡化，而会导致要素在某一区域的集聚、虹吸或者扩散。

3. 举例说明高铁建设对要素流动的经济效应

重点 B：高铁建设对要素流动影响的区域异质化特征。

主要内容：高速铁路发展的前沿论文。

针对本知识点，课程采用案例教学方法，引导学生思考交通基础设施改善是否能扭转“生产要素不完全流动性”。教师引入中华人民共和国历年高速公路开通地图，讲解高速铁路的建设历程、规划现状与发展特征，组织开展小组讨论回答高速铁路开通是否对不同区域存在差异化影响？引入相关历史资料，从历史的角度帮助学生内化生产要素流动不完全性和均衡性。列举相关学术论文，说明高速铁路开通对劳动力要素流动、资本要素流动、技术要素流动的影响，思辨这种异质化影响是否在高铁出海后依然会存在，这是否会成为高铁出海的潜在挑战。

本案例知识图谱如图 8－1 所示。

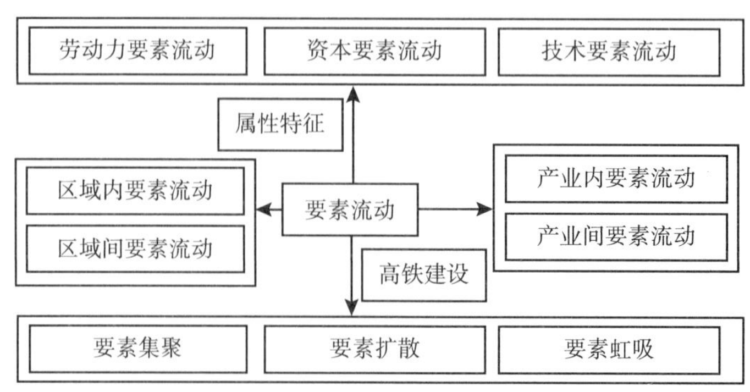

图 8－1　本案例知识图谱

（二）教学方法

1. 混合式教学法

线上教学包括高铁技术研发与建设的视频教程、在线测试和互动讨论；线下教学通过教师的课堂讲授，向学生介绍高速铁路的建设历程、规划现状和发展特征。

2. 案例分析法

通过引入实际案例，如某地区高铁开通前后的经济数据对比，来展示高铁如何影响生产要素的流动，这有助于学生更直观地理解高铁的作用。此外，引导学生分析中国高铁建设的空间分布和网络化特征，内化高铁建设存在路径依赖特征，引出高铁建设对要素流动的影响分析可能面临互为因果的内生性问题，强化学生的理论思辨能力。

3. 文献阅读法

引导学生阅读前沿高铁研究论文，明晰前沿论文在阐述高铁对生产要素流动影响的内生性解决方法，总结论文研究结论，思考论文的合理性、可靠性和适用性，评估论文的价值和意义，强化生产要素流动的不完全性和非均衡性观点。

（三）教学案例内容

案例教学内容设计见表8－1。

表8－1　　案例教学内容设计

教学环节	教学内容
线上课堂	学生通过线上课程学习高铁技术研发与建设的视频课程、在线测试和互动讨论
内容导入	引入多年高速铁路开通的中国地图，用典型事实和统计数据，引导学生对高速铁路开通对生产要素流动、区域经济增长的直观感受
概念解析	生产要素流动不完全性的内涵
问题引入	引入高速铁路开通前的中国地图、历朝历代交通驿道地图，引导学生思考交通基础设施建设的路径依赖和内生性问题
讨论与分析	识别高速铁路开通对生产要素流动影响的障碍
文献阅读	阅读前沿学术论文分析高铁开通对生产要素流动影响的内生性解决方法；总结论文研究结论，强化生产要素流动的不完全性和非均衡性观点
理论阐释	（1）解析生产要素集聚、扩散、虹吸的内涵； （2）高速铁路开通对生产要素流动的作用机制
课程总结	高速铁路的开通并不一定会带来要素空间分布的均衡化，而会导致要素在某一区域的集聚、虹吸或扩散；区域发展的非均衡性

（四）案例评析

基于思政元素的案例评析见表8－2。

表 8－2　　基于思政元素的案例评析

教学内容	思政落脚点	思政元素
高速铁路的开通并不一定会带来要素空间分布的均衡化，而会导致要素在某一区域的集聚、虹吸或扩散；区域发展的非均衡性	正视地方发展差距；高速铁路的科技创新	激发创新精神； 理解区域多样性； 引导学生关注社会问题，增强社会责任感。同时，也能让学生认识到个人发展与社会进步的紧密联系，培养他们的社会责任感和奉献精神
要素流动的特征	趋利性，要素流动是为了获得更高的要素回报率，具体体现在要素流入地与要素流出地之间的实际收益差距或预期收入差距；趋同性，同质要素可以获得同等报酬，产品价格在区域间有逐步趋同的倾向；层次性，要素可以在区域层面、产业层面以及企业层面进行转移	通过学习高铁的发展历程和技术创新，可以激发学生的爱国情怀，增强民族自信心和自豪感。同时，也能让学生认识到科技创新对于国家发展的重要性，从而培养他们的创新意识和能力
高铁建设对要素流动影响的作用机制	要素集聚效果，高铁有利于提高区位优势，降低劳动力流动成本，扩大其就业范围，并进一步吸引人才集聚和实现资源优化配置；要素扩散效果，高铁可以通过综合网络进行溢出和扩散，使得经济活动在不同地区之间具有空间关联性；要素虹吸效果，欠发达地区的生产要素将可能向发达地区外流	树立区域发展与均衡理念； 强化开放心态； 通过学习高铁技术的国际交流与合作，可以引导学生认识到国际合作的重要性，培养他们的国际视野和跨文化交流能力

四、教学效果分析

（一）知识掌握与技能提升

学生能够系统掌握生产要素流动的基本内涵，如趋利性、趋同性和层次性等。学生能够提升对区域经济学经典假设“生产要素不完全流动性”的理解，进而内化区域均衡发展的重大理论和现实意义。通过案例分析和讨论，培养学生分析问题、提出解决方案的能力，从而在实际学术研究中更好地应对复杂的情境。

（二）学习兴趣与积极性提升

学生们对于高铁技术的创新与发展历程展现出了浓厚的兴趣，他们不仅仅满足于书本上的理论知识，更渴望深入了解和掌握这一领域的最新动态。他们积极搜寻相关的学术文献、科技报告以及行业新闻，以此来丰富自己的知识储备。在课堂上，他们愿意主动提问、分享观点，与老师和同学们展开热烈的讨论，共同探讨高铁技术的前沿问题和未来趋势。

（三）实践能力和创新思维提升

通过阅读相关前沿论文和案例分析，学生们不仅拓宽了视野，增长了知识，更重要的是培养了创新思维和批判性思维。他们不盲目接受论文中的观点，而是会结合已有的知识和实践经验，对论文进行深入的剖析和评估。他们会思考论文的合理性、可靠性和适用性，评估论文的价值和意义，以及在实际应用中可能遇到的问题和挑战。这种批判性思维的培养，使他们能够更加客观地看待问题，避免盲目跟风，从而提高分析问题和解决问题的能力。

参考文献

[1] 区域经济学编写组．区域经济学［M］．2版．北京：高等教育出版社，2022.

[2] 白俊红，王钺，蒋伏心，等．研发要素流动、空间知识溢出与经济增长［J］．经济研究，2017，52（7）：109－123.

[3] 董艳梅，朱英明．高铁建设能否重塑中国的经济空间布局——基于就业、工资和经济增长的区域异质性视角［J］．中国工业经济，2016（10）：92－108.

[4] 许志成，孙天事．传统铁路道口改造、交通便利性与城区空间演化［J］．经济学（季刊），2023，23（5）：1936－1953.

[5] Ahlfeldt GM，Feddersen A. From periphery to core：measuring agglomeration effects using high-speed rail［J］．*Journal of Economic Geography*，2018，18（2）：355－390.

案例二　产业集群与区域创新

毛琦梁*

一、课程思政元素

元素1：树立自由、平等、公正、法治的社会主义核心价值观。

元素2：激发创新精神、培养科学发展观。

元素3：强化全球意识和开放心态。

二、课程目标

（一）知识目标

K1：解读产业集群的概念与内涵。

K2：作图阐释产业集群的结构与形成机理。

K3：能够比较产业集群、创新集群、产业集聚、产业区等概念的异同点。

* 作者简介：毛琦梁，首都经济贸易大学城市经济与公共管理学院讲师。

K4：阐释产业集群对于创新的作用机制。

（二）能力目标

A1：解读产业集群作为一种产业空间组织形式的属性特征。

A2：基于创新、高质量发展和新质生产力发展要求分析产业集群建设的必然性和紧迫性。

A3：结合产业集群对于创新的作用评估对推进经济高质量发展的经济效应。

（三）价值目标

V1：团队合作研究中国产业集群的发展历程与现状，准确认知产业集群在带动经济增长、提升自主创新能力、增强国际竞争力等方面发挥的重要作用。

V2：了解和总结中国建设产业集群的努力，总结中国的工业化和现代化建设道路的重要特征。

V3：认识我国产业集群发展的短板与不足，以及未来进一步通过优化产业集群建设来推进创新和高质量发展的需求和努力方向。

三、教学设计

（一）教学内容

1. 产业集群的概念与内涵

重点 A：从产业集聚到产业集群、创新集群。

主要内容：产业集群的概念；产业集群的结构；产业集群的功能。

2. 产业集群的发展现状与趋势

重点 B：产业集群的类型与发展趋势。

主要内容：产业集群的起源、发展与类型；国外的典型产业集群与发展趋势；国内的典型产业集群与发展趋势。

3. 产业集群与创新

难点 A：解析产业集群为何是创新的空间载体。

主要内容：产业集群促进创新的微观基础即集聚效应和竞争效应。集聚效应指产业集聚产生的外部性通过中间投入品共享、劳动力池和知识溢出促进创新；竞争效应指企业密度通过提高产业集群内的竞争来促进创新。

4. 产业集群与区域经济高质量发展

难点 B：产业集群推进区域经济高质量发展的作用机制。

主要内容：通过集聚高质量要素，提高产业集群竞争水平；创新链与产业链融合发展；促进跨区域分工合作，推进产业集群协同发展；构建梯次培育体系，促进产业集群空间布局均衡；政府如何通过产业集群建设引导产业资源配置和创新驱动发展。

本案例知识图谱如图 8 – 2 所示。

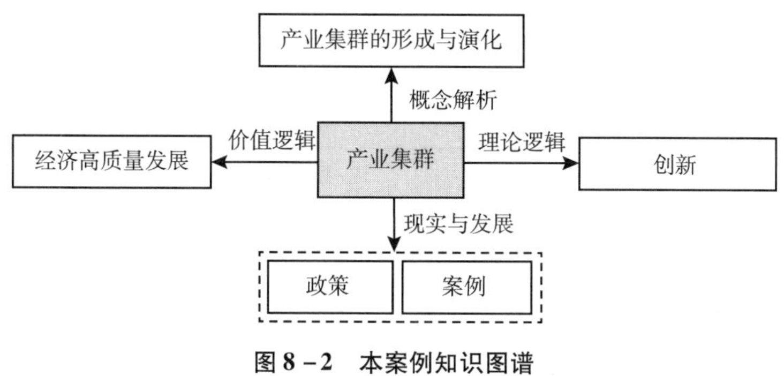

图 8 – 2 本案例知识图谱

（二）教学方法

1. 启发式教学

启发式教学以构建理论框架—现实思考—思政充盈的知识体系。在教学过程中，以“问题”为导向，通过产业集群的概念以及“硅谷”“中关村产业园”“浙江块状经济”等象征意义“现象”作为导学方案，让学生带着问题预习，引导学生自主学习。在此过程，尝试了让学生从不同的渠道了解产业集群以及在中国和全球的发展现状，让学生实现自主学习，自我思考我国工业化和现代化发展的成就与不足，激发学生的创新精神、培育科学发展观。教学过程中老师引导学生提问、讨论、主动发言来引导学生思考。

2. 合作学习法

通过同学之间自由结组，完成开放性作业和分组讨论，充分发挥团队精神，引导学生主动探究获得知识，提高能力。尝试了“角色扮演”模式，构建准真实的“产业集群”场景，课堂上授课为主、结合小组研讨、一对一答疑相结合的模式，打破以“教师为中心、教师决定一切”的传统教学模式，以学生探讨为主、师生互动的模式进行教学，促进了师生交流，激发学生的创造性、自主性和学习潜力。教学过程中老师引导学生开展若干方面的合作研究。第一环节，组织学生总结中国产业集群的发展历程与现状以及国内外产业集群发展的趋势；第二环节，组织学生评价产业集群在带动经济增长、提升自主创新能力、增强国际竞争力等方面发挥的重要作用；第三阶段，总结所学内容，凝练课程思政元素。

3. 润物无声法

在方向上旗帜鲜明坚持正确政治方向，不过在方法上则要润物无声，不能硬性灌输。讲授中，展示本节知识要解决的问题、解决方法以及引导学生对所学知识进行感悟。发挥学生的主观能动性，引导学生自己体悟课程思政元素，使得课程思政育人润物无声。课程思政教育在与思政元素结合时，努力做到有机结合、自然融入，与该课程的知识内容起到相辅相成的作用。

（三）教学案例内容

案例教学内容设计见表 8-3。

表 8-3 案例教学内容设计

教学环节	教学内容
内容导入	引入世界知识产权组织《2023 年全球创新指数》和赛迪顾问《世界级先进制造业集群白皮书》，用典型事实和统计数据，引导学生对产业集群有直观感受
概念解析	什么是产业集群？产业集群的概念、结构和功能是什么
讨论与分析	产业集群的发展现状与趋势是什么
理论阐释	（1）解析产业集群为何是创新的空间载体； （2）产业集群推进区域经济高质量发展的作用机制
讨论与分析	（1）中关村产业园的创新绩效及其对区域经济高质量发展的启示； （2）浙江省块状经济现象及其对区域经济高质量发展的启示
课程总结	产业集群如何成为区域创新与高质量发展的重要空间载体

（四）案例评析

基于思政元素的案例评析见表 8-4。

表 8-4 基于思政元素的案例评析

教学内容	思政落脚点	思政元素
产业集群是促进创新和经济高质量发展的空间载体	创新依赖于一定的产业空间组织形式和空间安排	激发创新精神； 培养科学发展观
中关村产业园的创新发展	推进产学研协同创新；深度融入全球创新网络，增强科技创新引领能力；聚焦高质量要素集聚、创新链与产业链融合发展、加快形成具有引领力的质量卓越产业集群	激发创新精神； 培养科学发展观； 树立自由、平等、公正、法治的社会主义核心价值观
浙江省块状经济现象	创新依赖于互动合作，创新是在社会网络中发生；开放性和对外拓展性是集群成功的关键因素之一；依托产业集群推进共同富裕、提升发展质量	树立自由、平等、公正、法治的社会主义核心价值观； 强化全球意识和开放心态

四、教学效果分析

本课程思政教学设计具有易推广的特点。产业集群是典型经济与人文现象，与国家战略和产业政策息息相关，与时代背景紧密结合，同时也可能嵌入于学生的社会背景或成长环境之中，因此，课程思政元素与教学内容水乳交融。也正因如此，反而更需要应用润物式思政教学法，硬性灌输思政元素反而会割裂专业知识与深入融于其中的思政元素。为此，本次教学设计将课程思政元素融入客观现象的描述和问题中，让学生通过学习、思考与讨论，通过加深对课程知识的理解，自发理解相关思政元素的重要性。本次教学设计的思路明确，方法简单，容易推广到其他类似的经济与人文类课程和相关专业的学生，需要授课教师针对教学内容的特点和学生专业的特色，设计教学案例。

本课程思政教学设计具有可持续的特点。新时代的学生眼界开阔，可能对新知识的求知欲望反而较低，抽象的理论往往不能激发学生兴趣。本次教学设计重新建立教学案例，使得学生以“企业家”“政府”“研究人员”等多种角色深入产业集群的真实场景，学习到书本之外的实用知识，增强学生理解现实问题的能力，同时，在后续教学中，力图不断更新例题的教学背景，让教学过程凸显现实性的特点。同时，通过融入课程思政元素，使得课程思政教学持续优化和进步。

本课程思政教学设计具有重过程的特性。教学团队针对知识学习目标和课程思政教学目标，建设细则化的教学效果评价标准，在整个教学过程中考查学生的学习效果。课程思政教学育人只关注一时得失，更要关注学生的终身教育，立德树人。在整个教学过程中，动态考查学生课程思政的学习效果，可以观察学生的思政变化趋势，能够更科学地评价课程思政教学效果。

参考文献

[1] 区域经济学编写组．区域经济学［M］．2版．北京：高等教育出版社，2022.

[2] 王缉慈．创新的空间——产业集群与区域发展［M］．北京：科学出版社，2019.

[3] 王缉慈．超越集群——中国产业集群的理论与实践［M］．北京：科学出版社，2010.

[4] 陈强远，殷赏，程芸倩，等．围绕创新链布局产业链：基于中关村科技园周边新企业进入的分析［J］．中国工业经济，2024（1）：75－92.

[5] 沈璐敏，刘晔，朱希伟．浙江省产业集群的时空演进与经济绩效分析［J］．浙江学刊，2019（2）：131－140.

案例三　区域一体化与地方政府合作

黄永斌*

一、课程思政元素

元素1：引导学生理解各地区之间的合作需要建立在相互理解和尊重的基础之上。

* 作者简介：黄永斌，安徽大学经济学院讲师。

元素 2：引导学生关注社会公平与正义，并思考如何通过政策调整、社会改革等方式，促进资源的公平分配和社会的公平正义。

元素 3：引导学生理解区域一体化的内涵与实践发展，培养学生的团队协作能力和集体荣誉感。

二、课程目标

（一）知识目标

K1：解读区域经济合作与区域一体化的内涵。

K2：做逻辑框架图阐释区域一体化发展的路径。

K3：比较都市圈、城市群的异同点。

（二）能力目标

A1：解读长三角一体化的政府组织模式和非官方组织模式。

A2：借助国内经济发展形势分析“长三角一体化”的必要性和紧迫性。

A3：结合“长三角一体化”政策评估跨地域政府间合作的经济效应。

（三）价值目标

V1：团队合作研究“长三角一体化”的发展成就，理解加强政府间密切合作和共同治理的必要性和可行性。

V2：对身边人加强区域一体化的科普，让更多国人了解到长三角建设的重大现实意义。

V3：强化我国要进一步加强地方政府间合作制度建设的意识。

三、教学设计

（一）教学内容

1. 区域经济合作的基本理论

难点 A：区际贸易的一般理论（视频讲解：翻转课堂，学生讲解理论）。

主要内容：绝对成本学说、比较成本学说、要素禀赋理论、新贸易理论。

2. 区域一体化的类型

重点 A：区域一体化的组织形式（时事资源：中华人民共和国国家发展和改革委员会网站）。

主要内容：都市圈、经济圈、城市群、承接产业转移示范区、流域经济合作区、跨省经济合作区等。

3. 当代区域一体化的实践

重点 B：我国区域一体化的实践与发展。

主要内容：长三角一体化、京津冀协同发展、长江经济带的前沿论文。

针对本知识点，课程采用混合式 + 案例教学方法，以开篇“三问”引导学生深入思考。线上课程学生学习了区域经济合作和区域一体化的内涵、原因和新挑战。线下课程教师引入中华人民共和国国家发展和改革委员会的政策文件，作为二者内涵的辅助材料，小组讨论回答“长三角一体化”的实施内容包括什么？引入相关历史资料，从历史的角度帮助学生内化“长三角一体化”一市三省的渊源。列举相关学术论文，跨政府间合作的必要性和可能路径，团队思辨为什么中国可以。

本案例知识图谱如图 8 －3 所示。

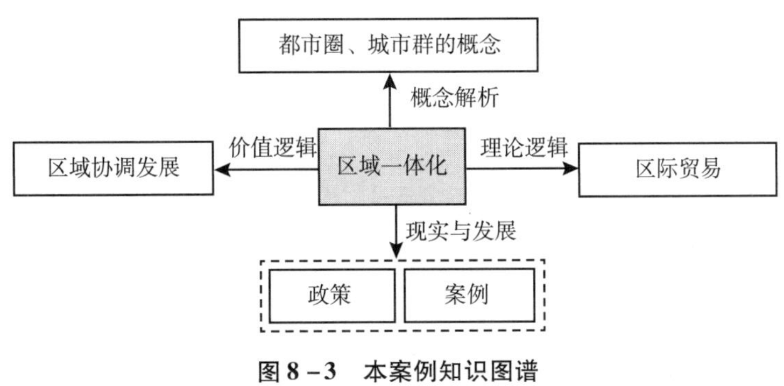

图 8 －3　本案例知识图谱

（二）教学方法

1. 翻转课堂 + 课堂讲授法

组织学生组建研究团队，通过合作完成区际贸易的理论学习和展示，培养学生的团队协作能力。另外，通过教师的课堂讲授，向学生介绍区域一体化的理论基础、历史演变和重要性。

2. 案例分析法

引导学生比较长三角、京津冀等区域一体化案例，在比较过程中，首先要引导学生关注这两个地区在区域一体化过程中的共同点。这些共同点包括政策推动的力度、交通基础设施的互联互通、产业链的协同合作、市场体系的完善等。同时，更重要的是要引导学生发现这两个地区在区域一体化过程中的不同点。长三角地区区域一体化更多地体现在产业协同、科技创新、市场融合等方面，形成了较为成熟的城市群和产业集群。而京津冀地区则更加注重区域协同发展的战略性和全局性，特别是在推动非首都功能疏解、优化产业布局、促进生态环境保护等方面取得了显著成效。通过比较这些异同点，学生可以更深入地理解不同地区的区域多样性，认识到在推进区域一体化过程中需要因地制宜、因时制宜。

3. 实践教学法

组织学生参与苏滁产业园、长三角生态绿色发展示范区等跨地域合作实践项目，学生可以在实践中亲身体验区域一体化的过程，深入理解其意义。他们将在项目中锻炼自己的团队协作、问题解决等综合能力，同时增强对国家发展战略和区域发展政策的认识和理解。

（三）教学案例内容

案例教学内容设计见表8－5。

表8－5　　案例教学内容设计

教学环节	教学内容
翻转课堂	学生组成研习小组，区域经济合作和区域一体化的内涵、原因和新挑战
内容导入	引入国家发展和改革委员会相关政策文件，用典型事实和统计数据，引导学生对区域经济合作和区域一体化的有直观感受
概念解析	什么是区域一体化
案例展示	引入国家发展和改革委员会的政策文件，以《长江三角地区一体化三年行动计划（2018—2020年）》《成渝城市群发展规划》《南京都市圈发展规划》引导学生思考比较都市圈、城市群的概念
讨论与分析	区域一体化的发展现状与趋势是什么
实践教学	实地调研苏滁工业园、长三角生态绿色一体化发展示范区等跨地域合作项目
理论阐释	（1）解析区域经济一体化包括哪些具体内容？ （2）区域经济一体化推进区域经济高质量发展的作用机制
讨论与分析	（1）区域经济一体化的障碍包括哪些？ （2）长三角一体化的现状与问题
课程总结	区域经济合作与区域经济一体化是破解行政分权下地方政府恶性竞争的关键措施

（四）案例评析

基于思政元素的案例评析见表8－6。

表8－6　　基于思政元素的案例评析

教学内容	思政落脚点	思政元素
区域经济合作与区域经济一体化是破解行政分权下地方政府恶性竞争的关键措施	正视地方发展差距；跨地域地方政府合作与协调发展	激发合作精神； 理解区域多样性；引导学生理解不同地区的文化、经济和社会背景，以及这些因素如何影响区域经济一体化的进程。同时，应强调尊重多样性，促进地区间的和谐共处

续表

教学内容	思政落脚点	思政元素
长三角城市群发展的趋势	经济一体化，要素自由活动和商品互通有无，取得专业化分工协作；设施一体化，完善的交通基础设施和公共服务设施是确保要素自由流动的基础和物质载体；空间一体化，以城市群为主体形态、大中小城市和小城镇协调发展；环保一体化，解决跨界污染；制度一体化，公共制度的共同制定和政府治理的相互协调，降低区际交易成本	激发合作精神； 树立自由、平等、公正、法治的社会主义核心价值观
京津冀协同发展的趋势	以现代首都都市圈建设为重要抓手；有序疏解北京非首都功能；优化区域现代产业分工体系，加强三地间的分工合作；完善生态协同治理机制；推进基本公共服务共建共享	树立科学发展观； 强化合作意识和开放心态； 通过引导学生关注合作项目对社会、环境等方面的影响，可以培养学生的社会责任意识，让学生认识到个人行为对社会的重要性

四、教学效果分析

（一）深化理解

由于学生的背景、兴趣和能力存在差异，区域经济一体化教学的效果可能参差不齐。一些学生可能对区域经济合作感兴趣并积极参与学习，而另一些学生则可能缺乏兴趣或难以理解教学内容。我们采用项目走访观察的方式帮助学生更深入地理解区域经济合作的原理、机制和重要性。学生可以通过学习，了解不同经济体之间的相互依赖和互补性，以及如何通过合作实现共同发展。

（二）拓宽视野

在区域经济一体化教学中，有时可能过于强调整体性和共性，而忽视不同地区之间的差异性。这可能导致学生难以全面理解不同地区的经济特色和优势，以及如何在合作中更好地发挥各自的优势。我们以多案例教学拓宽了学生的视野，使他们关注到地区间经济合作的差异，了解到区域间经济合作的多样性和复杂性。

（三）增强实践能力

区域经济一体化教学通常涉及案例分析、模拟演练等实践环节，这些环节能够增强学生的实践能力，使他们更好地掌握区域经济合作的实际操作方法和技巧。

（四）促进跨学科学习

区域经济一体化涉及经济学、地理学、政治学等多个学科领域，这种教学能够促进学生跨学科学习，培养他们的综合素质和创新能力。

参考文献

[1] 区域经济学编写组. 区域经济学 [M]. 2 版. 北京: 高等教育出版社, 2022.

[2] 陈雯, 刘伟, 袁丰, 等. 面向中国式现代化的长三角一体化发展使命与研究焦点 [J]. 经济地理, 2023 (5): 8-15.

[3] 李国平, 吕爽. 京津冀协同发展战略实施成效及重点方向研究 [J]. 城市问题, 2024 (2): 4-10.

案例四　城乡统筹发展与乡村振兴

黄永斌*

一、课程思政元素

元素 1：共同富裕，引导学生思考城乡统筹与乡村振兴政策在推动社会经济发展、缩小城乡差距、促进农村产业升级等方面的积极作用。

元素 2：引导学生关注农村生态环境问题，学习生态保护和可持续发展的理念和方法，培养绿色发展的意识。

元素 3：通过案例分析，展示社会各界在城乡统筹与乡村振兴中的贡献，激发学生的社会责任感和使命感。

二、课程目标

（一）知识目标

K1：使学生全面了解城乡统筹的基本概念、原则和目标，掌握城乡发展的基本理论和策略。

K2：引导学生掌握城乡统筹规划的基本方法和技术，了解城乡规划的实践操作过程。

K3：使学生能够分析城乡发展的实际问题，提出合理的解决方案和建议。

（二）能力目标

A1：通过案例分析、小组讨论等方式，培养学生的分析问题、解决问题的能力。

A2：培养学生的自主学习和合作学习能力，提高他们的团队协作能力和创新思维。

A3：引导学生关注社会热点问题，培养他们关注国家发展战略、服务社会的意识。

---

* 作者简介：黄永斌，安徽大学经济学院讲师。

（三）价值目标

V1：增强学生的社会责任感和国家意识，培养他们为国家和人民服务的信念。

V2：引导学生树立城乡协调发展的理念，促进他们对国家发展战略的认同和支持。

V3：培养学生的公民意识和参与意识，鼓励他们积极参与城乡发展的实践活动。

在当今快速发展的时代背景下，城乡差距日益凸显，城乡发展不平衡问题成为制约国家全面发展的重要因素。为了促进城乡协调发展，实现共同富裕，城乡统筹的理念应运而生。本教学设计旨在通过深入剖析城乡统筹的理论与实践，培养学生的城乡协调发展意识，提高他们的综合素质和社会责任感。

三、教学设计

（一）教学内容

1. 城乡统筹概述

重点 A：引入城乡统筹的概念和背景，阐述城乡统筹的重要性和意义。

介绍国内外城乡统筹的研究现状和发展趋势；分析城乡发展不平衡的原因和后果。

2. 城乡发展的基本理论

难点 A：阐述城乡关系理论，包括城乡互动、城乡融合等理论观点。

介绍区域发展理论，包括增长极理论、梯度推移理论等。

分析人口迁移理论，探讨人口流动对城乡发展的影响。

3. 城乡统筹的实践策略

（1）讲解城乡规划的基本方法和技术，包括土地利用规划、空间布局规划等。

（2）分析城乡产业发展策略，探讨如何促进城乡产业协调发展。

（3）介绍基础设施建设和公共服务均等化的实践策略，提高城乡居民的生活质量和幸福感。

4. 案例分析

重点 B：选取具有代表性的城乡统筹案例，如“乡村振兴”战略、“城乡融合”试验区等。

对案例进行深入剖析，探讨案例背后的原因、策略及效果；引导学生从案例中提炼出城乡统筹的实践经验和方法。

（二）教学方法

1. 讲授法

教师通过讲授的方式，向学生介绍城乡统筹的基本概念、理论和策略。在讲授过程中，结合案例进行分析，帮助学生更好地理解理论知识。

2. 案例分析法

引导学生分析案例，从案例中提取有用的信息和数据。指导学生运用城乡统筹的理念和方法分析案例中的问题。鼓励学生提出自己的见解和解决方案，培养他们的创新思维能力。

3. 小组讨论法

让学生分组讨论城乡发展的热点问题，如农村空心化、城市病、城乡收入差距等。引导学生从城乡统筹的角度思考问题的原因和解决方案。培养学生的合作精神和批判性思维，提高他们的团队协作能力。

4. 互动教学法

通过提问、讨论、辩论等方式，激发学生的学习兴趣和思考能力。鼓励学生发表自己的观点和看法，培养他们的表达能力和自信心。引导学生关注社会热点问题，培养他们的社会责任感和公民意识。

（三）教学案例内容

案例教学内容设计见表 8－7。

表 8－7　　案例教学内容设计

教学环节	教学内容
内容导入	通过播放城乡发展对比的视频或图片，引导学生关注城乡发展差异和问题 引出城乡统筹的概念和重要性，激发学生的学习兴趣和动力
概念解析	详细介绍城乡统筹概述、基本理论和实践策略
案例引入	结合乡村振兴与易地扶贫搬迁案例进行分析，帮助学生更好地理解理论知识；引导学生思考城乡发展的实际问题，培养他们的分析能力和解决问题的能力
案例分析	选取具有代表性的城乡统筹案例，让学生分组进行讨论和分析
巡回指导	教师巡回指导，帮助学生深入剖析案例背后的原因、策略及效果；鼓励学生提出自己的见解和解决方案，培养他们的创新思维能力
小组讨论	让学生分组讨论当前城乡发展的热点问题；培养学生的合作精神和批判性思维，提高他们的团队协作能力
理论阐释	（1）城乡发展的基本理论； （2）城乡统筹的实践策略
课程总结	城乡统筹发展要更加注重农村的发展，解决好“三农”问题，坚决贯彻工业反哺农业，城市支持农村的方针，逐步改变城乡二元结构，缩小城乡发展差距

（四）案例评析

基于思政元素的案例评析见表 8－8。

表 8－8　　基于思政元素的案例评析

教学内容	思政落脚点	思政元素
城乡统筹的内涵	正视城乡发展差距的结构性因素	唯物主义的历史观
城乡统筹的主要模式	小组讨论结合案例分析三类模式：城市工业导向人口迁移的城乡联系模式；发展小城镇的城乡联系模式；综合发展农村的城乡联系模式	激发合作精神； 树立自由、平等、公正、法治的社会主义核心价值观
城市统筹的实践策略	建设城乡统一的要素市场，加快农业现代化进程；建设社会主义新农村	树立协调发展理念； 共同富裕； 通过案例分析，展示社会各界在城乡统筹与乡村振兴中的贡献，激发学生的社会责任感和使命感

四、教学效果分析

（一）知识理解与应用

学生对城乡统筹基本概念和原则的理解程度显著提高。通过教学，学生能够清晰地认识到城乡统筹的重要性和必要性，理解其基本概念和原则。学生能够应用所学知识分析城乡发展的实际问题。城乡统筹的教学内容不仅限于理论知识的传授，更重要的是培养学生的应用能力。通过案例分析、小组讨论等方式，学生能够运用所学知识分析城乡发展的实际问题，提出合理的解决方案。

（二）情感态度与价值观

学生对城乡统筹的认同感增强。在教学过程中，教师注重引导学生关注城乡发展问题，培养学生的社会责任感和国家意识。学生通过对城乡统筹的学习，能够深刻认识到城乡差距的严重性，对城乡统筹的认同感进一步增强。学生形成积极的价值取向。城乡统筹的教学不仅传授了知识，更重要的是引导学生形成积极的价值取向。学生通过学习，能够形成关心社会、服务人民的意识，树立城乡协调发展的理念，为实现共同富裕贡献自己的力量。

（三）实践能力与创新能力

学生的实践能力得到提高。城乡统筹的教学注重实践应用，通过案例分析、社会实践等方式，让学生亲身体验城乡发展的实际情况。学生在实践中不断学习和成长，提高了自己的实践能力。学生的创新能力得到培养。城乡统筹的教学鼓励学生提出自己的见解和解决方案，培养学生的创新思维和批判性思维。学生在学习中不断思考和创新，形成了自己独特的见解和思路，为城乡发展提供了新的思路和方法。

（四）教学效果的可持续性

学生对城乡统筹的持续关注。通过教学，学生对城乡发展问题产生了浓厚的兴趣，能够持续关注城乡发展的动态和趋势。这种持续关注有利于学生不断学习和进步，为城乡发展贡献自己的力量。教学效果的传递性。城乡统筹的教学效果不仅体现在学生身上，还可以传递给周围的人。学生通过学习和实践，可以将所学知识传递给家人、朋友和社会，扩大城乡统筹的影响力和传播范围。

参考文献

[1] 区域经济学编写组. 区域经济学 [M]. 2 版. 北京：高等教育出版社，2022.

[2] 黄征学，高国力，滕飞，等. 中国长期减贫，路在何方？——2020 年脱贫攻坚完成后的减贫战略前瞻 [J]. 中国农村经济，2019 (9)：2 - 14.

[3] 豆书龙，叶敬忠. 乡村振兴与脱贫攻坚的有机衔接及其机制构建 [J]. 改革，2019 (1)：19 - 29.

[4] 袁诚，李佶冬，魏易. 农村物流建设与农户增收效应 [J]. 世界经济，2023, 46 (4)：111 - 139.

[5] 尹俊，孙博文，刘冲，等. 易地扶贫搬迁政策效果评估——基于 S 省三县贫困户建档立卡微观追踪数据 [J]. 经济科学，2023 (3)：185 - 204.

第九章　发展经济学

案例一　中国经济增长与高质量发展

黄　琼*

一、课程思政元素

元素 1：中国经济增长取得的伟大成就。
元素 2：中国经济增长的世界贡献。
元素 3：中国经济高质量发展的历史担当。

二、课程目标

（一）知识目标

K1：了解中国经济增长过程。
K2：认识和理解中国经济增长的动力因素。
K3：认识和理解中国经济高质量发展的含义。

（二）能力目标

A1：能理解中国经济增长的动力。
A2：培养对经济增长的思考能力和理性思维能力。
A3：深入理解经济高质量发展的内在要求。

（三）价值目标

V1：增强对国家经济增长取得的伟大成就的认同感和自豪感。
V2：培养学生更好地服务国家和区域经济高质量的使命担当。
V3：塑造学生家国情怀和人文精神，树立正确价值观。

三、教学内容

1. 现代经济增长模型

（1）哈罗德—多马模型：开创现代经济增长理论研究的先河。

---

* 作者简介：黄琼，安徽建筑大学经济与管理学院副教授。

（2）新古典经济增长理论：揭示储蓄率、人口增长、技术进步对稳态人均资本存量的影响。

（3）新经济增长模型：解释经济增长如何由内生变量决定。

2. 经济增长的历史分析

（1）库兹涅茨提出：现代经济增长的六大特征。

（2）罗斯托提出：经济增长阶段论。

（3）格申克龙提出：后发优势理论。

（4）世界银行经济学者提出：中等收入陷阱概念。

3. 中国经济增长及其动力

（1）中国经济高速增长的解释：后发优势理论。

（2）动力因素：资本、人力、结构、技术后发优势。

4. 中国经济高质量发展

（1）经济高质量发展的提出。

（2）经济高质量发展的内涵。

四、教学设计

（一）设计逻辑

1. 讲授法

教师通过讲授的方式，向学生介绍经济增长的基本概念和基本理论。在讲授过程中，结合案例进行分析，帮助学生更好地理解理论知识。

2. 案例分析法

引导学生分析案例，指导学生运用中国经济增长和高质量发展相关案例中的问题。鼓励学生提出自己的见解和解决方案，培养创新思维能力。

3. 小组讨论法

让学生分组讨论经济增长和经济高质量发展的联系与区别。引导学生正确理解经济增长和高质量发展内涵。培养学生的合作精神和批判性思维，提高团队协作能力。

4. 互动教学法

通过提问、讨论、辩论等方式，激发学生的学习兴趣和思考能力。鼓励学生发表自己的观点，培养表达能力和自信心。引导学生关注经济发展中的重大问题，培养社会责任感。

（二）案例阐释

1. 中国经济增长发展阶段

1978 年改革开放以来，中国经济历经四十多年的持续高速增长，GDP 规模从 1978 年的 3678.7 亿元扩大到 2022 年的 1210207.2 亿元，成为世界上最大的发展中国家。按美元计算，中国GDP规模已成为仅次于美国的世界第二大经济体，人均GDP从1978年的156.4美元提高到2022年的12720.2美元，中国也从改革开放初期人均收入仅相当于低收入国家人均GDP的62%的低收入国家，进入中等偏上收入国家行列。经过四十多年的高速发展，中国已发展为全球最大制造业国家、最大商品出口国、仅次于美国的第二大商品进口国。中国经济成功发展，是四十多年改革开放形成的持续制度创新和技术进步的结果。从经济发展的历程看，改革开放贯穿于中国经济发展的整个过程，随着改革开放进程的不断深化，中国经济的市场化程度不断提高，经济增长表现出明显的阶段性发展特征，以经济增长的周期性波动特征划分，大致经历了1978—1990年的产业结构优化调整阶段、1990—2000年的新型轻工业化阶段、2000—2010年的新型重工业化阶段和2010年以后从工业化后期向后工业化时期转化阶段（李建伟，2018）。

2. 中国经济增长的动力

程名望等（2019）基于空间计量模型和增长核算法，测算了市场潜能、资本、劳动力和全要素生产率对经济增长的贡献率。结果表明：1978—2015年，资本对经济增长的贡献率最高（34.86%），市场潜能次之（34.55%），再次是TFP（22.03%），最低是劳动力（8.56%）。根据“克鲁格曼质疑”的界定，对中国“增长奇迹”贡献率最大的是“灵感”因素，贡献率为61.93%，“汗水”因素的贡献率为38.07%。改革开放之初的1978—1989年，中国经济增长确实主要依赖于“汗水”，其贡献率达62.03%。但“汗水”的贡献率随着时间推移不断下降，1990—2000年为52.41%，2001—2015年快速下降到21.93%，而“灵感”的贡献率开始占主导地位，78.07%。就区域差异看，经济发达地区的经济增长更依赖于“灵感”，欠发达地区更依赖于“汗水”。核心结论是：1978年以来中国创造“增长奇迹”是高投入增长和高效率增长共同作用的结果，依赖于“汗水”与“灵感”的双轮驱动，且越来越依赖于“灵感”。

3. 经济高质量发展

2017年10月，党的十九大报告提出“我国经济已由高速增长阶段转向高质量发展阶段，正处在转变发展方式、优化经济结构、转换增长动力的攻关期”。2017年12月，习近平总书记在中央经济工作会议上进一步阐述了经济高质量发展，提出中国特色社会主义进入了新时代，我国经济发展也进入了新时代，基本特征就是我国经济已由高速增长阶段转向高质量发展阶段。推动高质量发展是遵循经济发展规律、保持经济持续健康发展的必然要求，也是适应我国社会主要矛盾变化和全面建成小康社会、全面建设社会主义现代化国家的必然要求。2018年，习近平总书记在中央经济工作会议上指出，推动高质量发展是我们当前和今后一个时期确定发展思路、制定经济政策、实施宏观调控的根本要求。

以习近平同志为核心的党中央提出的经济高质量发展，是党和国家基于中国特色社会主义进入新时代的历史方位、社会主要矛盾与发展格局重要变化，着眼于我国发展阶段、发展环境、发展条件面临的机遇与挑战，对中国经济发展阶段的科学判断；是立足社会主义现代化建设全局的战略选择，更是建设创新型国家，推动经济发展速度换挡、动力转换、结构优化，实现更有效率、更大动力、更为公平、更加安全、更可持续的高水平自立自强发展的必然要求。

党的二十大报告指出，高质量发展是全面建设社会主义现代化国家的首要任务。高质量发展必须完整、准确、全面贯彻新发展理念，需要始终以创新、协调、绿色、开放、共享的内在统一来把握发展、衡量发展、推动发展。

五、教学效果分析

（一）知识掌握程度

学生能够区分经济增长和经济高质量发展的联系与区别。学生能够熟悉中国经济增长发展历程，理解经济高质量发展理论背景、内涵和特征。

（二）教学方法效果

讲授法结合案例分析法，有效提升学生的学习兴趣和参与度。学生能够在具体的案例中深入理解经济增长和经济高质量发展的相关知识。小组讨论法要求学生积极讨论和交流观点，培养学生的合作能力和思辨能力。互动问答法有效激发学生的学习热情，通过问题引导学生思考，增强学生的自主学习能力。

（三）思政元素融入效果

学生在学习中能够体会中国经济增长取得的伟大成就，增强学生的自豪感。学生对经济高质量发展具有更深刻的认识，能够自觉落实经济高质量发展的要求，树立正确的价值观和社会责任，培养良好的爱国情操。

（四）学生反馈

学生对于本案例的内容较为充实、条理清晰，能够很好地理解中国经济发展伟大历程。学生认为教学方法多样且有效，能够激发学习兴趣和参与度。学生对思政元素的融入表示非常认可，有助于培养时代感和责任感。

参考文献

[1] 李建伟．中国经济增长四十年回顾与展望［J］．管理世界，2018，34（10）：11－23。

[2] 程名望，贾晓佳，仇焕广．中国经济增长（1978—2015）：灵感还是汗水？［J］．经济研究，2019，54（7）：30－46.

[3] 王宏淼，张平．从工业化赶超到高质量增长：中国经济增长理论研究70年［J］．经济纵横，2019（9）：9－18，2.

[4] 中国社会科学院经济研究所课题组，黄群慧，原磊，等．新征程推动经济高质量发展的任务与政策［J］．经济研究，2023，58（9）：4－21.

[5] 张占斌，毕照卿．经济高质量发展［J］．经济研究，2022，57（4）：21－32.

案例二　中国产业结构变迁及其对经济增长的作用

黄　琼　李娜娜　杨仁发*

一、课程思政元素

元素 1：总结中国产业结构演变的特点，发现中国产业结构演进的合理性。
元素 2：体会改革开放以来中国产业结构的演进路径。
元素 3：探讨中国产业结构演进方向，强化创新意识。

二、课程目标

（一）知识目标

K1：了解中国产业结构演变过程。
K2：认识和理解中国产业结构演变规律。
K3：认识和理解中国产业结构对经济增长作用。

（二）能力目标

A1：能理解中国产业结构演变历程。
A2：加强对产业结构演变的思维能力。
A3：深入理解产业结构对经济增长作用。

（三）价值目标

V1：增强对中国产业结构演变规律的认识。
V2：培养学生服务国家和区域产业发展的责任担当。
V3：塑造学生家国情怀，培养学生的国际视野和全球意识。

三、教学内容

1. 产业结构演变理论

（1）产业结构演进是一个阶段性、有序的动态过程。

---

* 作者简介：黄琼，安徽建筑大学经济与管理学院副教授；李娜娜，安徽建筑大学经济与管理学院讲师；杨仁发，安徽大学经济学院教授。

（2）产业结构演进包括结构高度和数量比例两个方面的变化。

（3）产业结构演进的方向是产业结构高级化。

（4）产业结构演进的最直观表现形式是主导产业的循序转换。

2. 中国产业结构演变

（1）中国产业结构演变过程。

（2）中国产业结构演变特征。

3. 中国产业结构演变对经济增长作用

四、教学设计

（一）设计逻辑

1. 讲授法

教师通过讲授的方式，向学生介绍产业结构演变基本概念和基本理论。在讲授过程中，结合案例进行分析，帮助学生更好地理解理论知识。

2. 案例分析法

引导学生分析案例，指导学生了解和掌握中国产业结构演变过程。鼓励学生提出自己的见解和解决方案，培养创新思维能力。

3. 小组讨论法

让学生分组讨论产业结构理论及其对中国产业结构演变的适用性。引导学生正确理解产业结构对经济增长的作用。培养学生的合作精神和批判性思维，提高团队协作能力。

4. 互动教学法

通过提问、讨论、辩论等方式，激发学生的学习兴趣和思考能力。鼓励学生发表自己的观点，培养表达能力和自信心。引导学生关注产业结构转型发展中的重大问题，培养社会责任感。

（二）案例阐释

改革开放以来，中国产业结构发生根本性变化，从产业视角来审视中国改革开放以来产业发展历程具有重要意义。一般而言，随着经济发展水平以及技术水平的不断提高，三次产业占比以及劳动生产率都会发生重要变化，而三次产业占比以及劳动生产率的变化是产业结构变迁的重要推动机制，对于研究产业结构变迁具有重要意义。从两个层面分析中国的产业结构变迁情况：一是运用马克思经济学原理，基于三次产业劳动生产率计算产业结构变迁度，刻画中国产业结构变迁过程。二是从三次产业占比变化视角选择中国三次产业结构划分的标准。根据产业结构变迁度和三次产业占比变化划分的结果，总结产业结构变迁划分方式，为中国三次产业结构变迁提供划分依据。

1. 基于劳动生产率的产业结构变迁划分

从马克思主义政治经济学看，产业结构变迁本质上必须同时对劳动生产率的衡量。因此，产业结构变迁需要包括两个方面：一方面比例关系的改变；另一方面必须强调生产率与技术复杂度的提高。在产业结构变迁过程中，不仅是比例关系的演进，也包括劳动生产率的提高，其中比例关系是对产业结构变迁量的度量，而劳动生产率则是从质的方面凸显产业结构高级化的本质，因此，产业结构高级化更深层的表现在劳动生产率的提高方面。通过构建产业结构变迁指标来分析产业结构变迁的本质在于要素从生产率低的产业向较高的产业转移。这里借鉴刘伟和张辉（2008）从劳动生产率考察产业结构变迁程度。计算公式为

$$H = \sum V_{it} \times LP_{it}$$

其中，i 代表第一、第二、第三产业，V_{it}为 t 时间产业 i 的产值占 GDP 比重，LP_{it}是 i 产业的劳动生产率，是 t 时间 i 产业增加值与 i 产业就业人数的比值，表示单位产业就业人数所创造的增加值。

根据以上公式计算 1978—2016 年中国产业结构变迁度，根据变化趋势，将 1978—2016 年划分为以下四个阶段。

第一阶段：1978—1984 年，产业结构变迁度均为负值。在这期间，中国的产业结构变迁度一直为负值，并且产业结构变迁度提升速度不显著，基本上处在停滞、徘徊状态，尽管在这个阶段中第二产业的劳动生产率一直显著提升，但是第二、第三产业劳动生产率均为负值，使得这一阶段产业结构变迁度均为负值。

第二阶段：1985—2001 年，产业结构变迁度大于零并且平稳上升。主要表现为第一产业劳动生产率在经历小幅下降后，呈现加速上升趋势，第二、第三产业生产率上升速度较慢，但是由于第一产业占比不断下降，第二、第三产业虽然占比相对于第一产业有所提升，而劳动生产率上升速度仍然较慢。除 1990—1992 年，第三产业劳动生产率由 0.122 下降到 0.061，下降幅度达到 50%。总的来看，产业结构变迁程度有小幅下降外，1985—2001 年中国产业结构变迁程度呈现平稳推进趋势。

第三阶段：2002—2015 年，产业结构变迁度加速上升。产业结构进入一个新的发展阶段，表现出产业结构变迁程度大幅上升的趋势；从计算结果看，这一期间产业结构变迁度年平均上升 0.050，分析其变化趋势，主要为第三产业劳动生产率有大幅提升，年平均增加 0.076，同时第二产业劳动生产率也有 2002 年的 0.225 上升到 0.540，年平均增长 0.024，第二、第三产业劳动生产率的提升加快了产业高度化进程，中国产业结构正不断升级，向劳动生产率水平更高的行业集中。

第四阶段：2016 年至今，产业结构变迁度大于 1。产业结构发展质量进一步提升，产业结构发展进入新阶段。从发达国家的经验来看，产业结构高度的演进与经济发展水平的提升呈现明显的相关性，发达国家的产业结构高度已经显著大于 1，而中国这一阶段的发展说明中国产业向高质量发展阶段迈进。

2. 基于第三产业占比超越变化为临界点的产业结构变迁划分

根据基于三次产业劳动生产率计算的产业结构变迁阶段划分，能否找到合适的产业结构阶段划分的依据，这是接下来需要解决的主要问题。改革开放四十多年来，中国三次产业占比变化趋势明显，第一产业占比逐年下降，第二产业成为国民经济发展的重要支撑力量，随着经济发展水平的提高，服务业对于经济发展的作用也日益增强，逐渐成为三次产业中占 GDP 比重最高的产业。

根据三次产业劳动生产率计算的产业结构变迁阶段划分临界点，比较发现，以第三产业占比超越变化为临界点反映产业结构变迁，具体结果如下。

第一阶段：1978—1984 年。1985 年为临界点，从产业占比来看，1985 年时第三产业占比为 28.7%，第一产业占比为 28.4%，第三产业占比超过第一产业，从 1978—1984 年来看，第一产业占比逐年下降，而第三产业呈现逐年上升的趋势，1978—1985 年服务业占比上升 4.8 个百分点，到 1985 年服务业占比超过第一产业。

第二阶段：1985—2001 年。2001 年为临界点，2001 年中国第三产业占比为 40.5%，工业占比为 39.7%，第三产业占比超过工业，在这期间服务业占比除 1992—1996 年有小幅下降外，整体呈现上升趋势，工业占比整体呈现下降趋势，使得第三产业占比在 2001 年第一次超过工业。

第三阶段：2002—2012 年。2013 年为临界点，2013 年第三产业占比首次超过第二产业，第三产业占比达到 46.7%，第二产业占比为 44.0%。在这期间第三产业在国民经济中的作用日益增加，对经济拉动作用逐渐增强。

第四阶段：2013 年至今。2013 年以来，第三产业占比快速提高，2015 年第三产业占 GDP 比重首次超过 50%，成为国民经济发展的重要引擎，对国民经济增长的贡献率进一步提高，主动力作用更加显现。

3. 两种划分综合比较与理论解释

从两种产业结构变迁的阶段划分看，基于三次产业劳动生产率计算的产业结构变迁阶段的划分与第三产业占比超越变化为临界点划分的产业结构变迁阶段高度一致，只是在 2013 年以来出现不同，但是进一步分析发现，2015 年第三产业占比超过 50%，则意味着将进入服务业为主的产业结构，这与基于三次产业劳动生产率计算的产业结构变迁都大于 1 的时间点吻合，因此，将中国改革开放以来产业结构变迁分为以上四个阶段，这区别于多数关于产业结构变迁的阶段划分，例如，干春晖等（2011）根据中国改革进程划分的 1978—1984 年、1985—1991 年、1992—2000 年、2001—2009 年四个阶段以及吴万宗等（2018）划分的 1978—1984 年、1985—1992 年、1993—2000 年、2001—2008 年以及 2009—2015 年五个阶段。

4. 产业结构对经济增长作用

产业结构随着变迁程度提高对经济增长的作用不同，对数量型增长和质量型增长均表现出先降低后上升的过程，但随着产业结构变迁度提高，对质量型增长的促进作用稳步提升。进一步验证得到当产业结构变迁度大于 1 或第三产业占比超过第二产业时，产业结构变迁对质量型增长的促进作用将超过对数量型增长的作用，这为中国各区域是否进入经济高质量增长阶段提供判断依据。

五、教学效果分析

（一）知识掌握程度

学生对中国产业结构演变有深刻的认识，能够熟悉中国产业结构演变的历程，理解产业结构演变的规律。

（二）教学方法效果

讲授法结合案例分析法，有效提升学生的学习兴趣和参与度。学生能够在具体的案例中深入理解产业结构演变知识。小组讨论法要求学生积极讨论和交流观点，培养学生的合作能力和思辨能力。互动问答法有效激发学生的学习热情，通过问题引导学生思考，增强学生的自主学习能力。

（三）思政元素融入效果

学生在学习中能够体会中国产业结构演变的规律和特点，增强学生对中国产业发展取得成就的自豪感。学生更深刻地认识产业结构对经济增长具有的作用，树立正确的价值观和社会责任。

（四）学生反馈

本案例的内容较为充实、条理清晰，学生能够很好地理解中国产业结构演变的历程，并认为教学方法多样且有效，能够激发学习兴趣和参与度；对思政元素的融入表示非常认可，有助于培养时代感和责任感。

参考文献

[1] 杨仁发，李娜娜．产业结构变迁与中国经济增长——基于马克思主义政治经济学视角的分析 [J]．经济学家，2019 (8)：27 –38.

[2] 干春晖，郑若谷．改革开放以来产业结构演进与生产率增长研究 [J]．中国工业经济，2009 (2)：55 –65.

[3] 刘伟，张辉．中国经济增长中的产业结构变迁和技术进步 [J]．经济研究，2008 (11)：4 –15.

[4] 干春晖，郑若谷，余典范．中国产业结构变迁对经济增长和波动的影响 [J]．经济研究，2011 (5)：4 –16.

[5] 吴万宗，刘玉博，徐琳．产业结构变迁与收入不平等——来自中国的微观证据 [J]．管理世界，2018 (2)：22 –33.

案例三　区域可持续发展：新安江流域水环境生态补偿治理

黄永斌*

一、课程思政元素

元素 1：强调生态文明与可持续发展的理念，引导学生认识到生态环境保护与经济发展之间的辩证关系。

元素 2：强调生态补偿在保护生态环境中的重要作用，引导学生认识到个人和社会在生态环境保护中的责任和义务。

元素 3：通过组织实践活动、社会调查等方式，让学生亲身体验生态补偿治理的实施细节，增强实践能力和综合素质。

二、课程目标

（一）知识目标

K1：解读环境库兹涅茨曲线的内涵。

K2：举例阐明区域经济联系与生态环境联系的矛盾。

K3：熟悉区域经济联系与生态环境联系的协调机制。

（二）能力目标

A1：理解“绿水青山就是金山银山”的内涵及现实意义。

A2：提升社会调研及结构式访谈技巧。

A3：实地调研与文献阅读提高学生理论与实际相结合分析问题的能力。

（三）价值目标

V1：实地调研跨地域生态补偿协议实施，理解加强政府间密切合作和共同治理的必要性和可行性。

V2：对身边人加强“绿水青山就是金山银山”的科普，让更多人了解到绿色发展的重大现实意义。

V3：强化我国要进一步加强生态环境保护的立法进程。

---

* 作者简介：黄永斌，安徽大学经济学院讲师。

三、教学设计

（一）教学内容

1. 区域可持续发展的内涵

难点 A： 环境库兹涅茨曲线的原理。

2. 区域经济联系与生态环境联系的矛盾

重点 A： 区域经济联系与生态环境联系之间矛盾的原因。

主要内容：污染的外部性、经济增长目标、行政区划分割。

3. 举例说明如何协调区域经济联系与生态环境联系

重点 B： 新安江流域水环境生态补偿。

主要内容：新安江流域水环境生态补偿治理的相关政策与前沿学术论文。

针对本知识点，课程采用案例教学和实地调研方法，引导学生思考区域经济联系与生态环境联系的矛盾与协调关系。首先，教师引入环境库兹涅茨曲线，引导学生深入思考“先增长、先污染、后治理、后改善”的经济增长逻辑是否一定是成立的；而后将问题剖析指出区域经济联系与生态环境联系之间的矛盾关系，利用前沿的学术论文指出边界污染、跨流域污染等现实问题。其次，向学生发问该如何解决这些跨界污染问题，引入新安江流域水环境生态补偿的相关历史资料，从政策角度解读该政策如何解决区域间外部性和信息不对称问题。列举相关学术论文，说明跨地域水环境生态补偿实现了上游和下游的共同富裕。最后，通过新安江流域实地调研方法，让学生调查上下游地区的生产、生活活动，进而加深对“绿水青山就是金山银山”的理解和认识。

本案例知识图谱如图 9 – 1 所示。

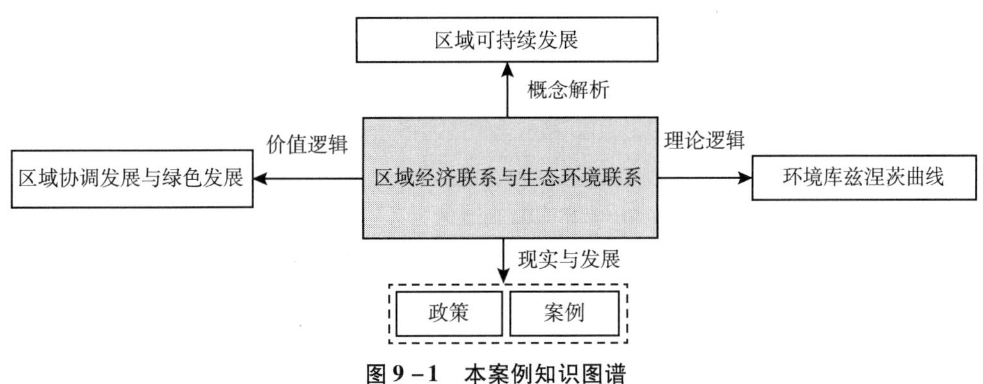

图 9 – 1 本案例知识图谱

（二）教学方法

1. 案例分析法

通过引入实际案例，如跨边界地区污染、跨流域污染的相关新闻，指出区域经济联系与生态环境联系的矛盾，强化学生的理论思辨能力。鼓励学生搜集和整理相关的新闻和案例，并在课堂上进行分享和讨论。这不仅可以拓宽学生的视野，还可以激发他们的学习兴趣和主动性。

2. 实地调研法

组织学生调研新安江流域上下游，了解当地的生产、生活活动，如工业污染排放、农业面源污染、生活污水排放等。通过问卷调查、访谈、现场观测等方式，收集有关水质、污染源、治理措施等方面的数据；对上游地区为保证水质量达标所采取的措施及所承受的损失进行评估，包括经济损失、生态损失等，让学生在实践中领悟“绿水青山就是金山银山”的意义。

3. 文献阅读法

引导学生阅读前沿边界污染、水流域污染、跨地域生态补偿协议的政策评估的论文。通过阅读这些论文，学生可以了解到不同地域间因经济联系而产生的污染问题，以及这些问题对生态环境造成的影响；明晰经济联系与生态环境联系的矛盾与协调关系，总结论文研究结论，强化区域经济协调发展与绿色发展相辅相成的观点。

（三）教学案例内容

本案例教学内容设计见表 9 - 1。

表 9 - 1　案例教学内容设计

教学环节	教学内容
线下课堂	教师讲授环境库兹涅茨曲线，抛出“先增长、先污染、后治理、后改善”是经济增长的一般规律吗
内容导入	引入跨边界污染、流域污染的相关新闻，引出发达地区的环境改善是否是建立在落后地区的环境破坏基础之上的
概念解析	区域经济联系与生态环境联系的矛盾及成因
案例引入	以新安江流域水环境生态补偿为案例，介绍政策主要内容
实地调研	实地调研新安江流域上下游的生产、生活活动
文献阅读	阅读生态补偿协议的政策评价等前沿学术论文，从学理上剖析生态补偿协议对共同富裕的影响
理论阐释	解析区域经济联系与生态环境联系的协调机制
课程总结	环境库兹涅茨曲线并非区域经济发展过程的必然“规律”，我们需要践行生态补偿等“绿水青山就是金山银山”的发展模式

（四）案例评析

基于思政元素的案例评析见表 9 - 2。

表 9－2　　基于思政元素的案例评析

教学内容	思政落脚点	思政元素
环境库兹涅茨曲线	正视地方发展差距；正视区域公平与协调发展	激发思辨精神； 理解区域多样性； 强调生态文明与可持续发展的理念，引导学生认识到生态环境保护与经济发展之间的辩证关系
区域经济联系与生态环境联系的矛盾	各行政区域生态环境管理治理各行其是，难以满足跨地域、流域内生态环境治理的需要；污染排放的外部性，排放污染无成本且外溢，而经济收益归各辖区享有；生态环境保护政策与贫困治理政策缺乏有效衔接，生态环境保护往往以牺牲欠发达地区的经济开发利益为代价，却得不到应有的补偿	“创新、协调、绿色、开放、共享”的五大发展理念； 培养学生的环保意识和生态道德，引导学生树立正确的生态价值观和生态伦理观
区域经济联系与生态环境联系的协调	生态补偿制度；地方政府间生态收益区—生态功能区责权利的长期合约；生态资本交易制度；生态一体化利益协调机制；总体以外部性内部化措施协调区域经济联系与生态环境联系	树立区域绿色发展与协调理念； 强化开放、共享心态； 引导学生从案例中提炼出生态补偿的实践经验、问题与挑战，以及未来发展方向，增强对生态补偿实践的认识和理解

四、教学效果分析

1. 深化学生对生态文明理念的理解

通过可持续发展及新安江流域水环境生态补偿的调研与学习，学生可以深入了解生态文明建设的重要性和紧迫性，进一步认识到人与自然和谐共生的关系。这种理解不仅有助于培养学生的环保意识，还能够激发他们积极参与环保行动的热情。

2. 提升学生的社会责任感

新安江流域生态补偿涉及多个利益群体之间的利益平衡和协调发展。在教学过程中，学生可以了解到不同群体在生态保护中的责任和义务，从而培养他们的社会责任感。学生将学会在关注自身发展的同时，也关注社会的整体利益。

3. 培养学生的实践能力和创新精神

新安江流域生态补偿的教学不仅仅是理论知识的传授，更重要的是培养学生的实践能力和创新精神。通过实地调研与访谈等方式，学生可以深入了解生态补偿的具体实施过程，深入了解和领悟“绿水青山就是金山银山”的意义，还增强了对生态环境保护的认识和责任感。

4. 增强学生的综合素质

新安江流域生态补偿的教学涉及多个学科领域的知识，如环境科学、管理学、社会学等。通过学习，学生可以拓宽知识面，增强综合素质。这种跨学科的学习方式有助于培养学生的综合素质和综合能力，为他们未来的职业发展和社会适应能力打下坚实的基础。

参考文献

[1] 区域经济学编写组．区域经济学［M］.2 版．北京：高等教育出版社，2022.

[2] 赵越，杨文杰，马乐宽，等．全国首个跨省流域水环境补偿试点——新安江流域水环境补偿探索与实践（2012—2014 年）［M］. 北京：中国环境出版社，2015.

[3] 张冰冰，王圆，申广军．流域横向生态保护补偿与共同富裕［J］. 世界经济，2024（4）：129－153.

[4] 沈坤荣，周力．地方政府竞争、垂直型环境规制与污染回流效应［J］. 经济研究，2020，55（3）：35－49.

[5] Cai，Hongbin，Yuyu Chen，and Qing Gong. Polluting Thy Neighbor：Unintended Consequences of China's Pollution Reduction Mandates［J］. *Journal of Environmental Economics and Management*，2016，76（3）：86－104.

[6] Zhang，Bing，Daxuan Zhao. Emission Leakage and the Effectiveness of Regional Environmental Regulation in China［J］. *Journal of Environmental Economics and Management*，2023，121（9）：102869.

案例四　积极参与数字贸易全球治理：RCEP 中的中国智慧

户华玉*

一、课程思政元素

元素 1：参与数字贸易全球治理的大国担当和勇于承担的社会责任感。

元素 2：民族自豪感和中国特色社会主义道路自信。

元素 3：批判性思维和创新精神。

元素 4：历史使命感和主人翁意识。

元素 5：扎实的专业知识和严谨的科研态度。

二、课程目标

（一）知识目标

K1：诠释数字贸易全球治理的内涵。

* 作者简介：户华玉，安徽大学经济学院讲师。

K2：比较数字贸易全球治理和传统贸易全球治理的区别。
K3：描绘当前数字贸易全球治理制度的构建格局。
K4：总结现有数字贸易全球治理制度涉及的主要领域。

（二）能力目标

A1：辨析 RCEP 数字贸易治理中的目标、原则、主体及客体。
A2：解读 RCEP 文本材料中与数字贸易相关的具体条款。
A3：比较 RCEP、DEPA 和 CPTPP 中数字贸易相关条款的共性与差异。
A4：通过文献总结数字贸易全球治理制度的发展趋势和面临挑战。
A5：结合数据评估 RCEP 生效对成员国数字贸易规模和质量的影响。

（三）价值目标

V1：培养自主阅读和梳理国内国际政策性文件的能力，辩证分析中国参与数字贸易全球治理的现状和空间。

V2：通过小组讨论研究中国参与的 RCEP 和努力融入的 DEPA、CPTPP 规则之间的共性和差异，增强维护国家发展利益的使命感，为中国参与数字贸易全球治理建言献策。

V3：结合科研训练和课后实践，培养学生勇于实践的科研行动力和敢于探索的创新精神。

三、教学内容

（一）教学内容

1. 数字贸易全球治理的构成

重点 A：数字贸易全球治理的四大构成要素（目标、原则、主体和客体），数字贸易全球治理与传统贸易全球治理之间的联系与区别（哔哩哔哩“国际经贸规则热点问题讲座”：贸易协定中的数字贸易规则）。

2. 现有数字贸易全球治理制度

重点 B：DEPA 框架下的全球治理制度（价值观念、治理经验和发展诉求）（文件资源：《全面与进步跨太平洋伙伴关系协定》）。

重点 C：联合国框架下的全球治理制度（覆盖范围及核心议题）。

难点 A：双边/多边区域经贸协定下的全球治理制度（比较美式模板、欧式模板和亚太模板的数字贸易规则的共同点和差异）。

3. 数字贸易全球治理面临的挑战

重点 D：从规则兼容性、核心诉求一致性、发展中国家参与度、风险认知等方面分析数字贸易全球治理面临的挑战（论文资源：RCEP 和数字贸易全球治理相关论文）。

难点 B：中国参与数字贸易全球治理的进程及阻力（从基本接受的条款、接受难度较小的条款和接受难度较大的条款三个维度分析中国对国际主流数字贸易规则接受的难易程度及应对策略）。

难点 C：数字贸易全球治理的效应评估（数据资源：联合国商品贸易数据库、OECD 数据库、WTO 数据库）。

（二）知识架构

本案例知识图谱如图 9－2 所示。

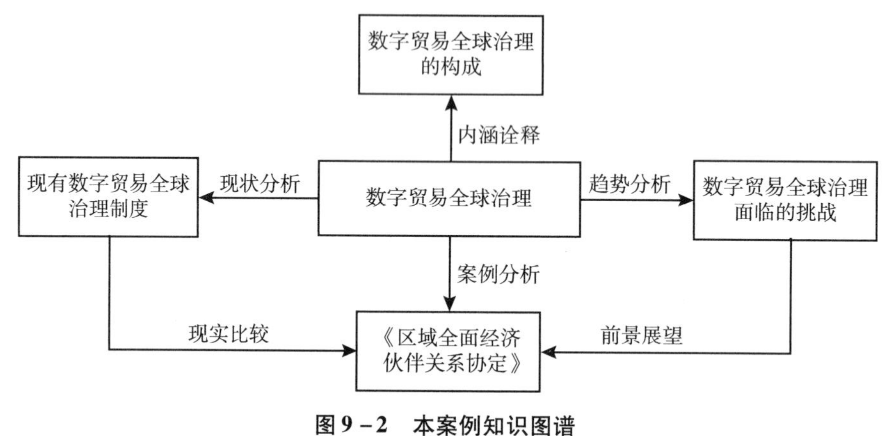

图 9－2　本案例知识图谱

四、教学设计

（一）设计逻辑

本教学方案综合采用线上线下混合教学模式，本着重培养学生的专业知识能力和科研创新精神而设计。

课前，通过“云班课”教学平台发布课前预习任务，按照“教材预习”“案例素材”“前沿选读”三大模块向学生提供学习资料。其中，“教材预习”通过在线上平台发布教材预习结果反馈，收集学生的学习难点；“案例素材”主要从“中国自由贸易区服务网”选取 RCEP 协定文本中与数字贸易相关的章节；“前沿选读”从权威期刊中选取与数字贸易治理相关的前沿文献。

课中，在对课程专业知识进行讲授的基础上，向学生介绍 RCEP 的诞生，并将课程思政元素融入 RCEP 的政策解读中，同时采用头脑风暴和文献讨论等启发式、互动式教学模式，引导学生进行实践分析和科研训练，培养学生的思辨能力和科研能力。

课后，通过“云班课”教学平台提供拓展阅读资料，布置课程思维导图绘制任务，帮助学生梳理所学知识，并开辟线上答疑区和讨论区，引导学生进行课后思考，提升学生的实践分析能力。

（二）案例阐释

本案例课程思政教学环节说明见表9－3。

表9－3　　本案例课程思政教学环节说明

教学环节	教学内容	教学方法	思政元素
课前准备	数字贸易全球治理的构成、现有数字贸易全球治理制度、数字贸易全球治理的挑战	课前预习： 教师通过线上教学平台向学生提供教学资源，学生预习教材和线上资源后对数字贸易全球治理的相关内容有基本认知 归纳演绎： 教师通过在线问答的方式回应学生预习中产生的疑惑，梳理关于数字贸易全球治理的构成和现有制度的基本内容	使学生掌握扎实的专业知识，为实践应用奠定理论基础
热点导入	RCEP由签署到分步生效的各阶段及具体落实制度	视频教学： 教师通过“RCEP对15个签署国全面生效”的新闻视频①，引起学生对RCEP及其框架下的数字贸易制度的兴趣和关注	激发学生的民族自豪感，增强学生对中国特色社会主义的道路自信
政策解读	RCEP与数字贸易全球治理的构成	政策解读： 教师利用“中国自由贸易区服务网”②提供的RCEP文本资料，引导学生重点关注并应用所学知识解读RCEP中与数字贸易相关的条款，明确其数字贸易治理的目标、原则、主体及客体	培养学生对实事的敏感度，塑造学生用专业知识解读政策的能力
案例比较	RCEP中的数字贸易全球治理制度与其他现有制度的共性和差异	文件解读： （1）教师利用商务部网站提供的《数字经济伙伴关系协定》③和《全面与进步跨太平洋伙伴关系协定》文件④，采取分组合作的形式引导学生对DEPA和CPTPP的贸易自由化、贸易便利化、基本原则、消费者权益保护和个人信息保护、数据跨境流动及存储、数字产品知识产权、合作、监管框架和争端解决机制等具体条款进行解读 头脑风暴： （2）教师引导学生分组进行讨论，归纳和总结现有数字贸易全球治理制度的涉及领域，并比较中国已参与的RCEP与正在申请加入的DEPA和CPTPP在数字贸易规则上的共性和差异，并安排同学据此绘制对比图进行课堂展示	引导学生不仅关注中国已参与构建的数字贸易规则，还关注目前世界其他主流的数字贸易全球治理制度，培养学生的全球意识和拓展学生的国际视野

① https：//tv. cctv. com/2023/06/02/VIDENiIEfx2bFOuZK4VMjDJE230602. shtml.

② http：//fta. mofcom. gov. cn/index. shtml.

③ https：//gjs. mofcom. gov. cn/wjzl/zymyq/art/2021/art_ebb6a4d54f3f45ac9523e1a857b52153. html.

④ https：//gjs. mofcom. gov. cn/wjzl/zymyq/art/2021/art_d730af75744a4a30901c9812bdef2ab6. html.

续表

教学环节	教学内容	教学方法	思政元素
科研训练	RCEP 中数字贸易全球治理制度的深化空间及中国积极参与数字贸易全球治理的前景展望	文献引入： （1）教师提供与数字贸易全球治理和 RCEP 相关的学术论文，向学生介绍学术界关于数字贸易全球治理制度的发展趋势和面临挑战的研究； （2）教师引导学生从科研工作者的视角诊断 RCEP 中数字贸易规则的深化空间，为中国参与数字贸易全球治理建言献策	引导学生将所学理论应用到实践中，提高学生的历史使命感和主人翁意识
课程总结	教师提问：构建良好的数字贸易全球治理制度对开展数字贸易有什么意义	课后作业：RCEP 生效对成员国之间数字贸易的影响效应评估 教师向学生介绍一些关于数字贸易的测算方法和数据库，学生参考现有文献就 RCEP 对成员国数字贸易的影响效应进行评估	感受数字贸易全球治理制度在数字贸易往来中的重要性，培养学生的全局意识和战略眼光

五、教学效果分析

本课程思政案例的教学评价，教学团队采用“云班课”教学平台全程记录学生线上和线下学习的效果。针对四个知识目标、五个能力目标和三个价值目标，构建了学习效果评价指标体系，采用学生自评、生生互评和教师评价的形式，依托课堂讨论、课堂展示、问卷调查、研究报告等载体完成测试。对标我校的课程思政指标体系，本次教学完成 13 个观测值的任务（见表 9－4）。

表 9－4　　本案例达成校课程思政元素指标情况

1 价值引领			2 文化传承						3 时代使命				4 公民道德									5 地域特色		
1.1	1.2	1.3	2.1	2.2	2.3	2.4	2.5	2.6	3.1	3.2	3.3	3.4	4.1	4.2	4.3	4.4	4.5	4.6	4.7	4.8	4.9	5.1	5.2	5.3
▲		▲		▲	▲				▲	▲		▲	▲	▲	▲		▲				▲			▲

参考文献

［1］刘春生．数字贸易［M］．北京：中国人民大学出版社，2023.

［2］李佳倩，叶前林，刘雨辰，等．DEPA 关键数字贸易规则对中国的挑战与应对——基于 RCEP、CPTPP 的差异比较［J］．国际贸易，2022（12）：63－71.

［3］沈玉良，彭羽，高疆，等．是数字贸易规则，还是数字经济规则？——新一代贸易规则的中国取向［J］．管理世界，2022（8）：67－83.

［4］周念利，于美月．中国应如何对接 DEPA——基于 DEPA 与 RCEP 对比的视角［J］．理论学刊，2022（2）：55－64.

［5］陈伟光，钟列炀．全球数字经济治理：要素构成、机制分析与难点突破［J］．国际经济评论，2022（2）：60－87.

［6］周念利，李玉昊．全球数字贸易治理体系构建过程中的美欧分歧［J］．理论视野，2017（9）：76－81.

［7］李国娟．课程思政建设必须牢牢把握五个关键环节［J］．中国高等教育，2017（Z3）：28－29.

［8］邱伟光．课程思政的价值意蕴与生成路径［J］．思想理论教育，2017（7）：10－14.

第十章　金融信托与租赁

案例一　消费信托：扩大内需见真章

张前程*

一、课程思政元素

元素 1：马克思主义的消费理论。
元素 2：国家富强、人民幸福的时代使命。
元素 3：以义取利、守正创新的中华优秀传统文化。

二、课程目标

（一）知识目标

K1：解读消费信托的内涵。
K2：归纳消费信托的特点。
K3：阐述消费信托的核心价值。

（二）能力目标

A1：掌握消费信托的内涵与本质。
A2：借助案例素材深刻理解消费信托的基本特点。
A3：总结消费信托对满足人民美好生活需要、扩大内需以及构建新发展格局的重要作用。

（三）价值目标

V1：深刻理解消费信托对于贯彻落实国家扩大内需战略的意义，引导学生掌握扎实专业知识，为实现中国式现代化贡献力量，具有主动承担国家富强、人民幸福的时代使命。

V2：树立正确的职业理念，增强信托业服务人民美好生活、积极助力扩大内需

* 作者简介：张前程，安徽大学经济学院副教授。

的职业责任感。

V3：理解以义取利、守正创新的中华优秀传统文化在消费信托中的体现。

三、教学内容

（一）消费信托的内涵

消费信托是以信托公司作为受托人，按照作为委托人的消费者的意愿，将信托资金用于购买指定的产业方提供的消费权益，为受益人的消费权益的实现提供监督和管理服务，以实现满足受益人特定消费需求及消费者权益保护的信托目的的单一指定型信托。①

重点 A：消费与信托相结合的一种创新金融产品，同时具有产业属性与金融属性，契合国家扩大内需战略的政策需要，有助于服务人民美好生活。（结合课前发布的"模块一：经典品读""模块二：学习文汇"讲解新时代实施扩大内需战略的重要性，列举习近平总书记关于扩大有收入支撑的消费需求的重要表述，让学生讨论消费信托支持扩大内需战略的必要性。）

（二）消费信托的特点

消费信托具有以下几个基本特点，如图 10－1 所示。

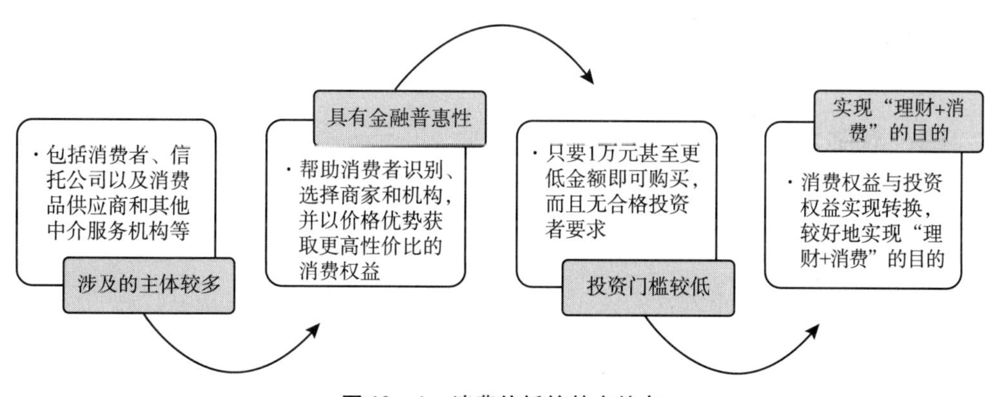

图 10－1　消费信托的基本特点

重点 B：结合课前发布的"模块三：案例素材"，解析消费信托的特点，这些特点中蕴含消费信托助力扩大内需的内在机制。（翻转课堂，学生讲解）

（三）消费信托的核心价值

消费信托的核心价值如图 10－2 所示。

① 中国信托业协会：《信托业 2015 年专题报告》，2015 年。

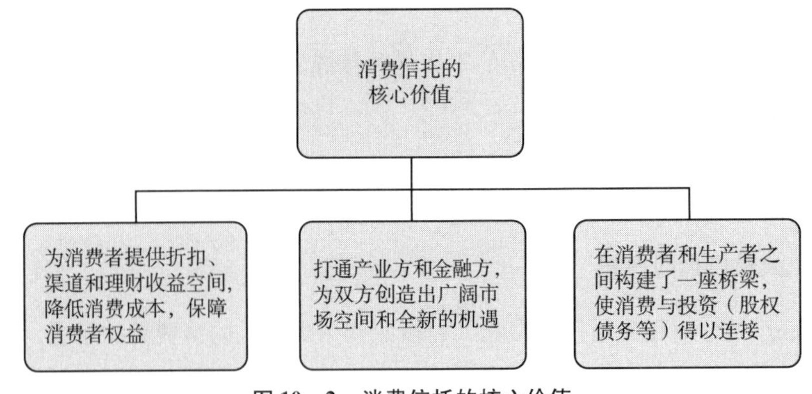

图 10－2　消费信托的核心价值

归纳总结消费信托的核心功能，突出以人民为中心的价值取向。消费信托作为创新性金融产品，是新时代金融支持扩大内需战略、构建新发展格局的重要着力点。

难点 A：归纳消费信托在释放消费潜力中的作用，阐释消费信托支持扩大内需战略的逻辑和模式。（结合课前发布的“模块三：案例素材”分析消费信托的核心价值。）

针对以上教学内容知识点，课程采用混合式＋案例教学方法。课前在学习通平台发布体现课程思政元素的“经典品读”“学习文汇”“案例素材”三大模块的学习材料。线上课程学生学习消费信托的内涵、特点、核心价值。线下课程教师引入相关政策文件，作为学习辅助材料，结合“经典品读”“学习文汇”模块剖析消费信托助推扩大内需战略的现实意义，根据“案例素材”模块，探寻案例中消费信托服务人民美好生活、助力扩大内需的模式和机制。学生讨论新时期消费信托在贯彻落实扩大内需战略中的作用。

四、教学设计

（一）设计逻辑

课前，通过学习通平台，按照“经典品读”“学习文汇”“案例素材”三大模块发布蕴含课程思政的学习材料。其中，“经典品读”主要从马克思主义经典著作中选取，“学习文汇”主要从习近平总书记重要讲话和著作、党的重要文献资料中摘录，“案例素材”从《2015 年信托业专题研究报告》中选取。

课中，将课程思政元素融入课程教学中，重在启发式、互动式教学，设计融合思政元素和专业知识点的小测试题或某个讨论主题通过雨课堂进行在线测试、线下讨论。

课后，基于网络教学平台发布拓展材料，供学生思考。布置课后作业与测验，开辟线上答疑区和讨论区，课后作业要将专业知识点和课程思政元素进行融合、串联。

（二）案例阐释

本案例课程思政教学环节说明见表 10－1。

表 10－1　　　　　　　　　　本案例课程思政教学环节说明

<table>
<tr><th>教学环节</th><th>教学内容</th><th>教学方法</th><th>思政元素</th></tr>
<tr><td>发布课程思政三大模块素材</td><td>在“经典品读”模块，引用马克思关于消费理论的经典表述；在“学习文汇”模块，摘录习近平总书记关于扩大内需战略的重要表述；在“案例素材”模块发布《中信信托的嘉丽泽项目消费信托》的案例材料</td><td>线上自主学习</td><td>马克思主义理论指导、国家富强和人民幸福的时代使命、党和国家的政策导向</td></tr>
<tr><td rowspan="2">概念阐释</td><td rowspan="2">结合课前发布的“模块一：经典品读”“模块二：学习文汇”讲解消费信托的内涵。对消费信托有何理解？信托机构为什么要开展消费信托业务？学生进行讨论</td><td>文件解读：
教师列举中共中央、国务院印发的《扩大内需战略规划纲要（2022—2035）》，引导学生认知实施扩大内需战略、构建新发展格局的重要性，以及消费信托所能发挥的积极作用</td><td rowspan="2">引导学生增强服务国家经济社会发展的意识</td></tr>
<tr><td>归纳演绎：概念要点
总结消费信托的内涵</td></tr>
<tr><td>问题提炼</td><td>在阐释消费信托内涵以及解读相关政策文件之后，提出问题：为什么说消费信托是“消费与信托相结合的一种创新金融产品，同时具有产业属性与金融属性”？由学生归纳消费信托的特点</td><td>头脑风暴：创新在哪里？
学生分组开展头脑风暴，总结消费信托的创新点体现在哪些方面</td><td>以义取利、守正创新的中华优秀传统文化；理解消费信托助力扩大内需战略的内在机制</td></tr>
<tr><td rowspan="2">案例解读</td><td>结合课前发布的“模块三：案例素材”，分析消费信托助力扩大内需的方式，指出本案例中信托机构、消费者以及产业方等当事人的权利与职责</td><td>案例分析：
让学生指出案例素材中所涉及的参与主体，分析每个参与主体享有的权利和承担的职责。学生头脑风暴，探讨中信信托嘉丽泽项目消费信托的交易结构、资金运用和风险控制措施</td><td>树立正确的职业理念，培养经世济民的职业追求，增强社会责任感</td></tr>
<tr><td>结合课前发布的“模块三：案例素材”，分析消费信托的核心价值，探究本案例素材中消费信托为消费者和产业方创造的核心价值</td><td>案例分析：
根据案例归纳消费信托在扩大有收入支撑的消费需求方面扮演的角色、支持扩大内需“见真章”的具体体现。探讨国家倡导金融支持扩大内需战略、满足人民美好生活需要的实践价值</td><td>习近平总书记关于金融工作和扩大内需战略的相关论述</td></tr>
<tr><td>课程总结</td><td>教师提问：在助力扩大内需方面，为什么说消费信托能够同时从供给和需求两侧发力</td><td>课后作业：
党的二十大报告指出要“着力扩大内需，增强消费对经济发展的基础性作用。”2023年10月中央金融工作会议指出“着力做好当前金融领域重点工作……更好支持扩大内需”。在消费信托助力扩大内需中，信托机构应如何做到守正创新</td><td>让学生从自身所学专业的视角思考国家大政方针的落实</td></tr>
</table>

五、教学效果分析

在这部分课程教学中，坚持以立德树人为根本宗旨，在消费信托知识点中全方位融入思政元素，思考如何利用专业知识服务于国家重大发展战略，达到润物无声的教学效果。将课程思政全面贯通于本次课程教学各环节，能够引导参与本次课程学习的学生增强服务国家经济社会发展的意识、树立正确的职业理念和价值取向。在课程教学中，秉承“学生中心、产出导向、持续改进”的 OBE 理念，综合运用线上线下相结合的混合式教学模式，既注重专业教学中的价值引导作用，同时引导学生积极思考、自主学习，进而提高学生的自主学习动力。

参考文献

[1] 叶伟春．信托与租赁［M］．4 版．上海：上海财经大学出版社，2019.

[2] 马克思恩格斯全集（第 2 版）（第 30 卷）［M］．北京：人民出版社，1995.

[3] 习近平谈治国理政（第四卷）［M］．北京：外文出版社，2022.

[4] 中共中央党史和文献研究院．习近平关于金融工作论述摘编［M］．北京：中央文献出版社，2024.

[5] 2015 年信托业专题研究报告［R］．中国信托业协会，2015.

[6] 鲁长瑜．消费信托的新蓝海［J］．中国金融，2016（10）：48－49.

[7] 李红云，张玲玲．课程思政背景下金融学课程群体系构建初探［J］．大学教育，2023（20）：18－21，25.

案例二　公益信托：金融向善有实招

张前程*

一、课程思政元素

元素 1：马克思主义关于坚守人民立场的指导思想。

元素 2：天下为公、讲信修睦的中华优秀传统文化。

元素 3：弘扬社会主义核心价值观，增强家国情怀和社会责任感。

二、课程目标

（一）知识目标

K1：解读公益信托的概述，包括定义、目标、特点等。

K2：归纳公益信托与私益信托在目的、受益人、设立、监督等方面的区别。

* 作者简介：张前程，安徽大学经济学院副教授。

K3：阐述公益信托的委托人、受托人、受益人、信托监察人、经营委员会等当事人的权利和义务。

（二）能力目标

A1：掌握公益信托的基本内涵。

A2：借助案例素材深刻理解公益信托的社会公益目的。

A3：总结新时代大力倡导公益信托的重要意义。

（三）价值目标

V1：引导学生坚持以人民为中心的价值取向，弘扬社会主义核心价值观，主动承担社会责任，树立正确的职业理念，增强社会责任感。

V2：挖掘公益信托中体现的中华优秀传统文化，将其润物无声般地融入学生日常生活和未来的职业活动中。

V3：让学生主动对身边人进行公益信托的知识宣传，让更多人了解公益信托在参与第三次分配和公益慈善事业中的积极作用。

三、教学内容

（一）公益信托的内涵

公益信托是指委托人为了社会公共利益的目的，对将来不特定的受益人设立的信托方式（叶伟春，2019）。

难点 A：公益目的是识别公益信托的一个最为重要的标志，也是体现“金融向善”的依据。（结合课前发布的“模块一：经典品读”“模块二：学习文汇”讲解公益信托的目的。列举《中华人民共和国信托法》（以下简称《信托法》）第六十条规定的七大公益目的，让学生讨论对这七大公益目的的理解。）

（二）公益信托的特点

在信托目的、受益人、设立、监督和解除等层面归纳公益信托的特点。

重点 A：结合课前发布的“模块三：案例素材”，通过与私益信托的对比，突出公益信托的特点。（翻转课堂，学生讲解）

（三）公益信托的主体

公益信托的主体比其他信托稍微复杂一些，除一般信托所具有的委托人、受托人和受益人之外，还包括信托监察人和经营委员会，如图 10 – 3 所示。

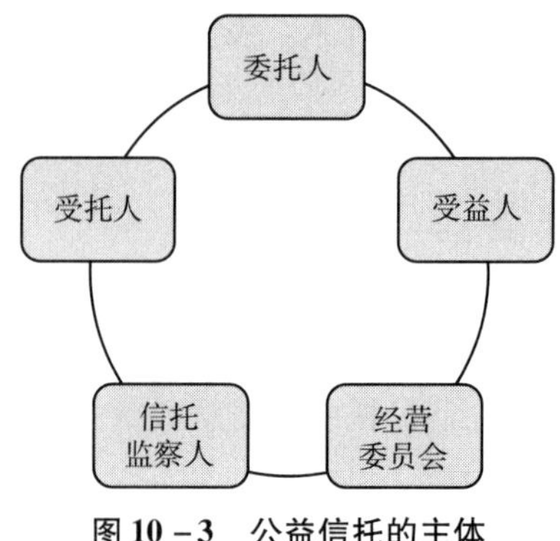

图 10－3　公益信托的主体

重点 B：信托监察人和经营委员会在公益信托中的职责。（结合《信托法》第六十四条、第六十五条，阐释信托监察人的设立与职责，结合课前发布的“模块三：案例素材”分析公益信托的主体。）

（四）公益信托的功能

归纳总结公益信托的功能，如图 10－4 所示。突出“金融向善”的价值取向。成立公益信托是新时代企业和个人参与社会公益事业的最佳渠道之一。

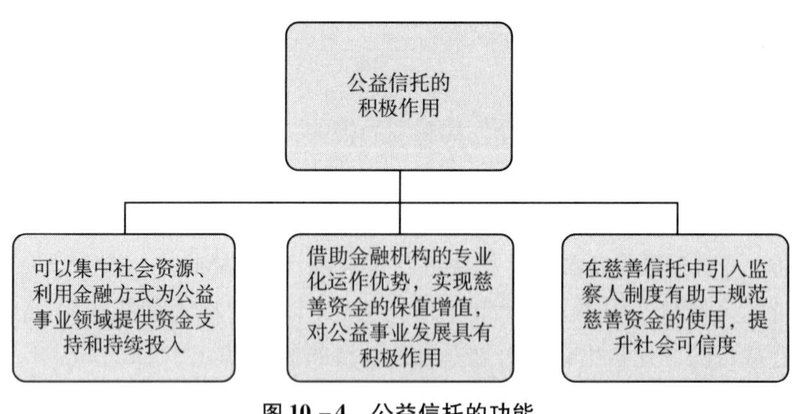

图 10－4　公益信托的功能

针对以上教学内容知识点，课程采用混合式＋案例教学方法。课前在学习通平台发布蕴含课程思政元素的“经典品读”“学习文汇”“案例素材”三大模块的学习材料。线上课程学生学习了公益信托的内涵、特点、主体和功能。线下课程教师引入《信托法》《慈善法》等法律政策文件，作为内涵的学习辅助材料，结合“经典品读”“学习文汇”模块剖析公益信托蕴含的“金融向善”本质，根据“案例素材”模块，探寻案例中公益信托的目的、主体和功能。学生讨论对“社会公益目的”的理解是什么？引入中国古代公益慈善信托的相关史料，增强学生对中华优秀传统文化的认知。

四、教学设计

（一）设计逻辑

课前，通过学习通平台，按照“经典品读”“学习文汇”和“案例素材”三大模块发布蕴含课程思政的学习材料。其中，“经典品读”主要从马克思主义经典著作、中国古典典籍中选取，“学习文汇”主要从习近平总书记重要讲话和著作、党的重要文献资料、中央会议公告或决议等摘录，“案例素材”从《中国信托业2017年度社会责任报告》中选取。

课中，将课程思政元素融入课程教学中，重在启发式、互动式教学，设计融合思政元素和专业知识点的小测试题或某个讨论主题通过雨课堂进行在线测试、线下讨论。

课后，基于网络教学平台发布拓展材料，供学生思考。布置课后作业与测验，开辟线上答疑区和讨论区，课后作业要将专业知识点和课程思政元素进行融合、串联。

（二）案例阐释

本案例课程思政教学环节说明见表10－2。

表10－2　本案例课程思政教学环节说明

教学环节	教学内容	教学方法	思政元素
发布课程思政三大模块素材	在“经典品读”模块，引用马克思关于未来社会“生产将以所有人的富裕为目的”的经典表述，以及《礼记》中“大道之行也，天下为公，选贤与能，讲信修睦。”在“学习文汇”模块，摘录党的二十大报告关于发展公益慈善事业的表述；在“案例素材”模块发布《国投泰康信托助力脱贫攻坚》的案例材料	线上自主学习	马克思主义理论指导、中华优秀传统文化、党和国家的政策导向
概念阐释	结合课前发布的“模块一：经典品读”“模块二：学习文汇”讲解公益信托的目的。对社会公益目的有何理解？为什么要发展社会公益事业？学生进行讨论	法律文本解读与讨论：教师列举我国《信托法》第六十条明确规定的七大公益目的，引导学生认知与理解公益目的是公益慈善信托的最为重要的标志	深刻理解公益信托的社会公益目的，坚定学生走中国特色金融发展之路的道路自信
		归纳演绎：概念要点 总结公益慈善信托的内涵及其目的	

续表

教学环节	教学内容	教学方法	思政元素
问题提炼	在阐释公益信托内涵之后，提出问题：公益信托与私益信托的区别是什么？由学生自主归纳公益信托的特点	头脑风暴：区别在哪里？ 学生分组开展头脑风暴，总结公益信托与私益信托存在哪些区别	把握“金融向善”的实质和落脚点
案例解读	结合课前发布的“模块三：案例素材”，分析公益信托的主体。结合《信托法》第六十四条、第六十五条，阐释信托监察人的设立与职责	案例分析：让学生指出案例素材中所涉及的信托主体，分析每个信托主体享有的权利和承担的职责。学生头脑风暴，将公益信托主体和私益信托主体进行对比	树立正确的职业理念，培养经世济民的职业追求，增强社会责任感
	结合课前发布的“模块三：案例素材”，分析公益信托的功能。指出本案例素材中国投泰康信托在助力脱贫攻坚方面的贡献与担当	案例分析：根据案例归纳公益信托的基本功能：集中社会资源、利用金融方式为慈善领域提供资金支持；借助金融机构专业化运作优势，实现慈善资金保值增值；引入监察人制度规范慈善资金的使用	习近平总书记关于金融业要“坚持以人民为中心的价值取向”的论述
课程总结	教师提问：为什么说成立公益信托是新时代企业和个人参与社会公益事业的最佳渠道之一	课后作业：党的二十大报告指出“构建初次分配、再分配、第三次分配协调配套的制度体系”“引导、支持有意愿、有能力的企业、社会组织和个人积极参与公益慈善事业。”什么是第三次分配，信托机构如何参与第三次分配和公益慈善事业	让学生从自身所学专业的视角思考国家大政方针的落实

五、教学效果分析

在这部分课程教学中，坚持以立德树人为根本宗旨，在公益信托知识点中全方位融入思政元素，达到润物无声的教学效果。将课程思政全面贯通于本次课程教学各环节，参与本次课程学习的学生能够深刻领悟以人民为中心的发展思想和价值取向。在课程教学中，秉承“学生中心、产出导向、持续改进”的 OBE 理念，综合运用线上线下相结合的混合式教学模式，既注重专业教学中的价值引导作用，同时引导学生积极思考、自主学习，进而提高了学生自主学习动力。

参考文献

［1］叶伟春．信托与租赁［M］.4 版．上海：上海财经大学出版社，2019.

［2］马克思恩格斯全集（第 2 版）（第 31 卷）［M］. 北京：人民出版社，1998.

［3］中共中央党史和文献研究院．习近平关于金融工作论述摘编［M］. 北京：中央文献出版社，2024.

[4] 王大为. 公益慈善事业的信托解决方案 [J]. 中国金融, 2023 (9): 37-38.
[5] 林立. 发展公益信托践行金融为民 [J]. 中国金融, 2023 (1): 52-54.
[6] 李占强. 基于OBE理念的财政与金融课程思政教学实践 [J]. 金融理论与教学, 2024, 42 (2): 96-100.

案例三　土地信托：赋能乡村振兴展实效

张前程*

一、课程思政元素

元素1：马克思主义关于土地制度和地租理论的指导思想。
元素2：国家富强、人民幸福的时代使命。
元素3：弘扬社会主义核心价值观，增强家国情怀和社会责任感。

二、课程目标

（一）知识目标

K1：解读土地信托的内涵，包括定义、适用范围以及对受托人要求等。
K2：根据受托人对土地的管理或处分方式不同，归纳土地信托分类。
K3：阐述信托机构在土地信托中扮演的角色。

（二）能力目标

A1：掌握土地信托的基本内涵。
A2：借助案例素材探析土地信托参与乡村振兴的模式和机制。
A3：理解新时代以土地信托支持乡村振兴的重要意义。

（三）价值目标

V1：以马克思主义土地制度和地租理论为指导，理解通过土地信托支持乡村振兴的重要意义。

V2：引导学生掌握扎实专业知识，为实现中国式现代化贡献力量，具有主动承担国家富强、人民幸福的时代使命。

V3：树立正确的职业理念，增强金融支持乡村振兴战略、助推农业强国建设的职业责任感。

* 作者简介：张前程，安徽大学经济学院副教授。

三、教学内容

（一）土地信托的内涵

土地信托是土地所有者把土地委托给信托机构，后者按信托契约的规定，负责筹集建设资金、建造房屋、募集租户或买家，对使用者办理租赁以及建筑物的维护、管理或出售，再把信托收益交给土地所有者（受益人）（叶伟春，2019）。

重点A：适合于没有不动产开发、经营和管理经验，或没有相应时间和精力的委托人。受托人的业务较为复杂，对其要求较高。（结合课前发布的“模块一：经典品读”“模块二：学习文汇”讲解我国的基本土地制度，以及通过土地信托参与乡村振兴、保障农户权益并分享土地财产的重要意义。让学生讨论“利用土地信托助力我国土地规模化经营”的理解。）

（二）土地信托的种类

根据受托人对土地的管理或处分方式不同，土地信托可以划分为以下三种，如图10－5所示。

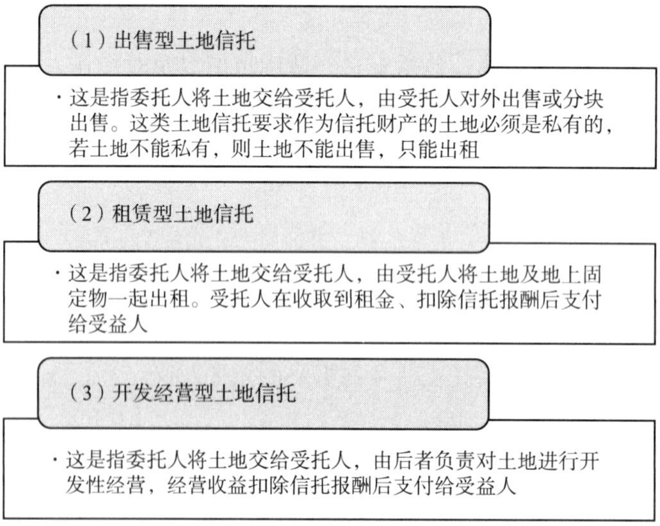

（1）出售型土地信托

· 这是指委托人将土地交给受托人，由受托人对外出售或分块出售。这类土地信托要求作为信托财产的土地必须是私有的，若土地不能私有，则土地不能出售，只能出租

（2）租赁型土地信托

· 这是指委托人将土地交给受托人，由受托人将土地及地上固定物一起出租。受托人在收取到租金、扣除信托报酬后支付给受益人

（3）开发经营型土地信托

· 这是指委托人将土地交给受托人，由后者负责对土地进行开发性经营，经营收益扣除信托报酬后支付给受益人

图10－5　土地信托的种类

重点B：土地信托的种类实际上代表了信托参与乡村振兴战略的主要模式。结合课前发布的“模块三：案例素材”，比较三类土地信托，突出每种土地信托的特色，这些特色中蕴含每种土地信托参与乡村振兴战略的比较优势。（翻转课堂，学生讲解）

（三）信托机构在土地信托中的作用

信托机构在土地信托中的作用如图10－6所示。

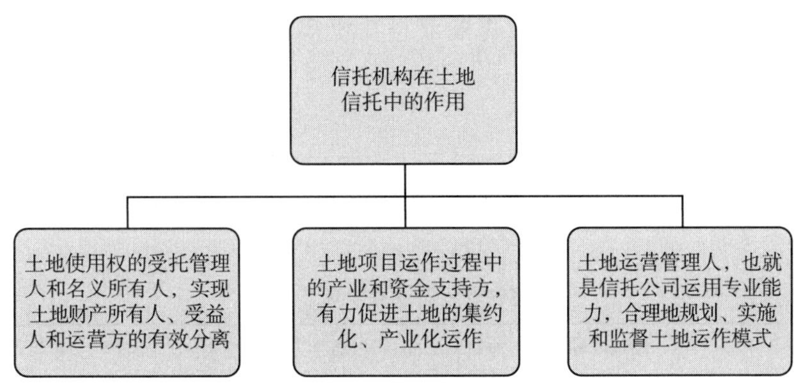

图10－6 信托机构在土地信托中的作用

信托机构作为受托人，通过土地的重新归集将零散的农用地集中到现代农业种植企业的手中，通过集约化经营形成规模效益；再通过信托产品的设计，合理地将集约经营提升的地租收入在农户、土地管理者之间分配，有效保障农户权益。

难点A：归纳信托机构参与土地信托所承担的角色，阐释土地信托在农村土地制度改革、帮助农户分享土地财产收益、助力乡村振兴方面的积极作用。（结合课前发布的“模块三：案例素材”探究土地信托对乡村振兴的赋能机制。）

针对以上教学内容知识点，课程采用混合式＋案例教学方法。课前在学习通平台发布蕴含课程思政元素的“经典品读”“学习文汇”“案例素材”三大模块的学习材料。线上课程学生学习了土地信托的内涵、种类以及信托机构的作用。线下课程教师引入政策文件，作为学习的辅助材料，结合“经典品读”“学习文汇”模块剖析土地信托赋能乡村振兴战略的重要意义，根据“案例素材”模块，探寻案例中土地信托的目的、主体和支持乡村振兴的功能。学生梳理总结“乡村振兴战略中土地信托的参与模式”。

四、教学设计

（一）设计逻辑

课前，通过学习通平台，按照“经典品读”“学习文汇”“案例素材”三大模块发布蕴含课程思政的学习材料。其中，“经典品读”主要从马克思主义经典著作中选取，“学习文汇”主要从习近平总书记重要讲话和著作、党的重要文献资料等摘录，“案例素材”是从《2021年信托业专题研究报告》中选取。

课中，将课程思政元素融入课程教学中，重在启发式、互动式教学，设计融合思政元素和专业知识点的小测试题或某个讨论主题通过雨课堂进行在线测试、线下讨论。

课后，基于网络教学平台发布拓展材料，供学生思考。布置课后作业与测验，开辟线上答疑区和讨论区，课后作业要将专业知识点和课程思政元素有机融合、串联。

（二）案例阐释

本案例课程思政教学环节说明见表 10－3。

表 10－3　　本案例课程思政教学环节说明

教学环节	教学内容	教学方法	思政元素
发布课程思政三大模块素材	在“经典品读”模块，引用马克思关于土地制度和地租理论的经典表述；在“学习文汇”模块，摘录习近平总书记关于“三农”工作和乡村振兴战略的系列表述；在“案例素材”模块发布《中信信托推出土地流转信托计划——安徽宿州模式》的案例材料	线上自主学习	马克思主义理论指导、中国特色金融发展之路、党和国家的政策导向
概念阐释	结合课前发布的“模块一：经典品读”“模块二：学习文汇”讲解土地信托的内涵，以及通过土地信托赋能乡村振兴、保障农民权益的重要意义。对土地信托的实质及其适用性有何理解？组织学生进行讨论	文件解读： 教师列举《关于推进普惠金融高质量发展的实施意见》《关于金融支持全面推进乡村振兴加快建设农业强国的指导意见》，引导学生认知土地信托的内涵以及金融信托业支持乡村振兴战略的相关政策	养成用专业知识解读政策的素养，坚定学生走中国特色金融发展之路的道路自信
		归纳演绎：概念要点 总结土地信托的内涵及其实质	
问题提炼	在阐释土地信托内涵之后，提出问题：土地信托对受托人有何要求？根据受托人对土地管理或处分方式的不同，由学生归纳土地信托的种类	头脑风暴：区别在哪里？ 学生分组开展头脑风暴，总结土地信托的三大种类及其相互之间的区别	把握土地信托在“全面推进乡村振兴战略”中的独特优势
案例解读	结合课前发布的“模块三：案例素材”，解读中信信托土地流转信托赋能乡村振兴的具体做法，指出本案例中的委托人、受托人和受益人的权利与职责	案例分析：让学生指出案例素材中所涉及的参与主体，每个参与主体享有的权益和承担的义务。学生头脑风暴，中信信托推出的土地流转信托如何实现土地规模化经营？如何保障农户权益	树立正确的职业理念，培养经世济民的职业追求，增强社会责任感

续表

教学环节	教学内容	教学方法	思政元素
案例解读	结合课前发布的“模块三：案例素材”，分析信托机构在土地信托中的作用，指出本案例素材中中信信托在赋能乡村振兴时的所作贡献与担当	案例分析：根据案例归纳信托机构在土地流转信托实践中扮演的角色、赋能乡村振兴“展实效”的具体体现。探讨国家倡导金融支持全面推进乡村振兴的实践价值	习近平总书记关于“加大对乡村振兴的金融投入”的论述
课程总结	教师提问：如何利用土地信托保障农民的权益并实现土地的规模化经营？	课后作业：2023 年 10 月中央金融工作会议指出“加大对乡村振兴的金融投入，支持牢牢端稳粮食饭碗、服务乡村产业发展、促进农民增收致富”。土地信托应该发挥怎样的作用，如何贯彻落实上述政策主张？查阅资料，梳理信托机构以土地信托参与乡村振兴的现有模式	让学生从自身所学专业的视角思考国家大政方针的落实

五、教学效果分析

在课程教学中，坚持以立德树人为根本宗旨，在土地信托知识点中全方位融入思政元素，思考如何利用专业知识服务于国家重大发展战略，达到润物无声的教学效果。将课程思政全面贯通于本次课程教学各环节，能够强化参与本次课程学习的学生增强服务国家经济社会发展的意识。秉承“学生中心、产出导向、持续改进”的 OBE 理念，综合运用线上线下相结合的混合式教学模式，既注重专业教学中的价值引导作用，同时引导学生积极思考、自主学习，进而提高学生的自主学习动力。

参考文献

［1］叶伟春．信托与租赁［M］.4 版．上海：上海财经大学出版社，2019.

［2］马克思．资本论（第 3 卷）［M］．北京：人民出版社，2018.

［3］中共中央党史和文献研究院．习近平关于金融工作论述摘编［M］．北京：中央文献出版社，2024.

［4］中国信托业协会.2021 年信托业专题研究报告［M］．北京：中国财政经济出版社，2022.

［5］黄燕芬，张志开，张超．交易费用理论视角的中国农村土地信托模式研究［J］．公共管理与政策评论，2020，9（5）：73－86.

［6］韩雷，黎远波．金融类专业课程“课程思政”建设模式与实践［J］．杭州电子科技大学学报（社会科学版），2024，20（1）：72－78.

案例四　风险投资：新质生产力的助推器

张前程*

一、课程思政元素

元素 1：马克思主义关于生产力发展的理论。
元素 2：国家富强、民族振兴的时代使命。
元素 3：弘扬社会主义核心价值观，增强家国情怀和社会责任感。

二、课程目标

（一）知识目标

K1：解读风险投资的内涵。
K2：归纳出风险投资的特征。
K3：阐述信托机构在风险投资中的作用。

（二）能力目标

A1：掌握风险投资的基本内涵。
A2：借助案例素材深刻理解风险投资的基本特征。
A3：总结积极发展风险投资、壮大耐心资本对发展新质生产力的重要意义。

（三）价值目标

V1：深刻理解发展新质生产力的意义，引导学生掌握扎实专业知识，为实现中国式现代化贡献力量，具有主动承担国家富强、民族振兴的时代使命。

V2：树立正确的职业理念，增强金融服务实体经济、助推经济高质量发展的职业责任感。

V3：理解信托机构在参与风险投资以助推新质生产力发展中的积极作用。

三、教学内容

（一）风险投资的内涵

风险投资（也称创业资本）是指对初创时期或快速成长时期的高科技企业提供

* 作者简介：张前程，安徽大学经济学院副教授。

的资本，是以高科技与知识为基础，生产与经营技术密集型创新产品或服务的投资（叶伟春，2019）。

重点 A：风险投资的特定领域契合新质生产力的发展要求，也是助推新质生产力的依据。（结合课前发布的“模块一：经典品读”“模块二：学习文汇”讲解新时代发展新质生产力的重要性，列举习近平总书记关于新质生产力的重要表述，让学生讨论风险投资助推新质生产力的必要性。）

（二）风险投资的特点

风险投资与传统的金融服务不同，它是在没有任何财产抵押的情况下以资金与公司股权相交换进行投资，一般建立在对创业者持有的技术甚至理念的认同基础之上。风险投资具有以下几个基本特征，如图 10－7 所示。

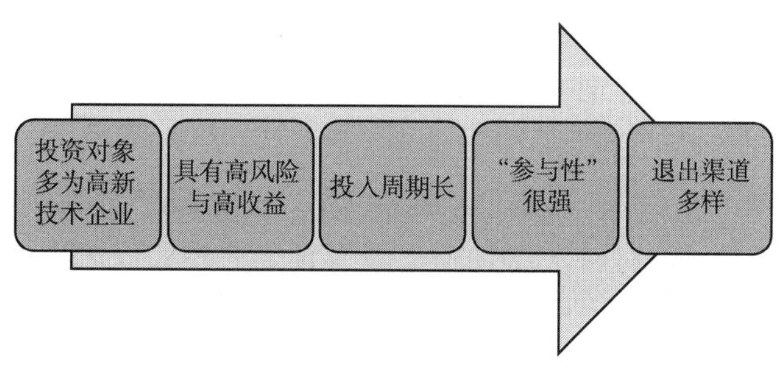

图 10－7　风险投资的特点

重点 B：结合课前发布的“模块三：案例素材”，解析风险投资的特点，这些特点中蕴含风险投资助推新质生产力的内在机制。（翻转课堂，学生讲解）

（三）信托机构在风险投资中的作用

信托机构在风险投资中的作用如图 10－8 所示。

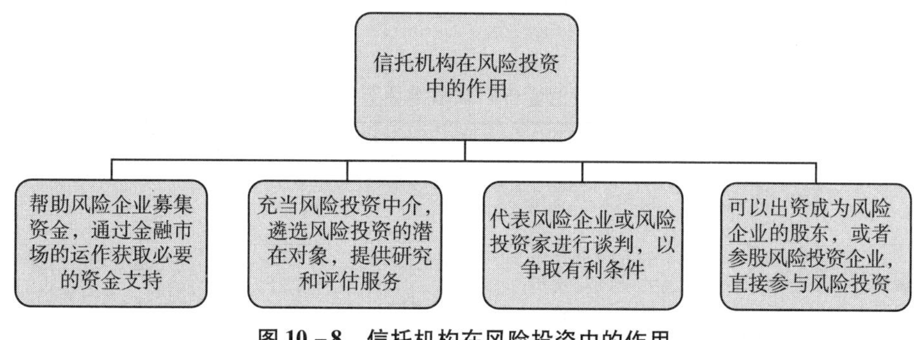

图 10－8　信托机构在风险投资中的作用

风险投资具有复杂性和较强的专业技术性，而信托机构集中了专门人才，并具有较为合理的决策和实施方式，这使得信托机构可以成为风险投资中的积极参与者。

难点 A：归纳信托机构在风险投资中的作用，阐释风险投资助推新质生产力的多元化形式。（结合课前发布的“模块三：案例素材”分析风险投资的作用。）

针对以上教学内容知识点，课程采用混合式 + 案例教学方法。课前在学习通平台发布体现课程思政元素的“经典品读”“学习文汇”“案例素材”三大模块的学习材料。线上课程学生学习风险投资的内涵、特点、信托机构在风险投资中的作用。线下课程教师引入相关政策文件，作为风险投资内涵部分的学习辅助材料，结合“经典品读”“学习文汇”模块剖析风险投资助推新质生产力的实质，根据“案例素材”模块，探寻案例中风险投资的特征及其助推新质生产力的机制作用。学生讨论在新时期“发展风险投资，壮大耐心资本”的理解是什么？

四、教学设计

（一）设计逻辑

课前，通过学习通平台，按照“经典品读”“学习文汇”“案例素材”三大模块发布蕴含课程思政的学习材料。其中，“经典品读”主要从马克思主义经典著作中选取，“学习文汇”主要从习近平总书记重要讲话和著作、党的重要文献资料中摘录，“案例素材”主要从《中国信托业社会责任报告》中选取。

课中，将课程思政元素融入课程教学中，重在启发式、互动式教学，设计融合思政元素和专业知识点的小测试题或某个讨论主题通过雨课堂进行在线测试、线下讨论。

课后，基于网络教学平台发布拓展材料，供学生思考。布置课后作业与测验，开辟线上答疑区和讨论区，课后作业要将专业知识点和课程思政元素进行融合、串联。

（二）案例阐释

本案例课程思政教学环节说明见表 10－4。

表 10－4　本案例课程思政教学环节说明

教学环节	教学内容	教学方法	思政元素
发布课程思政三大模块素材	在“经典品读”模块，引用马克思关于生产力发展的经典表述；在“学习文汇”模块，摘录习近平总书记关于风险投资和新质生产力发展的表述；在“案例素材”模块发布《助力高新技术　中信信托航天科工股权投资收获硕果》的案例材料	线上自主学习	马克思主义理论指导、国家富强和民族振兴的时代使命、党和国家的政策导向

续表

教学环节	教学内容	教学方法	思政元素
概念阐释	结合课前发布的“模块一：经典品读”“模块二：学习文汇”讲解风险投资的内涵。对风险投资有何理解？为什么要发展风险投资事业？学生进行讨论	文件解读：教师列举《国务院关于加强监管防范风险推动资本市场高质量发展的若干意见》《安徽省人民政府关于印发支持风险投资创业投资高质量发展若干措施的通知》，引导学生认知与理解风险投资的内涵、外延及其在支持国家和地方经济发展中的作用 归纳演绎：概念要点总结风险投资的内涵	引导学生增强服务国家和地方经济社会发展的意识
问题提炼	在阐释公益慈善信托内涵以及解读相关政策文件之后，提出问题：同一般的证券投资相比，风险投资的特征有哪些？由学生自主归纳出风险投资的特征	头脑风暴：区别在哪里？学生分组开展头脑风暴，总结一般的证券投资与风险投资存在哪些区别	把握风险投资助推新质生产力发展的实质以及内在机制
案例解读	结合课前发布的“模块三：案例素材”，分析信托机构参与风险投资的方式，指出本案例中信托机构、风险投资基金以及代表新质生产力的风险企业的权利与职责	案例分析：让学生指出案例素材中所涉及的参与主体，分析每个参与主体享有的权利和承担的职责。学生头脑风暴，中信信托参股航天科工基金公司在助推新质生产力方面何以取得累累硕果	树立正确的职业理念，培养经世济民的职业追求，增强社会责任感
	结合课前发布的“模块三：案例素材”，分析风险投资的功能，探究本案例素材中中信信托、航天科工基金公司在助推新质生产力方面的贡献与担当	案例分析：根据案例归纳风险投资助推新生产力的具体贡献：集中社会资金、利用金融方式为新质生产力领域提供长期耐心资本；借助金融机构专业化运作和信息优势，参与高新技术企业的内部治理和市场开拓等	习近平总书记关于风险投资和新质生产力的相关论述
课程总结	教师提问：为什么说风险投资是新质生产力发展重要“助推器”？	课后作业：2024 年 4 月 30 日中共中央政治局会议指出“要因地制宜发展新质生产力。要加强国家战略科技力量布局，培育壮大新兴产业，超前布局建设未来产业，运用先进技术赋能传统产业转型升级。要积极发展风险投资，壮大耐心资本”。在风险投资助推新质生产力发展中，信托机构应如何发挥积极作用	让学生从自身所学专业的视角思考国家大政方针的落实

五、教学效果分析

在课程教学中，坚持以立德树人为根本宗旨，在风险投资知识点中全方位融入思政元素，思考如何利用专业知识服务于国家重大发展战略，达到润物无声的教学效果。将课程思政全面贯通于本课程教学各环节，能够引导参与本课程学习的学生增强服务国家和地方经济社会发展的意识。秉承“学生中心、产出导向、持续改进”的OBE理念，综合运用线上线下相结合的混合式教学模式，既注重专业教学中的价值引导作用，同时引导学生积极思考、自主学习，进而提高学生的自主学习动力。

参考文献

[1] 叶伟春．信托与租赁［M］.4版．上海：上海财经大学出版社，2019.

[2] 马克思．资本论（第3卷）［M］．北京：人民出版社，2018.

[3] 中共中央党史和文献研究院．习近平关于金融工作论述摘编［M］．北京：中央文献出版社，2024.

[4] 习近平．发展新质生产力是推动高质量发展的内在要求和重要着力点［J］．环境与可持续发展，2024，49（4）：4－6.

[5] 郭锦辉．让风险投资和耐心资本更好服务新质生产力发展［N］．中国经济时报，2024－05－31.

[6] 李红云，张玲玲．课程思政背景下金融学课程群体系构建初探［J］．大学教育，2023（20）：18－21，25.

案例五　融资租赁：服务小微企业下真功

张前程*

一、课程思政元素

元素1：马克思主义关于借贷资本和职能资本的指导思想。

元素2：国家富强、民族振兴的时代使命。

元素3：弘扬社会主义核心价值观，增强家国情怀和社会责任感。

二、课程目标

（一）知识目标

K1：解读融资租赁的概述，包括定义、特点等。

K2：归纳融资租赁与经营租赁在目的、租赁物件选择、期限、会计处理等方面的区别。

* 作者简介：张前程，安徽大学经济学院副教授。

K3：阐述融资租赁对承租人的作用。

（二）能力目标

A1：掌握融资租赁的基本内涵。

A2：借助案例素材理解融资租赁服务小微企业的必要性。

A3：总结新时代加快融资租赁业发展对支持实体经济的重要意义。

（三）价值目标

V1：以马克思主义借贷资本和职能资本关系的理论为指导，理解通过融资租赁支持小微企业发展的重要意义。

V2：引导学生掌握扎实专业知识，为实现中国式现代化贡献力量，具有主动承担国家富强、民族振兴的时代使命。

V3：树立正确的职业理念，增强金融服务实体经济、助推经济高质量发展的职业责任感。

三、教学内容

（一）融资租赁的内涵

指租赁的当事人约定，由出租人根据承租人的决定，向承租人选定的第三者（供货人）购买承租人选定的设备，租给承租人使用，在一个不间断的长期租赁期间内，出租人通过收取租金的方式，收回全部或大部分投资（叶伟春，2019）。

重点 A：融资租赁在实质上转移了与资产所有权有关的全部风险和报酬，是一种以“融物”形式进行的中长期融资活动，让承租人得到了百分之百的设备信贷，与实体经济紧密结合。（结合课前发布的“模块一：经典品读”“模块二：学习文汇”讲解通过融资租赁服务小微企业，促进实体经济发展的重要意义。让学生讨论“融资租赁是与实体经济结合最紧密的金融业态”的理解。）

（二）融资租赁的特点

在涉及当事人、合同、标的物、中途解约、投资回收和租期结束的处理方式等层面归纳融资租赁的特点。

重点 B：结合课前发布的“模块三：案例素材”，通过与经营租赁的对比，突出融资租赁的特点，这些特点中蕴含融资租赁服务小微企业的优势。（翻转课堂，学生讲解）

（三）融资租赁对承租人的作用

融资租赁对承租人的作用，如图 10 - 9 所示。

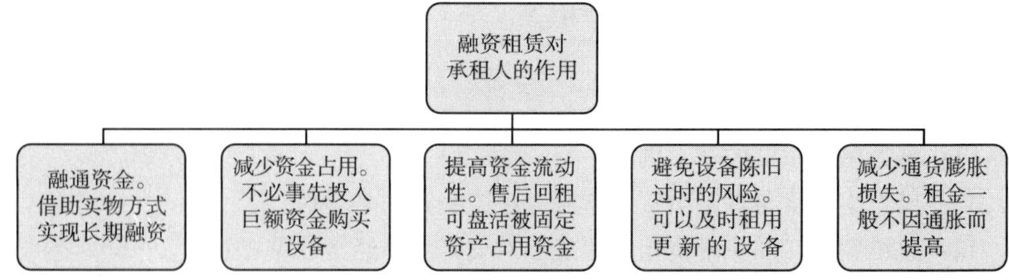

图 10－9　融资租赁对承租人的作用

融资租赁公司基于客户信息的收集，通过加工单、原材料消耗量、员工访谈等一手资料了解小微企业经营状况，并与政府职能部门、行业协会、担保公司等合作，为小微企业提供资金，可以实实在在帮助其渡过难关。

难点 A：归纳融资租赁在服务小微企业中的作用，阐释融资租赁为小微企业发展注入新动力。(结合课前发布的“模块三：案例素材”探究融资租赁对小微企业的赋能作用。)

针对以上教学内容知识点，课程采用混合式 + 案例教学方法。课前在学习通平台发布蕴含课程思政元素的“经典品读”“学习文汇”“案例素材”三大模块的学习材料。线上课程学生学习了融资租赁的内涵、特点和作用。线下课程教师引入政策文件，作为学习的辅助材料，结合“经典品读”“学习文汇”模块剖析融资租赁业“坚持金融服务实体经济的根本宗旨”，根据“案例素材”模块，探寻案例中融资租赁的目的、主体和支持小微企业发展的功能。学生讨论对“融资租赁是与实体经济结合最紧密的金融业态”的理解。

四、教学设计

（一）设计逻辑

课前，通过学习通平台，按照“经典品读”“学习文汇”“案例素材”三大模块发布蕴含课程思政的学习材料。其中，“经典品读”主要从马克思主义经典著作中选取，“学习文汇”主要从习近平总书记重要讲话和著作、党的重要文献资料等摘录，“案例素材”是从《信托与租赁（第 4 版）》教材中选取。

课中，将课程思政元素融入课程教学中，重在启发式、互动式教学，设计融合思政元素和专业知识点的小测试题或某个讨论主题通过雨课堂进行在线测试、线下讨论。

课后，基于网络教学平台发布拓展材料，供学生思考。布置课后作业与测验，开辟线上答疑区和讨论区，课后作业要将专业知识点和课程思政元素有机融合、串联。

（二）案例阐释

本案例课程思政教学环节说明见表 10－5。

表 10 - 5　　本案例课程思政教学环节说明

教学环节	教学内容	教学方法	思政元素
发布课程思政三大模块素材	在“经典品读”模块，引用马克思关于借贷资本和职能资本关系的经典表述；在“学习文汇”模块，摘录习近平总书记关于“坚持把金融服务实体经济作为根本宗旨”的系列表述；在“案例素材”模块发布《广州市全通融资租赁公司赋能建恒机电设备安装有限公司》的案例材料	线上自主学习	马克思主义理论指导、中国特色金融发展之路、党和国家的政策导向
概念阐释	结合课前发布的“模块一：经典品读”“模块二：学习文汇”讲解融资租赁的内涵，以及通过融资租赁服务小微企业、促进实体经济发展的重要意义。对融资租赁的实质有何理解？组织学生进行讨论	文件解读：教师列举《国务院办公厅关于加快融资租赁业发展的指导意见》《国家金融监督管理总局促进金融租赁公司规范经营》，引导学生认知与理解融资租赁的内涵以及国家对融资租赁业的政策规范	养成用专业知识解读政策的素养，坚定学生走中国特色金融发展之路的道路自信
		归纳演绎：概念要点 总结融资租赁的内涵及其实质	
问题提炼	在阐释融资租赁内涵之后，提出问题：融资租赁与经营租赁的区别是什么？由学生自主归纳出融资租赁的特点	头脑风暴：区别在哪里？ 学生分组开展头脑风暴，总结融资租赁与经营租赁存在哪些区别	把握融资租赁在“金融服务实体经济”中的比较优势
案例解读	结合课前发布的“模块三：案例素材”，解读融资租赁公司服务小微企业的具体做法，指出本案例中融资租赁公司、设备生产厂家和小微企业的主要诉求、权利与职责	案例分析：让学生指出案例素材中所涉及的参与主体，每个参与主体享有的权益和承担的义务。学生头脑风暴，广州全通租赁公司如何帮助建恒公司盘活7000多万元资产	树立正确的职业理念，培养经世济民的职业追求，增强社会责任感
	结合课前发布的“模块三：案例素材”，分析融资租赁在支持小微企业发展中的作用。指出本案例素材中广州全通租赁公司在服务建恒公司时的所作贡献与担当	案例分析：根据案例归纳融资租赁服务小微企业发展的基本途径、“下真功”的具体体现以及取得的成效。探讨国家倡导加快发展中小微企业融资租赁服务的实践价值	习近平总书记关于“坚持把金融服务实体经济作为根本宗旨”的论述
课程总结	教师提问：为什么说融资租赁是与实体经济结合最紧密的金融业态	课后作业：2023年10月中央金融工作会议指出“优化资金供给结构，把更多金融资源用于促进科技创新、先进制造、绿色发展和中小微企业”“盘活被低效占用的金融资源，提高资金使用效率”。融资租赁业应该扮演怎样的角色，如何贯彻落实上述政策主张	让学生从自身所学专业的视角思考国家大政方针的落实

五、教学效果分析

在课程教学中，坚持以立德树人为根本宗旨，在融资租赁知识点中全方位融入思政元素，思考如何利用专业知识服务于国家重大发展战略，达到润物无声的教学效果。将课程思政全面贯通于课程教学各环节，能够强化参与课程学习的学生增强服务国家和地方经济社会发展的意识。秉承“学生中心、产出导向、持续改进”的 OBE 理念，综合运用线上线下相结合的混合式教学模式，既注重专业教学中的价值引导作用，同时引导学生积极思考、自主学习，进而提高学生的自主学习动力。

参考文献

［1］叶伟春．信托与租赁［M］.4 版．上海：上海财经大学出版社，2019.

［2］马克思．资本论（第 3 卷）［M］．北京：人民出版社，2018.

［3］中共中央党史和文献研究院．习近平关于金融工作论述摘编［M］．北京：中央文献出版社，2024.

［4］李珮．从“类信贷”回归“真租赁”——租赁行业在合规中拓新局［N］．金融时报，2023－11－29.

［5］岳付玉．融资租赁服务实体经济“全面开花”［N］．天津日报，2023－11－27.

［6］韩雷，黎远波．金融类专业课程“课程思政”建设模式与实践［J］．杭州电子科技大学学报（社会科学版），2024，20（1）：72－78.

第十一章　国际商务谈判与礼仪

案例一 “疫”和“情”认识国际商务谈判

陈　芳*

一、课程思政元素

元素 1：经济类学生“经世济民”情怀。
元素 2：医保谈判背后中国的民生制度优势。
元素 3：优秀国际商务谈判人员背后扎实的综合素养。
元素 4：地方真实案例体现出的安徽谈判智慧。

二、课程目标

（一）知识目标

K1：解读国际商务谈判的新内涵。
K2：比较谈判原则如何从“双赢”到“相对利益”。
K3：阐述国际商务谈判六个主要阶段。

（二）能力目标

A1：解读案例识别出国际商务谈判的六个主要阶段。
A2：情景模拟谈判基础认知能力。
A3：借助全球形势变化归纳出国际商务谈判礼仪的新内核。

（三）价值目标

V1：从“一分一毫总是情”的医保谈判案例感受中国制度优势。
V2：对比经济行为博弈与关乎公众健康与公平的坚持。
V3：百年变局下中国谈判地位演变让学生感受我国对外开放的光辉历程。

---

* 作者简介：陈芳，安徽大学经济学院副教授。

三、教学内容

（一）教学内容

本知识点是课程导论的部分，主要从整体引导学生了解国际商务谈判与礼仪课程内容构架。从“疫”“情”开篇，以经典案例医保局药品价格谈判案例串联整门课程的知识构架以及学理基础。本案例主要展示课程思政要素如何融入教学内容。从三个维度构建课程思政内容，中外比较视野下坚定“四个自信”、古今语境下深刻理解“百年未有之大变局”，上下顶天立地扎根于国家发展大计和民生问题，保证思政教学内容有深度，教学案例有温度，教学要素有广度。主要包括以下内容。

（1）国际商务谈判的核心要素（主体、客体、载体）以及类型。

（2）国际商务谈判的六大阶段任务及串联逻辑。

（3）国际商务谈判中中国谈判地位的演变。

（4）国际商务谈判礼仪的主要原则。

（5）后疫情时代下国际商务谈判新形势。

（二）知识架构

本案例知识图谱如图 11 –1 所示。

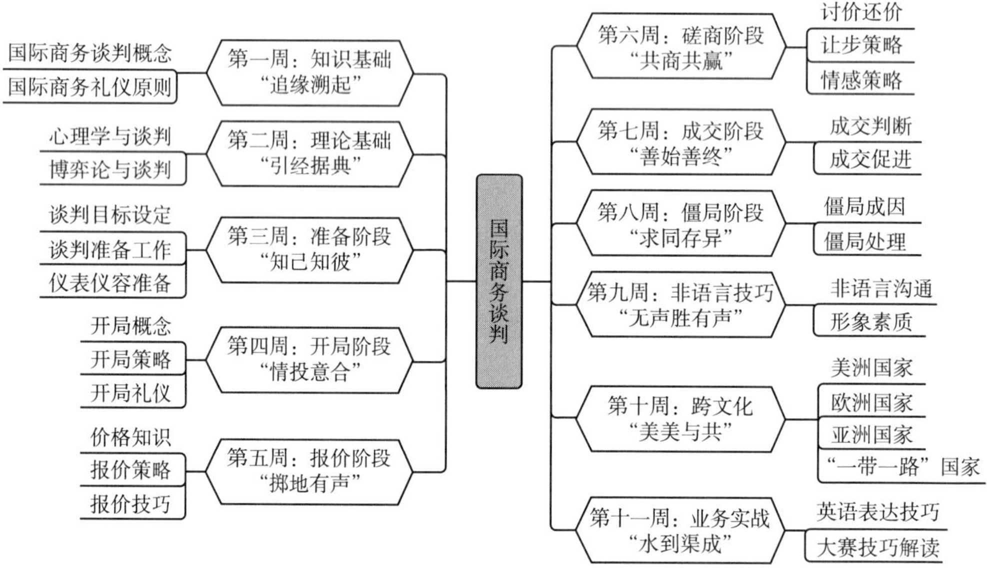

图 11 –1　本案例知识图谱

四、教学设计

（一）设计逻辑

本案例以“灵魂砍价”视频导入，以“探” + “解”的讲授方式，引导学生从国际商务谈判的专业视角探索“灵魂砍价”背后的谈判逻辑，教师给学生解惑“灵魂砍价”串联的国际商务谈判的基础知识点，从而对本门课程形成以一视频贯穿一门课，一门课融入一思政案例的教学模式。解读现实问题的讲授流程，能够引人入胜，紧紧抓住学生的兴趣点和好奇心，形成解读社会热点问题的同理心，达到知识入耳、能力入脑、情感入心的效果。

（二）案例阐释

本案例课程思政教学环节说明见表 11－1。

表 11－1　　本案例课程思政教学环节说明

环节	教学内容	教学方法	思政元素
热点导入	视频导入：每一个小群体都不应该放弃	案例：医保谈判中的“灵魂砍价”，梳理国际商务谈判主要阶段	以 2020 年疫情暴发切入，引导学生关注“疫”背后的民生问题
基础概念归纳演绎	国际商务谈判的要素分解：主体、客体和载体	文件解读：医保局医保谈判 2018 年国家医疗保障局成立、我国开启医保药品目录谈判	关注时事新闻，养成用专业知识解读政策的素养
		归纳演绎：概念要素 “灵魂谈判”案例中国际商务谈判关键要素梳理	
六大谈判阶段梳理辨析	国际商务谈判准备阶段	文献引入：药企合谋对药品招标采购的影响——以药品集中带量采购为例 从“信封价”—预谈判—正式面对面谈判，讲解医保谈判这一特殊标的谈判特征	引导学生钻研经典前沿文献，从理论找出指导实践规律
	国际商务谈判开局阶段及报价阶段	案例阐释、诱思讨论 高素质医保谈判专家第一时间掌握开局主动权，引出开局氛围营造策略内容；谈判不唯价格但围价格对应第五章报价策略内容，艺术的报价技巧源于厚实的业务知识	通过经典谈判案例的解读讨论，引导学生思考：以谈判为工具，培养“经世济民”本领需要扎实的专业素养、广泛知识框架和跨文化交流能力
	国际商务谈判磋商阶段以及僵局处理	思辨讨论：师生互动与生生互动 “针锋相对”讨价还价是第六章磋商阶段，做好“老师说”与“学生说”交互、外贸形势与学科前沿交互；药企代表一次次报价都没有达到医保谈判专家预期，谈判进入了胶着点，第八章内容展示僵局不可怕，找准利益重合点	

续表

环节	教学内容	教学方法	思政元素
谈判技巧展示与谈判形势分析	跨文化交流以及优秀谈判人员应具备的素质	头脑风暴：医保谈判专家严谨的逻辑、沉稳的表情、暖心的家国情怀和十足的底气都彰显了国家干部的高素养，第三章内容：准备阶段和谈判人员的基本素质；文化风俗差异是国际商务谈判的难点，如何尊重异彩缤纷的谈判风格，在国际商务谈判中展现中国方案、中国智慧、中国精神	用扎实的专业知识，用事实说话，理性发声；面对国际经贸实践中新问题和新挑战，养成主动思考，积极回应新问题的素养和责任
	以疫情为背景阐释谈判如何运用情感二元性	学术前沿：贸易新实践 引入两张图片展示疫情发生后情满华夏，国际商务谈判讲“情”，主张疫情属于“不可抗力”事件，采用延迟交货日期、推荐替代品等，降低疫情对国际贸易的冲击，晓之以理，动之以情，展现谈判真正技术源于专业知识学习	
课程总结	成为一个优秀的国际商务谈判人才	课后作业：原创案例的安徽谈判智慧。 引入课程大案例《合肥质子医疗设备进口谈判案例》，同是医疗标的的谈判，以案比案，体会谈判的底层逻辑	以徽商特色的地方原创真实案例，让学生体会到真实谈判的魅力与担当

五、教学效果分析

本次课程思政案例的教学评价，教学团队采用云班课全程记录学生线上和线下学习的效果。针对三个知识目标、三个能力目标和三个价值目标，构建了学习效果评价指标体系，采用教师评价、生生互评（组内互评、组间互评）的形式，依托课堂展示、线上测试、课堂观察等载体完成测试。对标我校的课程思政指标体系，本次教学完成9个观测值的任务（见表11-2）。

表11-2　　本案例达成校课程思政元素指标情况

1 价值引领			2 文化传承						3 时代使命				4 公民道德									5 地域特色		
1.1	1.2	1.3	2.1	2.2	2.3	2.4	2.5	2.6	3.1	3.2	3.3	3.4	4.1	4.2	4.3	4.4	4.5	4.6	4.7	4.8	4.9	5.1	5.2	5.3
▲		▲			▲	▲		▲			▲	▲	▲		▲						▲			▲

参考文献

[1] 陈芳. 国际商务谈判与礼仪［M］. 合肥：安徽大学出版社，2019.

[2] 常峰. 我国医保药品价格谈判机制与管理创新研究［J］. 价格理论与实践，2017（5）：18-22.

[3] 朱恒鹏，等. 药企合谋对药品招标采购的影响——以药品集中带量采购为例［J］. 经济学（季刊），2022，22（6）：2171-2192.

[4]“灵魂砍价”背后：谈判底价是怎么产生的？［N/OL］. https：//health. gmw.

cn/2021 - 12/09/content_35369677. htm.

案例二 全球博弈中中国谈判故事：市场换技术中高铁谈判

陈 芳*

一、课程思政元素

元素1：“引进来”与“走出去”背后的中国技术创新。
元素2：深入钻研博弈论等经典理论分析方法与实践融合。
元素3：解决复杂问题所需的多学科知识交叉以及跨文化交流。
元素4：“双碳”目标落实中的安徽贡献。

二、课程目标

（一）知识目标

K1：讲解实操案例中 FOB/CIF 价格，并比较差异。
K2：解释议价模型的内涵，并领会经典案例中议价模型的应用。
K3：解读经典案例中的囚徒困境等经济学分析。
K4：综合高铁技术、工程建造等工科知识，设计议价战略。
K5：评价实操案例中议价战略战略选择。

（二）能力目标

A1：搜集运输、保险等信息，计算出实操案例氢能源机车的 CIF 价格。
A2：对经典案例中价格目标进行分级，并总结原因。
A3：复述经典案例议价模型的战略选择。
A4：建构实操案例氢能源机车议价力分析框架，用英文展示分析。
A5：研究议价力模型在实操案例中应用，并能比较谈判双方议价差异性。
A6：解决复杂实践问题所需要的沟通、协作、领导、自我管理等管理能力，对论点、论据等整理能力、表达能力与写作能力。

（三）价值目标

V1：通过视频了解中国高铁谈判历程，感受中国自主知识产权背后艰辛，激发学生情怀，增强学生的民族自豪感和国家荣誉感，激发学生爱国、爱民情怀。

---

* 作者简介：陈芳，安徽大学经济学院副教授。

V2：强化对外谈判价格的严谨性，不仅关乎企业利益，更是国家利益根基。

V3：关注国际经济形势、国家政策、产业发展的动态，利用好专业知识，并做到所学能所用。

V4：从自主知识创新等视角，加强对我国高铁从无到有，从引进、消化、吸收再创新到自主创新的力度、广度和温度等政策和成就科普，为国立言为国发声。

三、教学内容

（一）教学重点

重点A：经典案例议价力战略解读。

结合国家政策、产业发展等宏观经济形势，借助高铁核心技术等机械工程专业知识，能够采用博弈模型、垄断市场等理论，分析中国高铁谈判中议价力战略，并论证其合理性。

重点B：实操案例议价力战略构建。

结合“双碳”目标、氢能源产业发展规划、全球氢能源产业布局等宏观形势，借助质保保函、工程项目技术等工程、环境学等专业知识，构建智利与中方的议价筹码，并论证其合理性。

（二）教学难点

难点A：梳理经典案例背后理论逻辑。

学生难以建构案例中议价力战略的理论基础，缺少结合现实信息要素，将理论与案例融合。例如，博弈模型在经典案例中的使用，找不到突破口，会博弈论，会分析案例，但不会用博弈论分析案例，只知其然不知其所以然。

难点A应对策略：教师诱思引导，在知识迁移的关键节点，以问题的形式，激发学生思考，联系串联所学理论，帮助学生构建理论逻辑。

难点B：实操案例的分析难以落地。

“企业命题、学生解题、开放式检验”是本课程的特色之一，然而学生缺乏外贸实践和谈判真实经历，在分析实操案例时：假、大、空。例如，谈判质保保函，学生指导找寻金融相关知识来解释，但没有了解保函使用全貌和风险点，分析不透彻且不符合实际。

难点B应对策略：（1）引入业界专家，参加真实谈判的部门经理现身解读；（2）在课后拓展阶段，请金融学专业教师给出分析框架。

（三）学科前沿

议价力战略选择引发对国际商务谈判“三新”判断。

（1）新工具：实操案例中云谈判的效果的探讨（调研报告）。

（2）新特征：差异化领域价格谈判的新特征（大学生创新创业选题）。

（3）新背景："双碳"背景下议价关键转向规则谈判（大学生创新创业选题）。

四、教学设计

（一）设计逻辑

按照课程思政整体设计原则：起承转合。

（1）起：思政点。本节议价力分析延伸出科学设定价格、议价筹码等科学方法的运用，提升学生商业素养；在高铁案例解读中，引申出正和博弈中大国担当的家国情怀，在案例任务中嵌入谈判议价中严谨态度的探索精神。

（2）承：思政链。引入高铁谈判、机械设备进口、高铁技术专家等史、事、人。

（3）转：思政观。以专家访谈的形式，让学生近距离接触国际商务谈判的"利益必争"的现实意义，让学生坚定爱岗、爱业、爱国的梯度情怀。以经典案例解读，引导学生深入社会实践、关注现实问题，培育学生经世济民、诚信服务、德法兼修的职业素养，提升学生敢言、能言、愿言的能力和自觉性。以课堂实操的形式，帮助学生完成学—思—用—论，在进阶式过程，以解决问题为牵引，以联系理论和跨学科知识为突破口，强化学生不断钻研的探索精神。

（4）合：思政效。将4个思政目标纳入全流程观测中。

（二）案例阐释

本案例课程思政教学环节说明见表11－3。

表11－3　本案例课程思政教学环节说明

教学设计	教学内容及资源	教学活动	目标达成
线上学习总结	线上讨论区词频分解，引出自主学习难点1；线上课程难点接龙，引出自主学习难点2	（1）难点接龙反馈：实操案例中的报价是什么价格术语？梳理出本课程的教学难点；评价学生掌握情况； （2）作业点评：实操案例中价格区间是多少？帮助学生复盘重点	强化K1知识目标； 强化A1能力目标
提炼重点	议价力模型及战略模式选择分析	由线上教学难点3引入线下课程重点：向学生明确本课重点，强化认知	学生明确本节重点
激情导入	中国高铁谈判	（1）视频引入：中国高铁谈判的主要历程；帮助学生重温经典案例； （2）诱思讲解：通过对比三组惊人报价数字，激发学生探究其背后的议价战略布局	强化V1价值目标

续表

教学设计	教学内容及资源	教学活动	目标达成
内涵解读	谈判议价力模型	（1）议价力模型阐述； （2）比较解读 M_B 和 M_A、D_{B-A} 和 D_{A-B}、S_B 和 S_A 的内涵	达成 K2 知识目标
案例迁移	构建中德议价力模型	以提问的形式，在学生掌握议价力模型内涵后，能够清晰分解出中德高铁谈判议价力模型中 6 个指标	强化 K2 知识目标
案例解疑	2×2 中国高铁谈判议价力模型，六个指标分三组解读，引申出这场经典谈判背后的博弈思维、寡头垄断市场下的战略买家概念、化零为整等议价筹码条件	（1）引导学生构建 2（2 个国家）×2（2 个目标）议价模型。 （2）重点讲解 2004 年中国政策与德国高铁产业全球布局下两个目标内容。 （3）引入中方"化整为零"的战略，从分阶段、分技术两个层面论证战略科学性； （4）引入中方"巧构博弈"的战略，从囚徒困境角度分析； （5）引用电气工程教授、博导讲解高铁九大核心技术，引发学生思考中国技术议价的替代方案	达成 K3 知识目标； 达成 K4 知识目标； 达成 A2 能力目标； 达成 A3 能力目标； 达成 V2 价值目标； 达成 V3 价值目标； 达成 V4 价值目标
案例总结回应	梳理出议价力模型在经典案例运用的逻辑线	（1）引导学生复盘整个经典案例的解读过程，引出动态博弈概念； （2）首尾呼应，以解读三组价格报价引出谈判的动态博弈战略	强化 K3 知识目标
阶段性小结		（1）强调短板：实操案例中议价力模型应用的注意事项； （2）点明方向：实操团队完善案例分析的重点	强化 K4 知识目标
前节串联	回顾理论课程知识点	逻辑串联：采用逻辑图强化议价力模型的应用	做好知识学习到知识运用衔接
本节导入		比较引入："引进来"与"走出去"，搭建经典案例与实操案例的关联	重要课程思政点
案例解读		视频展示：实操案例讲解； 对实操案例主体、主题和主要商务条件说明	学生回顾案例信息
综合实践＋引导探究	实操案例应用：《智利氢能源动力机车采购项目》议价力模型构建及战略选择	（1）小组展示：甲方、乙方双方团队英文展示实操案例议价战略； （2）生生思辨：观察区学生总结出甲方与乙方的议价筹码；观察区就谈判双方的谈判关注点进行质疑提问，由双方团队答辩； （3）反向设疑：教师经典案例剖析前后，双方议价筹码的改进？实操团队解答； （4）模拟谈判：聚焦双方谈判关注点，重合度高的就被判定为谈判焦灼点；将质保保函列为议价焦灼点进行模拟谈判； （5）业界解答：视频引入业界专家对真实谈判的重点讲解；真实谈判场景再现	达成 K5 知识目标； 达成 A4 能力目标； 达成 A5 能力目标； 强化 V3 价值目标； 强化 K5 知识目标； 强化 V2 价值目标； 强化 V3 价值目标
前沿拓展总结	结合国际商务研究新热点、谈判方向新趋势、全球新格局等，拓展前沿内容	（1）谈判工具：云谈判、大数据技术等对谈判的改变； （2）谈判标的：领域谈判的特征逐渐凸显，例如：医保谈判	强化 A5 能力目标； 强化 V4 价值目标

五、教学效果分析

对于本课程学生学习评价，教学团队采用平台数据、小组任务、线上线下测试、云班课 App 等进行全程监控，整体上学习达成度、学生参与度、案例适宜性等较好，互动频次、测试、思辨讨论等均达标；相应的也存在一些不足，本次教学完成 15 个观测值的任务（见表 11 -4）。

表 11 -4　　　　本案例达成校课程思政元素指标情况

1 价值引领			2 文化传承						3 时代使命				4 公民道德									5 地域特色		
1. 1	1. 2	1. 3	2. 1	2. 2	2. 3	2. 4	2. 5	2. 6	3. 1	3. 2	3. 3	3. 4	4. 1	4. 2	4. 3	4. 4	4. 5	4. 6	4. 7	4. 8	4. 9	5. 1	5. 2	5. 3
▲		▲			▲			▲			▲	▲	▲		▲						▲			▲

参 考 文 献

[1] 陈芳. 国际商务谈判与礼仪 [M]. 合肥：安徽大学出版社，2019.

[2] 中国动车组技术引进谈判揭秘：首次招标节省 90 亿 [R/OL]. http：//news.cctv.com/society/20070604/100159.shtml.

[3] 张曦凤. 国际商务谈判中价格形成的博弈研究 [J]. 上海经济研究，2008(8)：104 -110.

[4] 张娜. 国际高铁项目瞬时竞争优势的形成及度量研究 [D]. 南京：东南大学，2021.

[5] 激战十五年，中国高铁迎来大逆转 [R/OL]. https：//www.sohu.com/a/325176342_498729.

案例三　“预则立，不预则废”——重视谈判筹划阶段

方　旭*

一、课程思政元素

元素 1：医保局“灵魂砍价”为了谁谈？

元素 2：医保局“灵魂砍价”的沟通方式（探索出适合中国实际的谈判方法）。

元素 3：中国的“入世”谈判博弈。

---

* 作者简介：方旭，铜陵学院讲师。

二、课程目标

（一）知识目标

K1：知道国际商务谈判各阶段的任务安排。

K2：重视谈判前期的筹划工作，知道为谁谈，怎么谈。

K3：重点掌握磋商阶段的沟通方式，实现企业、患者、医保多赢。

（二）能力目标

A1：解读医保局“灵魂砍价”筹划阶段的任务安排。

A2：识别与分析影响医保局“灵魂砍价”谈判进程的复杂问题。

A3：基于双赢理念，评价医保局专家谈判博弈中的沟通方式。

（三）价值目标

V1：利用热点话题开展思辨等活动形式，提高学生运用谈判相关理论知识分析思考和解决跨国谈判中突发问题的应变能力，提升学生国际商务沟通的基本素养。

V2：强调谈判在跨国商业活动中的重要作用，不仅可以维护客户关系以保证公司的长期可持续发展，也可通过谈判争取正常的商业利益，引导学生深切领会到课程内容背后的德育内涵。

V3：“灵魂砍价”背后彰显的是人民健康至上的理念，是我国政府高度重视保障和改善民生的生动写照，引导当代大学生意识到可以通过谈判手段为国民争取更多的实惠，成为堪当民族复兴大任的新时代文科人才。

三、教学内容

（一）教学内容

针对本知识点，课程采用线上 + 线下 + 混合教学方法，课前线上预习阶段，以剪辑新闻（医保局“灵魂砍价”）作为切入点，引导学生思考并开展主题讨论活动（讨论题目：医保局“灵魂砍价”给大家的启示是什么?）。通过案例导入阐释，引导学生了解谈判过程中重视谈判的筹划，不仅要知道谈判谈什么，更要掌握怎么谈，为谁谈，重视国家、组织及企业和人民的利益，守住底线，坚持国家利益至上。

课上学习阶段，线下课程教师以 2023 年 12 月 13 日最新的医保局砍价视频作为学习辅助材料，进行小组头脑风暴（讨论题目：医保局专家是否真的需要一分一分地还价?），从而引出磋商阶段的沟通技巧。教师讲解双赢理念，引导学生思辨：谈判中如何实现双赢，突破“囚徒困境”？

课后延伸学习阶段，组织学生进行小组作业（思考题目：中国的“入世”谈判是输—赢谈判还是双赢谈判?），并利用世界银行数据说明中国的“入世”给世界带来的“双赢”结果。主要包括以下教学内容。

（1）知道国际商务谈判各流程的任务安排。

（2）重视谈判筹划阶段的准备工作。

（3）掌握讨价还价的沟通方式。

（4）双赢理念在谈判中的使用。

（二）案例教学设计流程

本案例知识图谱如图 11－2 所示。

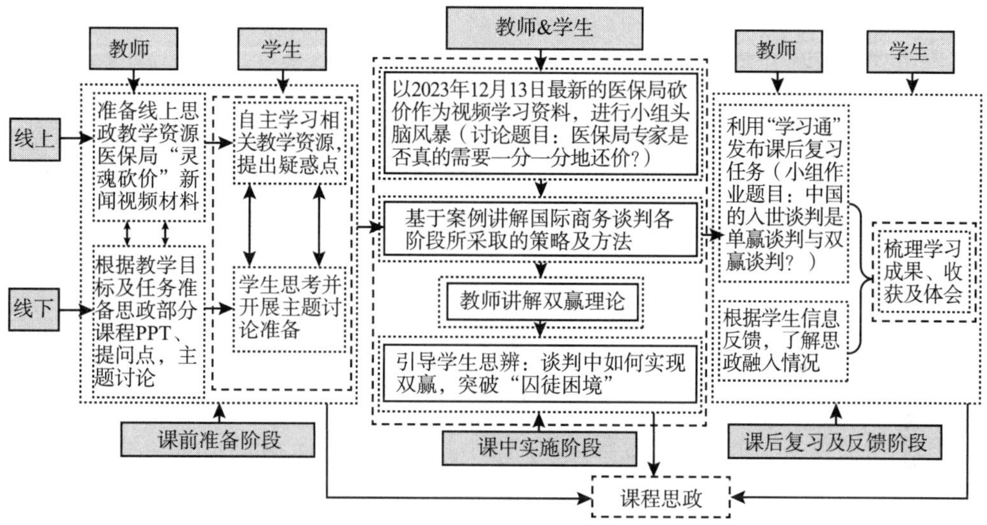

图 11－2 本案例知识图谱

四、教学设计

本案例课程思政教学环节说明见表 11－5。

表 11－5 本案例课程思政教学环节说明

教学环节	教学内容	教学方法	思政元素
课前预习	引入新闻作为切入点，引导学生思考并开展主题讨论活动（讨论题目：医保局“灵魂砍价”给大家的启示是什么?）	视频教学：学习通 剪辑版医保局“灵魂砍价”视频	引导学生不仅要知道谈判谈什么，更要掌握怎么谈，为谁谈，重视国家、组织及企业和人民的利益，守住底线，坚持国家利益至上

续表

教学环节	教学内容	教学方法	思政元素
课上学习阶段	观看2023年12月13日最新的医保局砍价视频，进行小组头脑风暴	视频教学： 头脑风暴：医保局专家是否真的需要一分一分地还价	关注时事新闻，养成用专业知识解读政策的素养
	教师讲解双赢理论，引导学生思辨	讲授法： 头脑风暴：谈判中如何实现双赢，突破“囚徒困境”	引导学生发现国家医保谈判初步摸索出了适合中国实际的谈判方法，稳扎稳打地实现患者、医保、企业“三赢”
课后延伸学习阶段	课后任务	课后作业： 思考题目：中国的入世谈判是输—赢谈判与双赢谈判？ 调查法：调查中国入世20年的经济数据（世界银行数据）	引导学生深刻认识到中国加入世界贸易组织是中国改革开放的必然，同时也是世界贸易组织和世界贸易发展所必需

五、教学效果分析

在本课程教学中，适时引入新闻情境、导入经济数据和案例分析，极大地提高了同学们的学习兴趣，同学们普遍养成了关注时政的好习惯，在查询资料进行课堂展示中也熟悉了经济数据的查询途径，提高了对国家新政关注的敏锐度。对树立学生的社会主义核心价值观、培养职业能力和风险意识起到了促进作用。

参考文献

[1] 陈芳. 国际商务谈判与礼仪 [M]. 合肥：安徽大学出版社，2019.

[2] 央视揭秘医保药砍价过程 [EB/OL]. https：//v. qq. com/x/page/k3027cv4i5o. html.

[3] 让历史铭记——中国加入世贸组织谈判备忘录 [EB/OL]. http：//www. gov. cn/ztzl/content_87675. htm.

案例四　“破而后立”谈判僵局的处理：国家间的知识产权博弈

方　旭*

一、课程思政元素

元素1：中美贸易摩擦根源。

* 作者简介：方旭，铜陵学院讲师。

元素 2：中国在 RCEP 中的重要作用。
元素 3：各国在 RCEP 知识产权问题上的主要分歧。
元素 4：RCEP 对区域经济一体化水平的重要影响。

二、课程目标

（一）知识目标

K1：阐述国际商务谈判僵局产生的根源。
K2：解读国际商务谈判僵局处理的技巧。
K3：掌握 RCEP 知识产权谈判中主要分歧。

（二）能力目标

A1：基于头脑风暴评估 RCEP 的诞生对中美贸易摩擦的影响。
A2：分析并评价 RCEP 各成员国知识产权价值评估标准，处理谈判僵局。
A3：研究 RCEP 对区域经济一体化水平的重要影响。

（三）价值目标

V1：针对美国的无端指责（中国窃取美国知识产权），搜集我国在知识产权保护方面取得的成就，维护中国在世界经济责任担当，准确发声，主动回应。

V2：在 RCEP 知识产权谈判僵局处理中，中国扮演了“协调员”角色，有力提升了中国在国际知识产权协调和经贸秩序构建中的话语权和影响力。

V3：对身边人介绍我国知识产权事业所取得的突出成就，引导当代大学生加强知识产权保护意识、增强创新意识、尊重原创、抵制抄袭。

三、教学内容

（一）教学内容

针对本知识点，课程采用线上 + 线下 + 混合教学方法，课前线上预习阶段，以电影《我不是药神》中的印度仿制药作为切入点，介绍其原研药—格列卫的研发历程及高价背后的原因，引导学生思考并开展主题讨论活动（讨论题目：中国为何没有模仿印度生产仿制药）。结合此案例，使学生认识到加强专利权的保护可以激发社会的活力和创造力，提高人类福祉，积极履行国际公约，激发学生的爱国热情和家国情怀。

课上学习阶段，线下课程教师以我国最新出台的《国家知识产权战略纲要》和《知识产权强国建设纲要》作为学习辅助材料，分析其出台背景。观看一则关于中国是否涉嫌违反美国知识产权保护的调查的视频，进行小组头脑风暴（讨论题目：中国应如何应对美国“301 调查”?），从而引出“RCEP 的诞生：缓解中美贸易摩擦负面影响”这一内容。

小组绘图并分析 RCEP、TPP 和 CPTPP 之间的联系和区别，选取优秀组别讲解；教师重点讲解 RCEP 知识产权谈判中的分歧和矛盾，强调谈判中的中国“力量”。引导学生思辨：为什么说 RCEP 中涉及的知识产权章节内容是我国迄今已签署自贸协定所纳入内容最全面的知识产权章节?

课后延伸学习阶段，学生总结我国知识产权事业所取得的突出成就、研究 RCEP 对区域经济一体化水平的重要影响。观看课后视频，通过两段视频对比，展示了我国知识产权在近 10 年来取得的巨大成就。主要包括以下教学内容。

（1）国际商务谈判僵局的概述（内容、作用、产生根源）。

（2）国际商务谈判僵局的避免。

（3）国际商务谈判僵局的破解。

（4）利用国际商务谈判僵局的技巧和方法。

（二）案例教学设计流程

本案例知识图谱如图 11－3 所示。

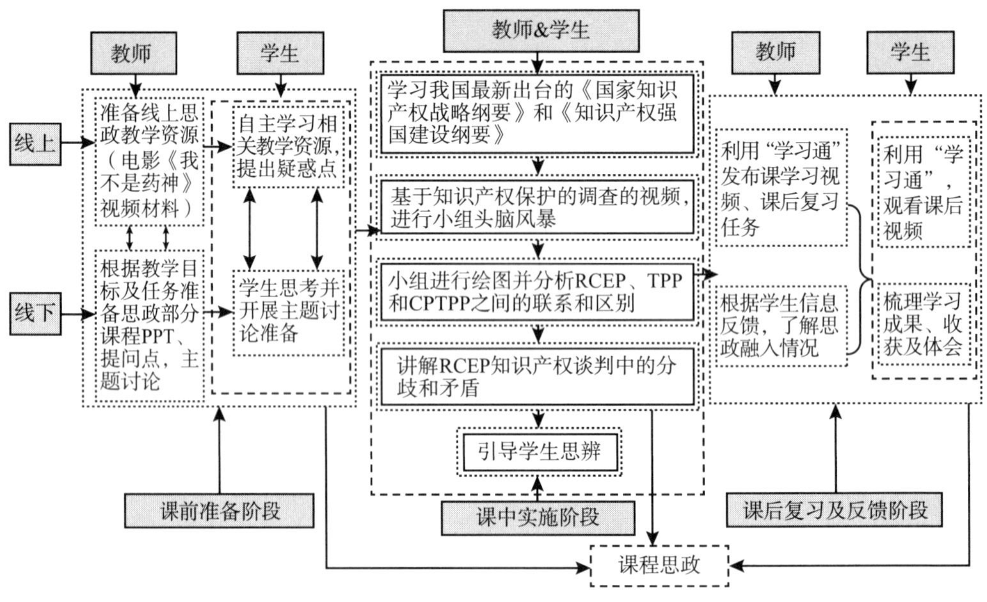

图 11－3　本案例知识图谱

四、教学设计

（一）设计逻辑

本案例以《我不是药神》中的印度仿制药片段作为切入点，以“探”+“解”的讲授方式，引导学生思考并开展主题讨论活动。结合此案例，使学生认识到加强专利权的保护可以激发社会的活力和创造力，激发学生的爱国热情和家国情怀。从而形成以一视频贯穿一门课，一门课融入一思政案例的教学模式。解读现实问题的讲授流程，能够引人入胜，紧紧抓住学生的兴趣点和好奇心，形成解读社会热点问题的同理心，达到知识入耳、能力入脑、情感入心的效果。

（二）案例阐释

本案例课程思政教学环节说明见表 11－6。

表 11－6　　本案例课程思政教学环节说明

教学环节	教学内容	教学方法	思政元素
课前预习	引入电影作为切入点，引导学生思考并开展主题讨论活动（讨论题目：中国为何没有模仿印度生产仿制药）	视频教学：学习通 剪辑版《我不是药神》中的印度仿制药片段	引导学生认识到知识产权保护的重要性，积极履行国际公约
课上学习阶段	解读我国最新出台的《国家知识产权战略纲要》和《知识产权强国建设纲要》文件，分析其出台背景	讲授法：解读文件 教师从中共中央、国务院印发的文件引导学生了解我国知识产权制度发展	关注时事新闻，养成用专业知识解读政策的素养
	观看一则关于中国是否涉嫌违反美国知识产权保护的调查的视频，进行小组头脑风暴	视频教学： 头脑风暴：中国应如何应对美国“301 调查”	从宏观层面整体把握知识产权与科技创新、经济社会发展、人民生活水平提高、国家安全之间的关系的能力
	小组绘图并分析 RCEP、TPP 和 CPTPP 之间的联系和区别	讨论法： 翻转课堂：选取优秀组别讲解	全球经贸变局中贸易保护主义盛行，理性看待其中中国的作用
	教师重点讲解 RCEP 知识产权谈判中的分歧和矛盾 学生围绕谈判僵局相关知识点进行思辨	头脑风暴： 思辨题目：为什么说 RCEP 中涉及的知识产权章节内容是我国迄今已签署自贸协定所纳入内容最全面的知识产权章节？	引导学生深刻理解知识产权作为国家战略的内涵与意义，了解个人利益与国家利益、社会公共利益如何在具体制度中实现平衡
课后延伸学习阶段	研究 RCEP 对区域经济一体化水平的重要影响	学术前沿： 学习相关核心学术论文	用扎实的专业知识，化研究为“武器”，用事实说话，理性发声，勇敢回应
	观看课后学习视频	视频教学：学习通 视频 1：中国经济的短板； 视频 2：国家知识产权局 2021 年官方宣传片	通过两段视频对比，集中和生动地展示了我国知识产权在近 10 年来取得的巨大成就
	反思与总结	课后作业： 针对美国的无端指责（中国窃取美国知识产权），搜集相关文献（我国在知识产权保护方面取得的成就）	

五、教学效果分析

从教学效果来看，通过生动的案例，增强学生的参与感与代入感，避免了空洞的说教；通过课后视频资料的自学以及体会的分享，使学生对课堂授课内容能有一个系统的梳理与反思。从知识与能力、情感与态度、价值与立场这三个维度，同步实现价值塑造、能力培养、知识传授三位一体的教学目标，课堂互动性强，学生参与度高。

参考文献

[1] 张国良. 国际商务谈判 [M]. 北京：清华大学出版社，2017.

[2] 白远. 国际商务谈判——理论、案例分析与实践 [M]. 北京：中国人民大学出版社，2022.

[3] 曹新明，咸晨旭. 中美贸易战的知识产权冲突与应对 [J]. 知识产权，2020 (9)：21 -30.

[4] 王勤，金师波. RCEP 对东盟经济发展和区域整合的影响 [J]. 亚太经济，2022 (2)：1 -7.

[5] 韩剑，郑航. RCEP 视角下自由贸易区战略的贸易效应——基于长三角地区的实证分析 [J]. 苏州大学学报（哲学社会科学版），2021，42 (3)：96 -110.

[6] 中国经济的短板 [EB/OL]. https：//v. qq. com/x/page/s0137chslcg. html.

[7] 国家知识产权局 2021 年官方宣传片 [EB/OL]. https：//baijiahao. baidu. com/s? id = 1697941662562301682&wfr = spider&for = pc.

[8]《知识产权强国建设纲要（2021—2035 年）》。

[9]《国家知识产权战略纲要》。

案例五　商务洽谈中的座次礼仪

孟　静*

一、课程思政元素

元素 1：严谨细致的工作态度和作风。

元素 2：国际经贸活动中的尊重与秩序意识。

元素 3：文明、和谐、爱国、敬业等社会主义核心价值观。

* 作者简介：孟静，安徽大学经济学院讲师。

二、课程目标

（一）知识目标

K1：理解座次礼仪的基本知识、原则。

K2：领会座次礼仪的规范、技巧。

K3：分析不同场合座次礼仪的异同，理解中外文化差异。

（二）能力目标

A1：分析和判断座次安排中体现的地位关系。

A2：根据谈判内容、人员、场地等，合理安排座次，展现细致的工作作风和专业素养。

A3：应用座次礼仪知识处理问题、应对特殊情境。

（三）价值目标

V1：从座次礼仪体会中国担当，激发爱国、自强自立、振兴中华等精神。

V2：树立文化自信，弘扬文明、和谐、爱国、敬业等社会主义核心价值观。

V3：树立“细节决定成败”的理念，培养礼仪意识、敬业精神及社会责任感。

三、教学内容

（一）座次礼仪概述

重点 A：座次礼仪的概念解释（时事资源：第九轮中美经贸磋商中的座位安排变化）。

重点 B：座次礼仪的作用（翻转课堂，学生讨论、教师总结）。

（二）座次的安排及遵循的原则

重点 C：座次安排的基本原则（教师讲解理论）。

难点 A：不同场景下的座次安排实操（翻转课堂，学生模拟演练，教师点评）。

难点 B：座次礼仪的应用：掌握规则与灵活变通（中西方差异：以左为尊 VS 以右为尊，相关学术论文）。

针对本知识点，课程采用混合式 + 案例教学方法，从时事热点问题入手，调动学生的探究兴趣。线上课程学生学习了与课程版块相关的座次礼仪背景，线下课程教师首先引入座次礼仪的概念和作用，从理论上讲解其重要性。实践教学部分，以学生活动为主，基于不同场景，指导学生根据所学内容分组演练座次安排，帮助学生深刻理解座次礼仪的要点和规范。通过主题式、案例式、讨论式教学，实现知识讲解和实践演练的有机结合。

本案例知识图谱如图 11 –4 所示。

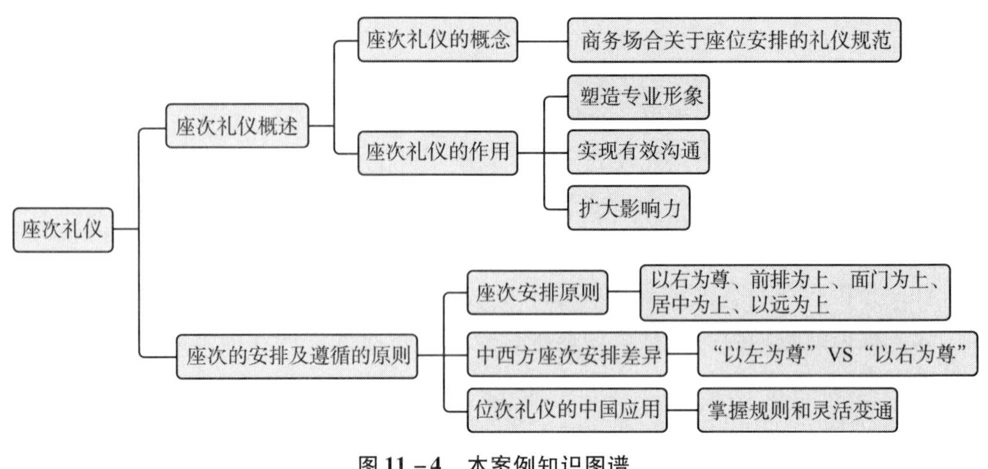

图 11 –4　本案例知识图谱

四、教学设计

（一）设计逻辑

座次礼仪是在各种社交场合中体现个人素养和尊重他人的一种行为规范。根据教学目标，课程设计将在知识目标和能力目标的基础上，强化价值目标，即让学生了解座次礼仪基本知识，掌握国际商务活动中座次礼仪的基本原则与规范，并能在实际国际商务活动中灵活运用。

第一，从中美经贸磋商中的座位安排变化等热点时事导入本课程教学内容，介绍座次礼仪的基本知识，熟悉座次礼仪的作用。结合实际案例，让学生了解座次礼仪的起源及重要性。

第二，介绍座次安排的原则，基于不同场景，让学生分组进行模拟演练，实现教与学互动、理论和实践相结合。

第三，讲解中国传统礼仪“以左为尊”的由来、变化以及与国际礼仪“以右为上”的区别及联系。让学生对比中西方座次礼仪差异，强调开放包容和文化自信。

第四，讲解 2016 年杭州召开 G20 峰会时第一次安排“三驾马车”领导人（中国、土耳其和德国）合影站位，引导学生思考站位安排如何体现彼此之间的关系？帮助学生理解座次礼仪在实际工作中，既要遵循原则又要灵活运用。思考在跨文化交流中，如何更好地传递中华优秀传统文化，展现良好形象。

第五，进行总结，强调礼仪中的“尊己敬人”，将价值引导贯穿整个教学过程，实现知识传授、能力培养和思政教育融为一体。

（二）案例阐释

本案例课程思政教学环节说明见表11－7。

表11－7　　　　本案例课程思政教学环节说明

课程环节	课程内容	教学方法	思政元素
课程导入	材料：第九轮中美经贸磋商中的座位安排变化。 思考：刘鹤副总理的座位从特朗普对面变为右侧，体现了中美经贸谈判什么样的变化	时事热点： 从时事热点问题入手，调动学生的探究兴趣	从座位安排分析和判断双方对谈判的态度和谈判进展，体会"国强外交强"的含义
课程内容	一、座次礼仪概述 （1）座次礼仪的概念	归纳演绎： 总结座次礼仪的内涵要义，即商务社交场合关于座位安排的礼仪规范	国际交往中的相互尊重、主权平等
	（2）座次礼仪的作用	归纳总结： 列举座次礼仪的作用，即塑造专业形象、实现有效沟通、扩大影响力等	当代青年肩负振兴中华、实现中华民族伟大复兴的历史重任
	二、座次的安排及遵循的原则 "以右为尊"（遵循国际惯例） "前排为上" "面门为上" "居中为上" "以远为上"	学以致用：根据横桌谈判、竖桌谈判、马蹄形桌谈判、圆桌谈判、主席式谈判等不同情境，学生分小组进行模拟演练	树立"细节决定成败"意识，在工作中养成严谨细致的工作态度和作风
	解疑运用：中西方座次安排差异	学以致用："以左为尊"VS"以右为尊" 对比中国政务会议座次及国际礼仪中座次安排的照片，分小组讨论其区别。在国际交往、商务涉外交往中，"以右为尊"；在国家政务礼仪、国企内部大型会议中，一般遵循"以左为尊"的传统	树立文化自信，弘扬文明、和谐、爱国、友善等价值观
	位次礼仪的中国应用：掌握规则与灵活变通	头脑风暴：合影中的位次安排。 2016年G20杭州峰会第一次安排"三驾马车"领导人（中国、土耳其和德国）合影站位。 分析讨论我国为何要安排"三驾马车"领导人一起站在中间合影？这种站位蕴含着怎样的意义 利用学术文献进行辅证，座次安排往往蕴含着对地位和秩序的尊重（宋伟，2022；阎学通，2016）。在尊重传统和礼仪的同时，适时地调整和变化能够使座次安排更加人性化和高效	弘扬公平、正义、文明的普世价值观和义利兼顾的国际规范，展现大国担当
课程总结	根据板书，进行课堂知识的总结回顾	课后作业：谈判座次安排。 云班课完成《2020年美国民用防护服出口项目》的座次安排	礼仪中的"尊己敬人"

五、教学效果分析

（一）评价与反馈的途径

评价与反馈的途径有：线上交流平台：中国大学生慕课、云班课、微信；问卷调查；教学过程的记录；学生的学习心得等。

（二）学生认可度评价结果

本课程采用线上与线下相结合的混合式教学模式，让学生在了解座次礼仪基本知识的基础上，理解和掌握国际商务活动中座次礼仪的基本原则与规范，并熟悉其具体应用。通过体验式、合作式、互动式的课堂活动设计，提升学生职业素养，锻炼交际能力，培育和践行社会主义核心价值观，充分体现了思政要素与礼仪课程相结合的教学效果。

在教学过程中，会定期通过线上交流平台就学生对学习内容的认可度和完成度设计问卷并统计。以本节教学过程为例，基于提升沟通协作能力、树立爱国担当意识、培养严谨工作作风、增强文化自信等内容设计调查问卷，结合中国在国际交往中的地位变化，融入思政内容，并鼓励学生分享观点，进而将“四个自信”、大国担当、爱国情怀等融入教学内容。课程特色鲜明，线上线下相结合的教学模式和智慧化教学手段受到学生的普遍认可和热烈欢迎。

参考文献

[1] 陈芳. 国际商务谈判与礼仪 [M]. 合肥：安徽大学出版社，2019.

[2] 高国希. 教师课程思政意识与能力的提升 [J]. 教育研究，2020，41 (9)：23 – 28.

[3] 郝德永. “课程思政” 的问题指向、逻辑机理及建设机制 [J]. 高等教育研究，2021，42 (7)：85 – 91.

[4] 齐皓，王侯嘉遇，宰英祺. 美国施压下的中美贸易战特征：与入世谈判的对比研究 [J]. 国际政治科学，2019，4 (3)：155 – 161.

[5] 宋伟. 国际秩序地位：位置现实主义的分析 [J]. 国际政治科学，2022，7 (3)：119 – 137.

[6] 阎学通. 无序体系中的国际秩序 [J]. 国际政治科学，2016，1 (1)：1 – 32.

[7] 张波. 培养完整的人——课程思政导向的价值观育人 [J]. 教育研究，2023，44 (5)：92 – 102.

[8] 张大良. 课程思政：新时期立德树人的根本遵循 [J]. 中国高教研究，2021 (1)：5 – 9.

第十二章　数字经济学

案例一　初识数字经济：相关概念、发展与影响

王　悦　杨仁发*

一、课程思政元素

元素 1：爱党爱国，结合所学知识为国家重大战略需求贡献力量。
元素 2：把握趋势，为实现有意义的人生指明方向。
元素 3：坚定信念，为实现中华民族伟大复兴中国梦努力奋斗。

二、课程目标

（一）知识目标

K1：能够准确理解数字经济的核心概念，包括但不限于数据化、数字化、网络化、智能化等，并能够区分这些概念在数字经济中的应用与区别。

K2：能够掌握数字经济的基本特征，如技术驱动、创新驱动、跨界融合等，并理解这些特征在经济发展中的重要作用。

K3：充分认识国内外数字经济发展现状与趋势以及数字经济发展面临的挑战。

K4：深入理解数字经济发展对经济、社会以及企业等不同领域与主体的影响。

（二）能力目标

A1：能够批判性地评估数字经济对社会、经济、文化等方面的影响，包括正面影响和潜在风险。

A2：能够独立思考，对数字经济中的热点问题提出自己的见解，并能够通过查阅相关资料和文献来支持自己的观点。

A3：能够识别数字经济中的不确定性和复杂性，并学会用系统的思维方法来分析和解决问题。

---

* 作者简介：王悦，安徽大学经济学院讲师；杨仁发，安徽大学经济学院教授。

A4：能够培养自己的创新意识和创业精神，在数字经济时代中积极探索新的商业模式和创业机会。

（三）价值目标

V1：充分认识到数字经济发展对于中华民族伟大复兴中国梦实现的重大意义。

V2：充分了解党中央、国务院对于发展数字经济进行的重大战略部署，将我们的学习和工作自觉统一到这一部署上来。

V3：清醒认识我国数字经济的现状和面临的挑战，树立突破“卡脖子”技术的决心和信心。

三、教学内容

（一）数字经济的概念

重点 A：数字经济的核心定义。强调数字经济是以数字化的知识和信息为关键生产要素，以技术创新为核心驱动力，以现代信息网络为重要载体，通过数字技术与实体经济深度融合，不断提高传统产业数字化、智能化水平，加速重构经济发展与政府治理模式的新型经济形态。

重点 B：数字经济的主要组成部分。详细介绍数字经济的“四化框架”，即数字产业化、产业数字化、数据价值化和数字化治理。通过实例让学生理解这四部分的具体内容、应用场景及其在数字经济发展中的作用。

重点 C：数字经济的特征。阐述数字经济的创新性、跨界融合性、开放性等特征，并通过案例分析，使学生深刻理解这些特征在数字经济实践中的体现。

难点 A：理解抽象概念。“数字经济”是一个较为抽象的概念，需要学生具备一定的抽象思维能力和理解能力。因此，如何帮助学生准确理解数字经济的内涵和外延，是教学中的一个难点。

难点 B：区分数字经济与传统经济。数字经济与传统经济在很多方面有相似之处，但也有很大的不同。学生容易将两者混淆，因此需要教师在教学中通过对比和分析，帮助学生清晰地区分两者的区别。

难点 C：理解数字经济的复杂性和动态性。数字经济是一个复杂且不断变化的领域，涉及多个学科和领域的知识。学生需要具备一定的跨学科知识和能力，才能全面理解数字经济的复杂性和动态性。

（二）国内外数字经济发展的现状与趋势，我国数字经济发展面临的挑战

重点 D：国内外数字经济发展的现状，包括各国数字经济的发展水平、主要行业领域的应用，以及技术创新和应用的情况；突出展示我国数字经济发展的显著成果，例如，数字化转型加速、新业态新模式不断涌现等，让学生深刻理解数字经济在当前

全球经济格局中的重要地位。

重点 E：数字经济发展的趋势，包括人工智能、大数据、区块链等前沿技术的深入应用，以及这些技术如何推动数字经济的进一步发展；强调数字化转型在各行各业中的广泛影响，引导学生关注数字经济与传统产业的深度融合。

重点 F：我国数字经济发展面临的挑战，包括数据安全和隐私保护问题、数字经济发展的不平衡问题、技术创新和人才短缺等；引导学生思考如何应对这些挑战，促进数字经济的可持续发展。

难点 D：理解不同国家和地区数字经济的发展差异。各国在数字经济领域的发展水平和优势领域存在差异，需要学生具备国际视野和跨文化交流能力。在教学中，如何帮助学生理解这些差异，并培养他们的国际视野是一个难点。

难点 E：引导学生深入思考数字经济发展面临的挑战。数字经济发展面临的挑战涉及多个方面，需要学生具备批判性思维和创新能力才能提出有效的解决方案。在教学中，如何引导学生深入思考这些问题，培养他们的批判性思维和创新能力是一个难点。

难点 F：结合案例和数据分析进行教学。数字经济领域的发展变化迅速，需要不断更新案例和数据分析来支持教学。在教学中，如何获取最新的案例和数据分析，并将其有效地融入教学中是一个难点。

（三）数字经济发展对经济、社会以及企业等不同领域与主体的影响

重点 G：对经济领域的影响。强调数字经济如何推动全要素生产率的提升，包括提升资本和劳动生产率，降低交易成本，并促进国家融入全球市场体系；分析数字经济如何优化资源配置效率，提高经济系统的资源渗透、融合、协同能力，从而降低市场交易和资源配置成本；讨论数字经济如何改变产业结构，推动产业结构向信息密集型、知识密集型和技术密集型转变。

重点 H：对社会领域的影响。阐述数字经济如何改变人们的生活方式，包括在线购物、订餐、预订机票酒店等便捷服务；分析数字经济对就业结构的影响，包括催生新的就业形式、提高就业质量，以及提高劳动者对数字技能的需求；探讨数字经济在教育、医疗、政府等领域的应用，如教育资源的在线化、医疗信息的共享和利用、政务服务的数字化等。

重点 I：对企业领域的影响。强调数字经济如何增加企业能源知识储存数量，通过大数据分析引入更符合消费者需求的产品；分析数字经济如何改变企业的内部管理方式，通过大数据技术提高管理效率，降低生产成本；讨论数字经济如何促进企业创新和转型，包括引入新的商业模式、推动产业链上下游的协同合作等。

难点 G：跨领域知识的融合。数字经济对经济、社会和企业的影响涉及多个领域的知识，需要学生具备跨学科的知识体系。因此，如何将不同领域的知识进行融合，使学生能够全面理解数字经济的影响是一个难点。

难点 H：案例的选取与分析。数字经济领域的案例层出不穷，如何选取具有代表

性和启发性的案例，并进行深入的分析，使学生能够更好地理解数字经济的影响是一个难点。

难点Ⅰ：理论与实践的结合。数字经济是一个实践性很强的领域，需要学生能够将理论知识与实践相结合。因此，如何引导学生将所学理论知识应用到实际案例中，提高学生的实践能力是一个难点。

四、教学设计

（一）设计逻辑

本案例课程思政教学设计逻辑如图12－1所示。

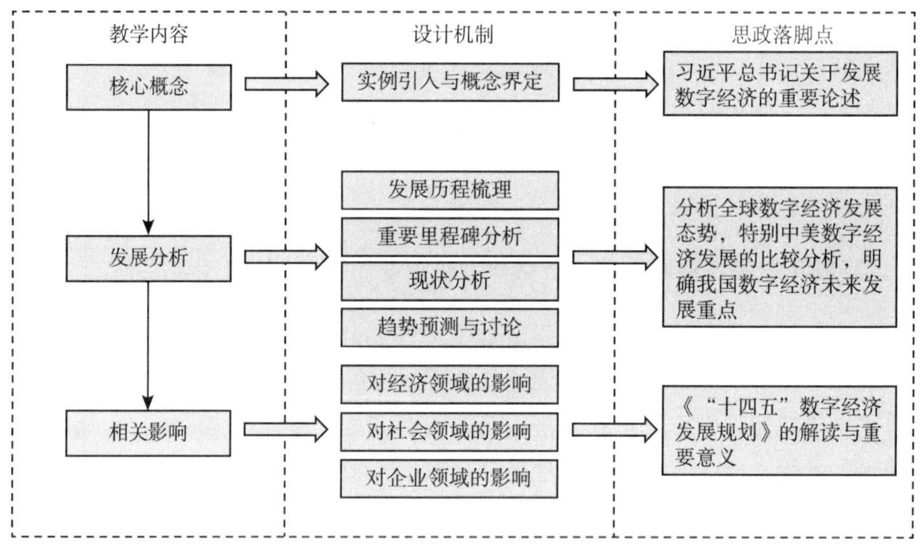

图12－1　本案例课程思政教学设计逻辑

（二）案例阐释

本案例课程思政教学环节说明见表12－1。

表12－1　本案例课程思政教学环节说明

教学环节	教学内容	教学方法	思政元素
案例导入	通过生活中的实例（如在线购物、移动支付、远程工作等）引入数字经济的概念，激发学生的兴趣	案例分析法：通过具体案例，让学生深入理解数字经济的应用和影响	学习习近平总书记关于发展数字经济的重要论述，引导学生正确理解和把握数字经济的社会责任和重大意义

续表

教学环节	教学内容	教学方法	思政元素
概念理解	（1）引入数字经济的概念，解释其与传统经济的区别。 （2）阐述数字经济的主要组成部分和特征	讲授法：通过教师讲解，引导学生初步认识数字经济	强调数字经济作为新时代经济发展的重要方向，培养学生的时代感与责任感
发展历程梳理	（1）梳理数字经济发展历程，包括信息技术发展、互联网经济兴起、新技术推动等。 （2）强调重要节点和标志性事件对数字经济的影响	案例分析法：通过具体案例，帮助学生理解数字经济的历史演进	结合历史发展，引导学生认识到技术创新是推动社会进步的重要力量
现状与趋势分析	（1）介绍数字经济在全球经济中的地位以及各国的发展状况。 （2）分析数字经济当前发展趋势。 （3）探讨数字经济的影响	讲授法：介绍数字经济的发展趋势和现状。 小组讨论法：分组讨论数字经济对特定行业或地区的影响	（1）强调在全球化背景下，中国数字经济的发展机遇与挑战，培养学生的国际视野。 （2）讨论数字经济对就业、社会公平等方面的影响，引导学生思考社会责任

五、教学效果分析

（一）知识掌握程度

学生对数字经济的基本概念有了较为清晰的认识，能够区分数字经济与传统经济的差异。学生能够较为准确地梳理出数字经济的发展历程，理解关键事件和技术对数字经济演进的推动作用。学生对数字经济的当前发展趋势和现状有了较为全面的了解，能够认识到数字经济在全球化背景下的重要性和挑战。

（二）教学方法效果

讲授法结合案例分析法，有效提升了学生的学习兴趣和参与度。学生能够在具体的案例中深入理解数字经济的相关知识。小组讨论法鼓励学生积极交流、分享观点，培养了学生的合作能力和思辨能力。互动问答法有效激发了学生的学习热情，通过问题引导学生思考，增强了学生的自主学习能力。

（三）思政元素融入效果

学生在学习中能够体会到数字经济对国家发展战略的推动作用，增强了国家意识和民族自豪感。学生对数字经济中的伦理道德问题有了更深刻的认识，能够自觉维护数据安全和网络安全，树立正确的价值观和道德观念。通过分析数字经济对就业、社会公平等方面的影响，学生更加关注社会责任，培养了良好的社会责任感和公民意识。

（四）课堂氛围与互动

课堂氛围活跃，学生积极参与讨论和交流，形成了良好的学习氛围。师生之间的互动频繁，教师能够及时了解学生的学习情况，给予针对性的指导和帮助。

（五）学生反馈

学生普遍表示本课程内容充实、条理清晰，能够很好地帮助他们理解数字经济的概念和发展历程。学生认为教学方法多样且有效，能够激发他们的学习兴趣和参与度。学生对思政元素的融入表示赞同和支持，认为这有助于培养他们的时代感和责任感。

参考文献

[1] 谢卫红. 数字经济概论 [M]. 北京：中国人民大学出版社，2023.

[2] 郑飞，罗丽燕. "数字经济" 课程思政教学探索 [J]. 西部素质教育，2024，10 (2)：61-64.

[3] 何凡，肖述剑. 僭越与革新：大数据运用于思政课教学的审视与反思 [J]. 湖北师范大学学报（哲学社会科学版），2023，43 (5)：49-55.

案例二　培养数据求真与量化意识：数字经济的统计与测算

王　悦*

一、课程思政元素

元素1：引导学生认识到在数据领域，任何不诚实的行为都可能对社会和经济造成严重影响。

元素2：强调在数据收集、整理、分析过程中必须保持科学精神，确保数据的真实性和准确性。

元素3：介绍我国在全球数字经济中的地位和作用，培养学生民族自豪感。

二、课程目标

（一）知识目标

K1：理解数字经济对国民经济核算体系带来的挑战，包括但不限于产业分类的模糊性、数字化产品和服务的价值衡量难题等。掌握数字经济对国民经济核算体系中传统指标（如GDP、产业增加值等）的影响，了解如何调整和完善这些指标以更准确地反映数字经济的贡献。分析数字经济对国际比较和贸易统计的影响，包括跨国数

* 作者简介：王悦，安徽大学经济学院讲师。

据流动、数字服务贸易的计量等问题。

K2：掌握数字经济增加值测算的基本概念和方法，了解如何识别和计量数字经济活动及其产出。理解数字经济增加值测算中数据来源的重要性，包括官方统计数据、企业调查数据、互联网大数据等，并学会如何有效利用这些数据。探究数字经济增加值测算中的技术难题和争议，如数字平台的价值分配、用户数据的估值等，以及这些难题对测算结果的影响。

K3：了解数字经济指数编制的目的和意义，包括监测数字经济发展动态、评估数字经济政策效果等。掌握数字经济指数编制的基本步骤和方法，包括确定指数体系、选择指标、确定权重、数据处理和计算等。学会分析数字经济指数的变化趋势和影响因素，理解数字经济指数在经济分析和决策中的应用价值。

（二）能力目标

A1：能够运用统计方法和技术手段，对数字经济相关数据进行深度分析和挖掘，提取有价值的信息。

A2：能够识别数字经济统计与测算过程中存在的问题和挑战，如数据不完整、口径不一致等。

A3：能够运用批判性思维，对数字经济统计与测算的理论和方法进行审视和评价，识别其中的优点和不足。

（三）价值目标

V1：引导学生树立正确的统计观念和数据意识，注重数据的真实性和准确性，在数字经济时代坚守诚信原则。

V2：培养学生的国际视野和全球意识，使其认识到数字经济是全球性的发展趋势，需要各国共同合作与应对。

V3：强调数字经济对社会经济发展的推动作用，使学生认识到学习和掌握数字经济统计与测算知识对于未来职业发展和社会进步的重要性。

三、教学内容

（一）数字经济对国民经济核算体系的挑战

重点 A：掌握挑战的具体内容。详细讲解数字经济对国民经济核算体系的具体挑战，包括但不限于产出的测算、就业的测算、价值的测算，以及数据的安全和隐私等方面。通过具体案例和数据分析，让学生直观感受这些挑战的存在和严重性。

重点 B：分析挑战的原因。深入剖析数字经济导致国民经济核算体系面临挑战的原因，如数据资产化的复杂性、数字经济产品和服务的特殊性等。这有助于学生从更深层次理解数字经济对国民经济核算体系的影响。

重点 C：讨论应对策略。引导学生思考和讨论如何应对数字经济对国民经济核算体系提出的挑战，如建立适应数字经济的国民经济核算标准和方法体系、加强数据安全和隐私保护等。这有助于培养学生的批判性思维和解决问题的能力。

难点 A：掌握数字经济核算的复杂性。数字经济核算涉及大量的数据收集、处理和分析工作，其复杂性和专业性较高。学生需要掌握相关的统计和计量方法，这可能需要一定的时间和精力。

（二）数字经济增加值测算

重点 D：数字经济增加值的定义与理解。首先，学生需要明确数字经济增加值的定义，理解其在国民经济核算体系中的重要地位和作用。通过详细解释数字经济增加值的内涵和外延，使学生对其有一个清晰的认识。

重点 E：数字技术特性及其对增加值的影响。数字技术作为数字经济的基础，其特性如替代性、渗透性和协同性对数字经济增加值有着重要影响。这部分内容将作为教学的重点，通过案例分析、数据对比等方式，使学生深刻理解这些特性如何作用于数字经济增加值。

重点 F：增加值测算方法与框架。介绍并讲解数字经济增加值的主要测算方法和框架，如投入产出法、生产法等。通过对比不同方法的优缺点和适用范围，使学生能够根据具体情况选择合适的测算方法。

难点 B：掌握数字技术特性及其对增加值的影响机制。数字技术特性对数字经济增加值的影响是复杂而微妙的，需要深入分析和探讨。这部分内容较为抽象，学生可能难以完全理解。因此，在教学过程中，需要采用多种教学方法和手段，如案例分析、数据可视化等，帮助学生更好地理解和掌握。

难点 C：选择合适的测算方法和框架：不同的测算方法和框架有不同的优缺点和适用范围，需要根据具体情况进行选择。在教学过程中，需要帮助学生理解各种方法的特点和适用范围，以便他们能够根据实际情况选择合适的测算方法。

（三）数字经济指数编制

重点 G：指数编制的原则与方法。介绍数字经济指数编制的基本原则和方法，如科学性、系统性、可比性和可操作性等。同时，详细解释各种编制方法的特点和适用范围，如层次分析法、熵值法、主成分分析法等。

重点 H：指标体系构建。指标体系是数字经济指数编制的核心，需要详细介绍如何构建数字经济指标体系。这包括指标的选择、分类、权重确定以及指标体系的优化等方面。通过具体案例和实例，让学生理解指标体系构建的整个过程。

重点 I：指数计算与解读。在构建完指标体系后，需要介绍如何计算数字经济指数并进行解读。这包括数据的收集、处理、分析和指数的计算过程，以及如何根据指数值判断数字经济发展的状况和问题。

难点 D：掌握指标体系的构建方法。指标体系构建是数字经济指数编制的关键环节，需要学生具备深厚的统计学、经济学等学科知识。同时，如何选择合适的指标、确定指标的权重以及如何优化指标体系等都是具有挑战性的任务。

难点 E：理解数据处理和分析的复杂性。在数字经济指数编制过程中，数据处理和分析是必不可少的环节。然而，由于数据来源的多样性、数据质量的参差不齐以及数据分析方法的复杂性，使得数据处理和分析成为一个难点。

四、教学设计

（一）设计逻辑

本案例课程思政教学设计逻辑如图 12－2 所示。

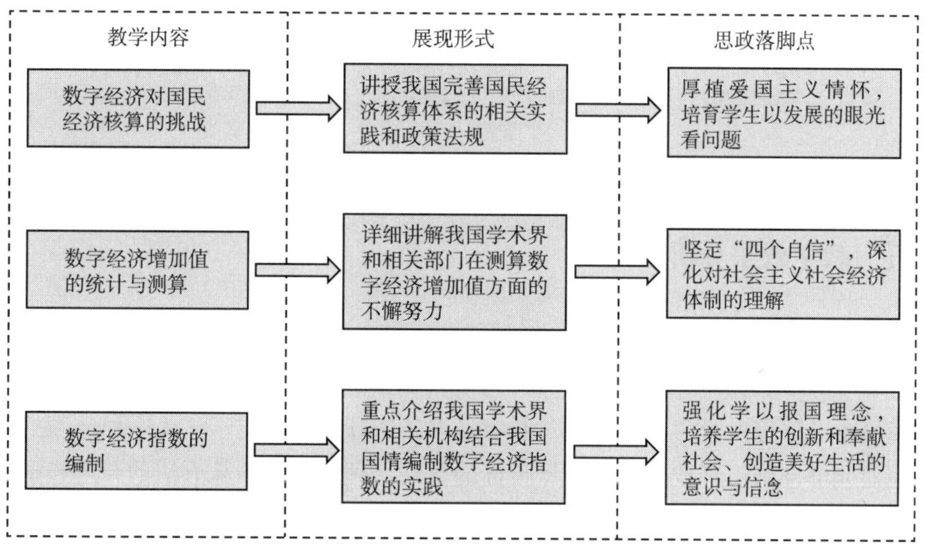

图 12－2　本案例课程思政教学设计逻辑

（二）案例阐释

本案例课程思政教学环节说明见表 12－2。

表 12－2　本案例课程思政教学环节说明

教学环节	教学内容	教学方法	思政元素
课程引入	强调数字经济统计与测算对于国家经济发展、政策制定和国际比较的意义	情境导入法：通过播放一段关于数字经济快速发展的短视频或新闻片段，将学生迅速带入数字经济的情境中，引导学生思考数字经济的统计与测算的重要性	强调国家发展大局意识，让学生理解数字经济在国家经济中的地位和作用

续表

教学环节	教学内容	教学方法	思政元素
理论知识讲解	讲授数字经济发展对国民经济核算体系的挑战、数字经济增加值的测算方法以及数字经济指数的编制方法	讲授法：系统介绍相关理论和测算方法。 案例教学法：结合具体案例，如某国家或地区的数字经济统计报告，分析数字经济统计与测算的实际应用 互动讨论法：在讲授过程中，穿插提问和讨论环节，鼓励学生发表自己的观点和看法	强调科学精神，培养学生严谨的学术态度。引导学生理解不同测算方法背后的政治经济意义，培养学生的政治敏锐性
实践操作	提供模拟数据或实际案例，让学生分组进行数字经济测算。指导学生运用所学知识，选择合适测算方法	任务驱动法：教师给学生布置具体的数字经济统计与测算任务，如使用某种测算方法估算某个地区的数字经济规模。 小组合作法：学生分组进行实践操作，每组选择一个测算方法，通过团队协作完成任务	培养学生的团队合作精神和集体荣誉感。强调实践是检验真理的唯一标准，鼓励学生将理论知识应用于实践
课程总结	对本节课的内容进行回顾和总结	归纳总结法：对本节课的知识点进行归纳总结，帮助学生巩固所学知识。 反思提问法：通过提问的方式引导学生对所学知识进行反思和回顾	培养学生的责任感和使命感，让他们认识到自己作为未来数字经济统计测算工作者的责任。强调爱国主义精神，让学生理解自己的学习与国家发展息息相关

五、教学效果分析

（一）理论知识掌握情况

通过本节课程的学习，学生们对数字经济的统计与测算有了更为全面和深入的理解。他们能够准确解释数字经济统计指标的含义，理解不同测算方法的原理和适用场景，掌握了数字经济规模测算的基本流程。通过课堂测试和课后作业的反馈，可以看出学生们对理论知识的掌握情况良好，大部分学生能够准确回答与数字经济统计与测算相关的问题。

（二）实践能力提升情况

本节课程注重实践能力的培养，通过案例分析、小组讨论和实际操作等环节，让学生们将理论知识与实际应用相结合。学生们通过亲自动手进行数字经济规模的测算，不仅加深了对理论知识的理解，还提高了数据分析和处理的能力。他们学会了如何收集和处理数据，如何选择合适的测算方法，以及如何解读和分析测算结果。这些实践能力的提升将为学生们未来的学习和工作奠定坚实的基础。

（三）批判性思维与问题解决能力

本节课程注重培养学生的批判性思维和问题解决能力。通过引导学生对案例进行深入分析和讨论，鼓励他们提出自己的观点和看法，培养他们的独立思考和判断能力。同时设置了一些具有挑战性的问题，让学生们通过合作探讨和解决问题，培养他们的团队合作和问题解决能力。这些能力的培养对学生们的未来发展具有重要意义。

（四）学习兴趣与参与度

本节课程的教学内容和方法深受学生们的欢迎和喜爱。他们对数字经济的统计与测算表现出浓厚的兴趣，积极参与课堂讨论和实践操作。通过引入实际案例和情景模拟等方式，激发了学生们的学习兴趣和热情。同时注重与学生的互动和交流，及时解答他们的疑问和困惑，增强了他们的参与感和获得感。

参考文献

［1］谢卫红．数字经济概论［M］．北京：中国人民大学出版社，2023.

［2］刘大芳．数字经济时代高校思想理论教学改革创新［J］．经济师，2020（10）：188－189.

［3］赵毅．思政课教学聚焦数字经济发展的探索［J］．中学政治教学参考，2023（19）：44－46.

［4］郑飞，罗丽燕．"数字经济"课程思政教学探索［J］．西部素质教育，2024，10（2）：61－64.

案例三　普惠共荣与社会公平：平台经济发展

王　悦*

一、课程思政元素

元素 1：强调平台经济在促进就业、创业和经济发展方面的普惠作用。
元素 2：引导学生思考如何保障平台经济发展的同时，维护社会公平和正义。
元素 3：强调平台经济参与者应相互尊重、合作共赢，共同推动可持续发展。

二、课程目标

（一）知识目标

K1：能够清晰阐述平台经济是基于数字技术，由数据驱动、平台支撑、网络协同的经济活动单元所构成的新经济系统，并理解其作为数字经济时代背景下新型经济模式的重要性。能够识别并解释平台经济的典型特征，如双边市场特性、规模经济

* 作者简介：王悦，安徽大学经济学院讲师。

性、类公共属性及数据要素的重要性，并能将这些特征与现实中的平台企业相联系。

K2：能够深入了解平台型商业模式的运作机制，包括用户获取、用户参与、价值创造和价值实现等关键环节，并能分析这些环节如何相互关联、相互影响。能够探讨平台型商业模式在数字经济时代下的创新与发展趋势，包括新技术应用、新商业模式涌现等，并能分析这些创新对平台企业竞争力和市场地位的影响。

K3：能够理解平台垄断现象产生的原因和表现形式，包括市场份额的过度集中、对数据的控制等，并能分析这些现象对市场竞争和消费者福利的影响。能够探讨平台治理机制的设计与实施，包括自我监管体系、政府监管等，并能分析这些机制如何保障消费者权益、避免垄断行为。

（二）能力目标

A1：能够运用经济学原理分析平台经济的运作机制，包括双边市场特性、规模经济性等，以及这些特性对平台发展的影响。

A2：培养学生的案例分析能力，通过讨论和分析具体的平台案例，使学生能够应用所学理论知识解决实际问题。

A3：通过平台经济的学习，拓宽学生的经济视野，培养从数字经济的角度思考经济问题的习惯，增强对现代经济体系的感知能力。

（三）价值目标

V1：使学生认识到平台经济在推动社会经济发展中的重要作用，培养学生的社会责任感，关注平台经济对社会、环境等方面的影响。

V2：分析中国平台企业在技术、模式等方面的创新实践，引导学生认识到本土创新对于国家发展和民族复兴的重要意义，激发学生的创新意识和创新热情。

V3：讲解平台经济在降低市场准入门槛、扩大就业机会、优化资源配置等方面的积极作用，使学生认识到平台经济对于促进社会公平和缩小贫富差距的重要意义。

三、教学内容

（一）平台经济简介

重点 A：平台经济的定义。详细介绍平台经济的定义，使学生明确平台经济作为数字经济时代的重要组成部分，其核心在于通过数字技术构建虚拟或实体的平台，连接供需双方，实现资源的优化配置。

重点 B：平台经济的特征。阐述平台经济的特性，如双边市场、网络效应、数据驱动等，使学生深入理解平台经济的运作机制。

难点 A：平台经济现象的复杂性。平台经济在现实中表现出多种形态和模式，如何选取具有代表性的案例进行分析，使学生能够深入理解平台经济的运作机制，是教学中的又一难点。

（二）平台商业模式

重点 C：平台商业模式的类型与案例分析。介绍不同类型的平台商业模式，如电商平台、社交平台、共享经济平台等，并结合具体案例进行深入剖析。通过案例让学生了解各种平台商业模式的运作方式、盈利模式以及市场竞争策略。

重点 D：平台商业模式的创新与变革。分析平台商业模式在推动产业价值链重组、关系网增值性、发掘新的商业模式以及生态圈延展性等方面的作用。引导学生思考平台商业模式如何不断创新和变革，以适应市场和技术的变化。

重点 E：平台商业模式的社会影响与责任。讨论平台商业模式对社会、经济、文化等方面的影响，包括促进就业、提高生产效率、推动创新等正面影响以及数据隐私、垄断等负面影响。强调平台企业在推动经济发展的同时，也需要承担相应的社会责任，保护用户权益，维护市场公平竞争。

难点 B：平台商业模式的复杂性与抽象性。平台商业模式涉及多个参与方和复杂的交互过程，学生可能难以全面理解和把握其运作机制。教师需要通过生动的案例和具体的实践场景，帮助学生将抽象的理论知识具体化、形象化。

（三）平台垄断与治理

重点 F：平台垄断的概念与特征。清晰界定平台垄断的概念，明确其与传统垄断的区别，并阐述平台垄断在数字经济时代的特点。强调平台垄断的形成机制，如网络效应、数据驱动等，使学生深入理解平台垄断的成因。

重点 G：平台垄断的影响与问题。分析平台垄断对市场竞争、消费者福利、中小企业发展等方面的影响，使学生认识到平台垄断可能带来的问题。探讨平台垄断可能导致的创新抑制、市场僵化等负面效应，以及数据隐私、消费者权益保护等社会问题。

重点 H：平台垄断的治理策略与措施。介绍国内外对平台垄断的治理策略，如反垄断法规、行业自律、政府监管等，使学生了解不同治理策略的特点和效果。强调在治理平台垄断时需要考虑的因素，如平衡市场竞争与创新激励、保护消费者权益与促进企业发展等，引导学生思考如何制定有效的治理措施。

难点 C：教学资源的有限性与时效性。平台垄断是一个快速发展的领域，新的案例和现象层出不穷，但教学资源和时间有限。教师需要精选教学案例和资源，确保学生能够在有限的时间内掌握平台垄断的核心知识和关键技能。同时，教师需要关注最新的研究成果和政策动态，及时更新教学内容和案例。

四、教学设计

（一）设计逻辑

本案例课程思政教学设计逻辑如图 12 - 3 所示。

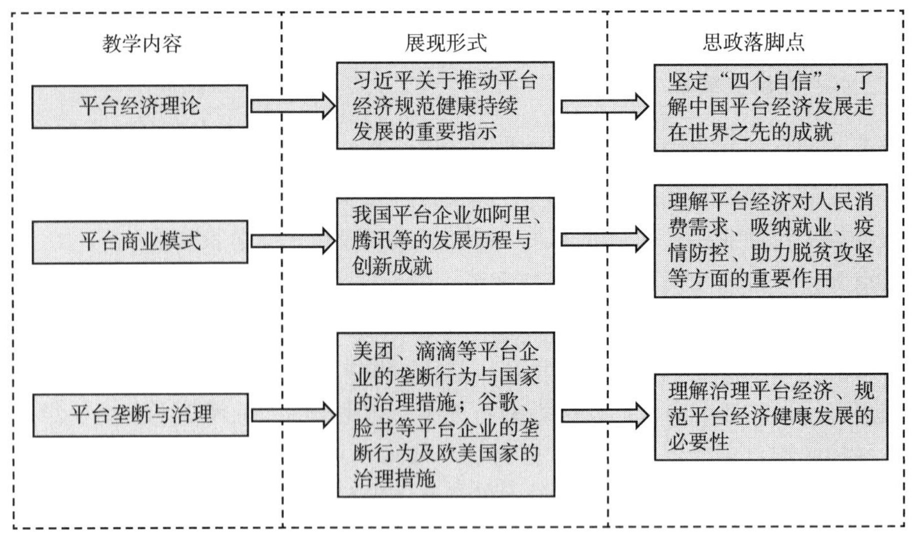

图 12 - 3　本案例课程思政教学设计逻辑

（二）案例阐释

本案例课程思政教学环节说明见表 12 - 3。

表 12 - 3　本案例课程思政教学环节说明

教学环节	教学内容	教学方法	思政元素
课程引入	简要介绍平台经济的背景、定义和重要性，以及平台经济在数字经济中的地位和作用	问题引导法：向学生提出几个与平台经济相关的问题，引导学生主动思考并尝试回答，从而激发他们的求知欲	强调平台经济在推动社会经济发展中的重要作用，引导学生认识到作为未来数字经济时代的参与者，应积极拥抱变革，培养创新思维和适应能力
平台经济简介	详细讲解平台经济的定义、特点、类型和发展历程，包括双边市场理论、网络效应、数据驱动等核心概念	讲授法：通过逻辑清晰的阐述帮助学生建立完整的知识体系。 图表展示法：利用图表、图像等可视化工具展示平台经济的运作机制和特点，帮助学生更直观地理解复杂的概念。 案例分析法：结合具体的平台企业案例，分析平台经济的实际应用和效果，使理论知识与实际相结合	强调在享受平台经济带来的便利和效益时，也要关注其可能带来的社会问题，如数据隐私、信息安全等，培养学生的批判性思维和社会责任感
平台商业模式探讨	分析不同平台企业的商业模式和盈利方式，包括电商平台、社交平台、共享经济平台等，并探讨其成功的原因和面临的挑战	小组讨论法：将学生分成若干小组，每组选择一个平台企业进行深入分析，并在课堂上分享讨论结果。 头脑风暴法：鼓励学生针对某一平台企业的商业模式提出创新性的想法和建议，激发他们的创新思维	通过讨论平台企业的商业模式和盈利方式，引导学生认识到创新是推动企业发展的关键因素，同时强调在追求商业利益的同时，企业也要关注社会公正和消费者权益保护，培养学生的商业道德和社会责任感

续表

教学环节	教学内容	教学方法	思政元素
平台垄断与治理讨论	讲解平台垄断的概念、特征和影响，以及政府和社会对平台垄断的治理策略和方法	辩论法：将学生分成正反两方，就某一平台垄断案例进行辩论，引导他们从多个角度思考问题并提出自己的观点。 案例分析法：选取典型的平台垄断案例进行深入分析，探讨其成因、影响和治理策略	引导学生认识到平台垄断的危害。同时，强调在治理平台垄断时，需要平衡市场竞争与创新激励的关系，既要保护消费者权益又要促进企业发展
课程总结与延伸	对本节课的内容进行回顾和总结	讲授法：对整节课的内容进行梳理和总结，强调重点知识点和思政元素。 提问法：向学生提出一些与平台经济相关的问题，引导他们进行深入思考和讨论	通过总结本节课的内容，引导学生认识到作为数字经济时代的参与者，应积极拥抱变革并不断创新。同时，强调在追求个人发展的同时，也要关注社会公正和公共利益，培养学生的社会责任感和使命感

五、教学效果分析

（一）理论知识掌握情况

通过课堂讲授、案例分析、小组讨论等教学环节，大多数学生能够较好地掌握平台经济的基本概念和理论框架。他们能够准确描述平台经济的特征，理解平台经济的运作机制，并对不同类型的平台经济有所认识。

（二）实践能力提升情况

在教学过程中，本课程注重培养学生的实践能力。通过案例分析、小组讨论等环节，学生能够将所学理论知识应用于实际情境中，分析平台经济的市场竞争、商业模式等问题。这种实践能力的培养有助于学生更好地理解和应用平台经济的相关知识。

（三）学习兴趣与参与度

学生对“平台经济”这一章节表现出浓厚的兴趣。他们积极参与课堂讨论，主动提问，对平台经济的各种现象和问题表现出浓厚的兴趣。这种积极的学习态度有助于提高他们的学习效果。

（四）教学效果的持久性

通过课后作业、期末考试等方式，发现学生在一段时间内对平台经济的相关知识保持较好的记忆和理解。这表明教学效果具有一定的持久性，能够帮助学生形成长期的知识积累和应用能力。

参考文献

[1] 谢卫红. 数字经济概论 [M]. 北京：中国人民大学出版社，2023.

[2] 郭炬，贾林平，田春霖，等. 数字经济背景下"电子商务数据分析"课程教学设计与实践 [J]. 北京工业职业技术学院学报，2024，23（1）：77－82.

[3] 马欢，郭金忠. 基于 CIPP 的电子商务专业课程思政评价体系的构建 [J]. 现代商贸工业，2024，45（9）：197－199.

[4] 唐艳，刘小军. 思政元素融入跨境电子商务实务课程设计实践探索 [J]. 职业，2024（6）：78－81.

[5] 朱甜甜，张晔明，章姗丹，等."致知力行"视域下《跨境电子商务》课程思政教学探索 [J]. 公关世界，2024（7）：172－174.

案例四　强化风险意识与法治观念：数字金融的机遇与挑战

王　悦*

一、课程思政元素

元素 1：引导学生认识到金融安全对于国家经济稳定和社会发展的重要性。

元素 2：激发学生的创新意识和创业精神，鼓励学生勇于探索、敢于创新。

元素 3：强调个人维护金融安全的责任和义务，培养风险意识和法治观念。

二、课程目标

（一）知识目标

K1：能够理解数字货币的基本概念，包括其与传统货币的区别和联系。掌握数字货币的主要类型（如比特币、以太坊等）及其基本运作原理。理解数字货币的匿名性、去中心化、有限性、安全性等特性，以及这些特性如何影响数字货币的使用和价值。

K2：能够理解第三方支付的基本概念，包括其与传统支付方式的区别和联系。了解第三方支付市场的现状和发展趋势，包括主要参与者、市场份额、用户规模等。

* 作者简介：王悦，安徽大学经济学院讲师。

K3：能够理解大数据金融的基本概念，包括其在金融领域的应用和优势。掌握大数据在金融风险管理、信贷评估、市场预测等方面的具体应用案例。

（二）能力目标

A1：能够对数字金融领域内的不同观点、理论和方法进行批判性思考，形成自己独立的见解和判断。

A2：能够分析数字金融发展中面临的挑战和风险，如数据安全、隐私保护、监管问题等，并提出相应的解决方案或建议。

A3：能够掌握有效的学习方法和资源获取途径，如阅读相关书籍、参加线上课程、关注行业动态等，以保持对数字金融领域的持续关注和学习。

（三）价值目标

V1：深入理解数字金融在推动我国经济高质量发展中的重要作用，激发学生积极参与到数字经济和数字金融领域的学习与实践中。

V2：了解相关的金融法律法规和监管政策。通过案例分析和讨论，充分认识到金融违法行为的严重性和危害性，并学会如何在实践中遵守金融法律法规、维护金融秩序。

V3：了解如何加强风险管理、保障金融安全，以及金融科技在推动金融创新、提升金融服务效率等方面的巨大潜力。

三、教学内容

（一）数字货币

重点A：数字货币的概念与特性。详细介绍数字货币的定义，强调其作为数字化、去中心化、基于区块链技术的货币形式的独特性。阐述数字货币与传统货币的主要区别，如去中心化、匿名性、全球性、交易便捷性等。

重点B：数字货币的工作原理。深入解析数字货币背后的区块链技术，包括分布式账本、共识机制、加密算法等核心概念。解释数字货币交易过程中的安全性保障机制，如公钥、私钥、数字签名等。

重点C：数字货币的主要类型与应用。介绍比特币、以太坊、瑞波币等主要数字货币的特点和应用场景。分析数字货币在跨境支付、智能合约、去中心化金融（DeFi）等领域的实际应用案例。

难点A：区块链技术的深入理解。区块链技术作为数字货币的核心技术，其复杂性和专业性较高，学生可能难以完全理解。需要通过生动的案例、图解和实验等方式，帮助学生更好地掌握区块链技术的基本原理和应用场景。

难点B：跨学科知识的融合。数字货币涉及计算机科学、经济学、金融学等多个学科的知识。在教学过程中需要注重跨学科知识的融合和贯通，帮助学生构建全面的知识体系。

（二）第三方支付

重点D：第三方支付的定义与特点。清晰阐述第三方支付的定义，即具备一定实力和信誉保障的独立机构，通过与银联或网联对接而促成交易双方进行交易的网络支付模式。强调第三方支付的特点，如方便快捷、安全可靠、开放创新等，并解释这些特点如何满足市场需求。

重点E：第三方支付的发展与应用。分析第三方支付在电子商务、跨境支付、移动支付等领域的应用，并举例说明其如何促进这些领域的发展。探讨第三方支付在数字经济中的角色，包括其在提升支付效率、促进金融服务普及等方面的贡献。

重点F：第三方支付的安全性与风险。讨论第三方支付系统的安全性保障措施，如多因素身份验证、生物识别技术等，并解释这些措施如何保护用户资金安全。分析第三方支付可能面临的风险，如欺诈风险、洗钱风险等，并讨论如何防范和应对这些风险。

难点C：第三方支付的安全性与风险分析。第三方支付的安全性和风险涉及多个方面，包括技术安全、法律合规、道德风险等，学生可能难以全面把握。需要通过引入相关案例、组织讨论等方式，引导学生深入思考第三方支付的安全性和风险问题。

（三）大数据金融

重点G：大数据金融的概念与特点。清晰阐述大数据金融的定义，强调其在金融领域中应用大数据技术的创新性和前瞻性。阐述大数据金融的特点，如数据量大、类型多样、处理速度快、价值密度低等，并解释这些特点如何影响金融业务的开展。

重点H：大数据金融的应用领域。详细介绍大数据金融在信贷评估、风险管理、客户画像、精准营销等领域的应用案例，让学生理解大数据如何为金融业务提供决策支持。分析大数据金融在提升金融服务效率、优化客户体验、降低运营成本等方面的作用。

重点I：大数据金融的挑战与机遇。分析大数据金融面临的挑战，如数据孤岛、数据垄断、数据安全和隐私保护等问题，并讨论如何应对这些挑战。探讨大数据金融带来的机遇，如促进金融创新、提高金融服务质量、推动金融普惠等，并鼓励学生思考如何利用这些机遇。

难点D：大数据金融的复杂性与跨学科性。大数据金融涉及计算机科学、数学、统计学、金融学等多个学科的知识，需要学生具备跨学科的知识储备和综合能力。在教学过程中需要注重跨学科知识的融合和贯通，帮助学生构建全面的知识体系。

难点E：大数据金融的实际应用案例解读。大数据金融的实际应用案例往往涉及复杂的业务场景和数据处理流程，需要学生具备较高的理解能力和分析能力。在教学过程中需要选择具有代表性的案例进行解读和分析，帮助学生理解大数据金融在实际业务中的应用方式和效果。

四、教学设计

（一）设计逻辑

本案例课程思政教学设计逻辑如图 12－4 所示。

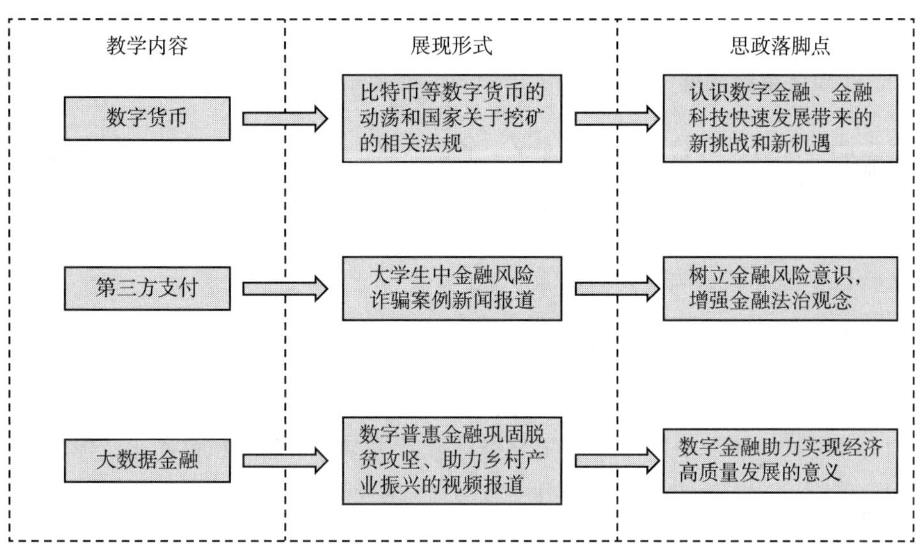

图 12－4　本案例课程思政教学设计逻辑

（二）案例阐释

本案例课程思政教学环节说明见表 12－4。

表 12－4　本案例课程思政教学环节说明

教学环节	教学内容	教学方法	思政元素
案例导入	引入数字金融的热点话题或案例，激发学生的学习兴趣	案例分析法：通过具体案例帮助学生理解数字金融的实际应用和影响	学习习近平总书记关于发展数字金融的重要论述，引导学生正确理解和把握数字金融的重大意义
知识讲解	系统介绍数字货币、第三方支付和大数据金融的基本概念、发展历程和主要应用等	讲授法：通过教师讲解，引导学生掌握课程知识点	强调数字金融作为金融业发展的重要方向，引导学生关注国家相关重大战略

续表

教学环节	教学内容	教学方法	思政元素
案例分析	选取典型的数字金融案例，如支付宝、比特币、商业银行数字化转型等	案例分析法：通过具体案例，帮助学生深入理解数字金融的作用和意义	引导学生从思政角度思考案例中的社会责任、普惠性和国家安全等问题
小组讨论	围绕数字金融的某个主题（如金融科技监管、消费者权益保护等），分组进行讨论	小组讨论法：鼓励学生结合思政融入点，提出自己的观点和建议	阐述金融科技在维护国家金融安全、打击金融犯罪中的重要作用，增强学生的国家意识和安全意识

五、教学效果分析

（一）知识掌握程度

学生能够准确理解数字金融的定义、特点及其与传统金融的区别。学生对数字货币、第三方支付、大数据金融等核心概念有了深入的了解，并能举例说明其在现实中的应用。学生掌握了数字金融的核心技术，如区块链、大数据分析、云计算等，并能理解这些技术在金融领域的应用价值。

（二）情感态度与价值观

学生对数字金融产生了浓厚的兴趣，意识到其在未来职业发展中的重要性。学生认识到数字金融在促进金融普惠、提高金融服务效率等方面的积极作用，形成了积极的金融价值观。学生认识到数字金融在发展过程中可能面临的风险和挑战，形成了理性的风险意识和安全意识。

（三）教学方法与手段

本节课程采用了多种教学方法和手段，如讲授法、案例分析法、小组讨论法等，有效激发了学生的学习兴趣和积极性。通过引入实际案例和前沿技术，使学生能够将理论知识与实际应用相结合，提高了学习效果。利用多媒体和网络资源辅助教学，丰富了教学内容和形式，提高了教学质量。

（四）课教学评价与反馈

通过课堂测验、作业批改、小组讨论等方式对学生进行评价，及时了解学生的学习情况和存在的问题。根据学生的反馈和评价，对教学内容和方法进行调整和优化，以满足学生的学习需求。鼓励学生提出自己的见解和建议，促进师生之间的交流和互动，营造了良好的学习氛围。

参考文献

[1] 段江娇. 浅析“金融科技学”课程思政的教学实践与探索 [J]. 改革与开

放，2023（15）：59－64.

［2］赵静．财经类金融科技专业教学模式创新改革与实践研究——“精准思政”视域下［J］．现代商贸工业，2024，45（7）：188－190.

［3］赵毅．思政课教学聚焦数字经济发展的探索［J］．中学政治教学参考，2023（19）：44－46.

［4］赵瑾婷，邓姗．金融类课程“课程思政”体系构建与实践探究——以商业银行经营与管理课程为例［J］．高等职业教育（天津职业大学学报），2021，30（3）：82－86.

［5］郑飞，罗丽燕．“数字经济”课程思政教学探索［J］．西部素质教育，2024，10（2）：61－64.

案例五　数字经济时代的道德边界：数据隐私与安全

王　悦*

一、课程思政元素

元素1：培养学生的国家安全意识，引导学生成为维护国家数据安全的中坚力量。

元素2：引导学生理解国家法规与政策，明确在数字经济时代应遵循的行为准则和道德规范。

元素3：激发学生探索数据利用与国家安全之间的平衡，培养他们的创新思维和解决问题的能力。

二、课程目标

（一）知识目标

K1：能够描述个人数据与隐私的定义，明确两者之间的界限，包括数据的类型、隐私权的法律定义及其在个人和社会层面上的重要性。

K2：能够概述信息安全、数据安全、网络安全的基本概念，并解释这三者在技术和管理层面的差异，以及它们在数字经济中的关键作用。

K3：能够识别信息安全等级保护的不同级别，并阐述各级别的含义，理解这些级别如何确保信息系统的安全性。

（二）能力目标

A1：能够熟练运用所学知识，对实际工作环境中的数据隐私与安全问题进行独

* 作者简介：王悦，安徽大学经济学院讲师。

立分析，提出并实施针对性的解决方案。

A2：在给定情境下，能够严格遵守相关的隐私保护法律法规，确保数据的合法收集、存储和使用。

A3：能够提升对信息安全风险的识别和应对能力，能够在面对复杂的安全挑战时，迅速作出判断和决策，保障信息系统的稳定运行。

（三）价值目标

V1：培养学生对隐私保护的尊重态度。不仅在法律层面上遵循相关规定，更在道德层面上形成对隐私的尊重和保护意识，成为具有高度职业道德的数据科学从业者。

V2：学生将通过信息安全的学习和实践，培养出严谨、细致、负责的工作态度，为成为数字经济时代的优秀公民奠定坚实基础。

V3：学生将逐渐树立起对国家数据安全的责任感和使命感，将个人发展与国家需求紧密结合，为国家的数字经济发展和数据安全贡献自己的力量。

三、教学内容

（一）个人数据与隐私概述

重点 A：个人数据与隐私的定义及特性。详细介绍个人数据和隐私在法律和伦理层面的精确定义，强调个人数据的可识别性和隐私的个体性、秘密性。系统阐述个人数据与隐私之间的内在联系和区别，帮助学生理解保护个人隐私的重要性。

重点 B：隐私的伦理与法律意义。深入探讨隐私在伦理道德层面的价值，包括对个体自由和尊严的保障。同时，介绍隐私在法律层面的保护，如隐私权的基本内容和法律条款，引导学生认识到隐私权是基本人权的一部分。

重点 C：个人数据与隐私的泄露风险。分析在数字经济时代个人数据与隐私面临的泄露风险，包括数据泄露、滥用和身份盗窃等。通过实际案例，让学生意识到保护个人数据与隐私的紧迫性和重要性。

难点 A：数据与隐私的模糊边界。数据与隐私之间的界限在某些情况下可能变得模糊，如何准确界定哪些数据属于个人隐私是一个挑战。需要通过案例分析和讨论，帮助学生理解并掌握界定数据与隐私边界的方法。

难点 B：隐私权的法律适用与限制。隐私权在不同情境下可能受到法律的保护和限制，如何平衡隐私权与其他权利（如言论自由、公共利益）的关系是教学难点。需要结合具体法律案例，引导学生思考隐私权的法律适用和限制问题。

（二）国内外的隐私规制

重点 D：国内外隐私法律的核心内容和原则。详细介绍国内外关于隐私保护的主要法律和原则，如欧盟数据保护法（GDPR）和中国的《个人信息保护法》。强调这些法律的立法目的、适用范围和主要条款，帮助学生了解隐私法律的基本框架。

重点 E：隐私法律的执行与监管。阐述隐私法律在实际执行中的机制和监管措施，包括数据保护机构、处罚措施等。通过案例分析，让学生理解隐私法律在保护个人隐私方面的具体作用。

重点 F：国际隐私保护合作与协调。讲解跨国数据流动中的隐私保护问题，以及国际间在隐私保护方面的合作与协调机制。引导学生认识到在全球化背景下，加强国际合作对于保护个人隐私的重要性。

难点 C：理解隐私法律的复杂性和差异性。不同国家和地区的隐私法律体系存在差异，法律条款和解释也可能有所不同。需要帮助学生理解并比较不同法律体系下的隐私保护规定，以及如何在实际操作中应用这些法律规定。

难点 D：法律实施与监管的挑战。隐私法律在实际执行中可能面临各种挑战，如监管力度不够、企业合规意识不强等。需要引导学生思考如何加强法律监管和执法力度，确保隐私法律得到有效实施。

（三）信息安全概述

重点 G：信息安全的基本概念与要素。明确信息安全、数据安全、网络安全的定义及其相互关系。强调信息安全的重要性，包括保护信息的机密性、完整性和可用性等方面。

重点 H：信息安全的基本原则与策略。介绍信息安全领域的基本原则，如防御深度、最小权限原则等。同时，阐述常见的信息安全策略和技术手段，如防火墙、入侵检测系统、数据加密等。

重点 I：信息安全的风险管理与应对。分析信息安全面临的主要风险和挑战，包括黑客攻击、病毒传播等。讲解如何进行有效的风险管理和应对措施，以降低信息安全事件的发生概率和影响。

难点 E：信息安全技术的深入理解和掌握。信息安全领域涉及多种复杂的技术和方法，需要学生具备扎实的技术基础和深入的理解能力。需要通过实验、案例分析和实践操作等方式帮助学生更好地掌握这些技术。

难点 F：信息安全意识的提升与培养。信息安全不仅仅是技术问题，更是意识和习惯问题。如何引导学生树立正确的信息安全意识并在日常工作和生活中践行是教学难点之一。需要通过教育和宣传等方式不断提高学生的信息安全意识。

四、教学设计

（一）设计逻辑

本案例课程思政教学设计逻辑如图 12 – 5 所示。

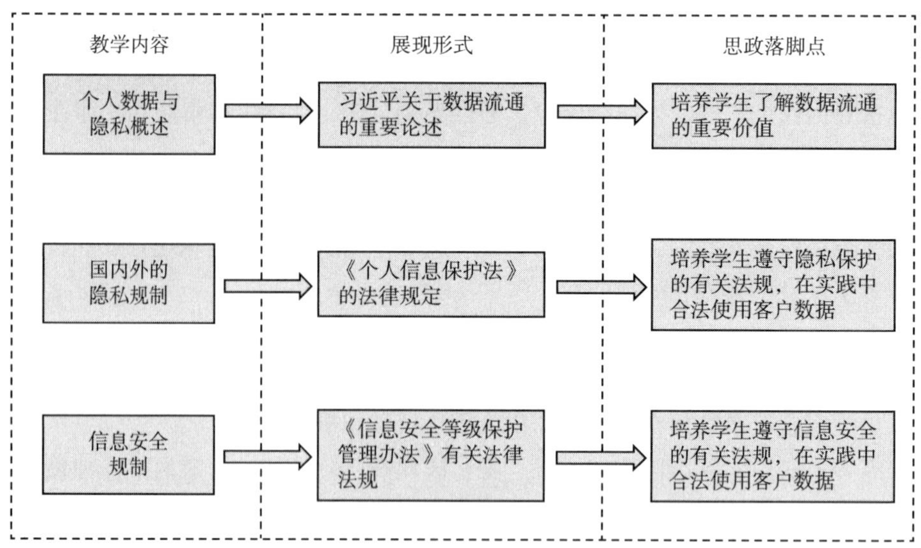

图 12－5　本案例课程思政教学设计逻辑

（二）案例阐释

本案例课程思政教学环节说明见表 12－5。

表 12－5　本案例课程思政教学环节说明

教学环节	教学内容	教学方法	思政元素
课程导入	介绍数据隐私与安全在现代社会的重要性，以及个人信息泄露可能带来的严重后果	情景模拟＋提问引导：通过一个虚构但贴近学生生活的数据泄露情景模拟，让学生感受到数据隐私泄露的严重性	引导学生认识到个人信息保护的重要性，培养学生的法治意识和自我保护意识
个人信息与隐私概述	详细阐述个人数据、隐私的基本概念，了解二者之间的区别	讲授法＋案例分析法：使用PPT或板书展示知识点，结合生动例子和图表，使学生更容易理解	强调法治社会中对个人隐私的尊重和保护，培养学生的法律意识和道德观念
国内外隐私规制比较	分析国内外在隐私保护方面的差异和共同点，探讨这些差异对个人和企业的影响	讲授法＋比较分析法：引导学生分组讨论并比较不同规制的特点和优劣，鼓励他们提出自己的看法和见解	引导学生认识不同法律环境下的隐私保护要求，培养学生的国际视野和跨文化交流能力
信息安全概述	分析信息安全、数据安全、网络安全基本概念，了解三者之间的区别	讲授法＋演示法：详细解释各种信息安全技术的原理和作用，使用图表和示意图进行辅助说明。使用多媒体设备展示信息安全技术的操作过程，让学生观看并理解其实际应用	通过技术介绍，让学生认识到科技在保护个人隐私方面的重要作用，激发学生的科技创新精神

五、教学效果分析

（一）知识掌握程度

学生能够准确阐述个人数据与隐私的定义、区别，国内外隐私法律的核心内容和原则，以及信息安全的基本概念与策略，对课程中的关键概念和基础知识有了深入的理解。同时，学生还能根据数据管理能力成熟度模型对组织的数据管理水平进行初步评估。表明学生在知识掌握程度上达到了预期的教学目标。

（二）教学方法效果

本节课综合运用了课堂讲授、案例分析、小组讨论与实验操作等多种教学方法，有效提升了学生的学习兴趣和积极性。案例分析与小组讨论环节中，学生积极互动、深入思考，强化了理论与实践的结合，显著提高了其思维、表达和解决问题的能力。整体而言，教学方法的多元化运用成效显著。

（三）思政元素融入效果

通过讲解隐私权的伦理与法律意义，引导学生深刻理解个人数据的安全不仅关乎个人隐私，更涉及国家的信息安全和战略利益，培养他们的法治意识和道德观念。同时，通过信息安全和风险管理的内容，教育学生要树立正确的信息安全意识，增强他们的社会责任感和职业道德。从学生的课堂表现和课后反馈来看，思政元素的融入有效地提升了学生的思想道德素质和职业素养。

（四）教学评价与反馈

通过对学生进行评价和收集学生的反馈意见，大部分学生对本课程的教学表示满意，认为课程内容丰富、实用，教学方法多样、有趣，能够激发学习兴趣和动力。同时，学生也提出了一些宝贵的建议，如希望增加更多的实际案例分析、加强实验操作的指导等，为我们进一步优化课程教学提供了有益的参考。

参考文献

[1] 谢卫红. 数字经济概论 [M]. 北京：中国人民大学出版社，2023.

[2] 何凡，肖述剑. 僭越与革新：大数据运用于思政课教学的审视与反思 [J]. 湖北师范大学学报（哲学社会科学版），2023，43（5）：49－55.

[3] 戴真真. 大数据融入高校思政教学的时代诉求及实现路径 [J]. 齐齐哈尔大学学报（哲学社会科学版），2021（12）：178－181.

[4] 豆勇超. 思政课教师大数据素养的时代价值、实然困境与实践路径 [J]. 石家庄铁道大学学报（社会科学版），2021，15（4）：66－71.

后　　记

党的十八大以来，党中央高度重视课程思政建设，为新时代新课程思政建设指明了方向。2016 年，习近平总书记在全国高校思想政治工作会议上指出："要坚持把立德树人作为中心环节，把思想政治工作贯穿教育教学全过程，实现全程育人、全方位育人，努力开创我国高等教育事业发展新局面。"2017 年，教育部正式提出课程思政建设。课程思政建设是落实立德树人根本任务的关键环节，是全面提高人才培养质量的重要任务。因此，课程思政建设已成为高等教育重要的环节。在新文科建设要求下，为培养政治更强、情怀更深、人格更正、自律更严的复合型经济人才，探索课程思政高质量建设的新做法势在必行。为此，安徽大学联合国内高校 12 门经济学科课程教学团队，打造经济学学科课程思政"共同体"，以思政元素入专业知识，以思政案例融专业实践，以思政目标创新专业培养方案，集课程思政相关研究和案例，以期为相关经济学课程教学提供支撑。

本书为安徽省质量工程项目"新文科建设中经济管理类专业课程思政体系构建与实践研究（2022jyxm291）""地方高校经济学'101'计划建设的探索与实践（2023ylyjh004）""新文科背景下《金融信托与租赁》课程思政建设研究（2022jyxm055）""安徽省研究生课程思政示范课程、混合示范课程'国际商务谈判'"、安徽大学质量工程项目"本科生导师制的制度实践及其效果评价研究（2022xjjbgs020）""新文科视阈下国际贸易专业课程思政'共同体'探索与实践（2023xjzlgc014）""国际商务谈判与礼仪虚拟教研室（2023xjzlgc021）""国际贸易专业教学创新团队"的阶段性成果。

因水平有限，本书定有许多缺点和不足之处，敬请广大读者批评指正。